Babyflüsterer

Tracy Hogg · Melinda Blau

Babyflüsterer

Lernen Sie
die Sprache Ihres Kindes
verstehen

Aus dem Amerikanischen von Ursula Bischoff

Mosaik

Die englische Originalausgabe erschien unter dem Titel
»Secrets of the Babywhisperer« bei Ballantine Books, New York

This translation published by arrangement with
The Ballantine Publishing Group, a division of Random House, Inc.

Lektorat: Edigna Hackelsberger, München
Übersetzung aus dem Englischen: Ursula Bischoff, Kirchseeon
Redaktion: Ivonne Domnick
Herstellung: Petra Becker
Satz: Lohse Design, Büttelborn
Umschlaggestaltung: Monoka Janiszewska
Umschlagfoto: photonica/Barnaby Hall
Druck und Bindung: Clausen & Bosse, Leck

ISBN 3 576 11487 4

Inhalt

Einführung

Die beste Art, Kinder zu anständigen Menschen zu erziehen, besteht darin, sie glücklich zu machen.

Oscar Wilde

Die Sprache **lernen**

Eines vorweg: Die Bezeichnung »Babyflüsterin« stammt nicht von mir, sondern von einer meiner »Mütter«. Sie ist besser als andere Namen, die Eltern vorgeschlagen haben, wie »Hexe« oder »Zauberin«. Also bin ich die Babyflüsterin geworden. Ich muss zugeben, dass mir der Gedanke gefällt, denn er beschreibt genau das, was ich tue.

Vielleicht kennen Sie den »Pferdeflüsterer« aus dem gleichnamigen Buch oder Kinofilm. Dann erinnern Sie sich bestimmt, wie Robert Redford das verletzte Pferd behandelte, wie er langsam und geduldig Kontakt zu ihm herstellte, aufmerksam zuhörte und beobachtete, während er gleichzeitig respektvolle Distanz hielt und über das eigentliche Problem des Tieres nachsann. Er ließ sich Zeit, bevor er sich ihm näherte, ihm in die Augen blickte und sanft mit ihm redete. Der

Pferdeflüsterer blieb während des gesamten Prozesses fest wie ein Fels in der Brandung und bewahrte seine heitere Gelassenheit, die ihrerseits bewirkte, dass sich das Pferd beruhigte.

Verstehen Sie mich nicht falsch: Ich vergleiche Neugeborene nicht mit Pferden (obwohl es sich bei beiden um Lebewesen handelt, die unsere Welt primär über ihre Sinnesorgane wahrnehmen), aber zwischen den Kindern und mir besteht eine ähnlich innige Beziehung. Sie ist jedoch weder geheimnisvoll noch von einem Talent abhängig, das nur wenige Menschen besitzen. Babyflüstern hat vor allem mit Respekt, Zuhören, Beobachten und Deuten der Wahrnehmungen zu tun. Es ist eine Fähigkeit, die man nicht über Nacht erwirbt: Ich habe mehr als fünftausend Kinder beobachtet und behandelt. Aber alle Eltern sind in der Lage, die Sprache ihres eigenen Kindes zu lernen, wenn sie ein paar einfache Voraussetzungen erfüllen, die in diesem Buch beschrieben werden.

Wie ich **mein Handwerk** erlernt habe

Man könnte sagen, dass ich mich mein Leben lang auf meinen Beruf vorbereitet habe. Ich wuchs als jüngstes von zehn Geschwistern in Yorkshire auf (und mache, nebenbei bemerkt, den besten Yorkshirepudding der Welt).

Den größten Einfluss auf meine Entwicklung hatte meine Großmutter mütterlicherseits: Heute ist sie 86 und immer noch die geduldigste, sanfteste und liebevollste Frau, die ich kenne. Sie war auch eine Babyflüsterin und konnte jedes noch so quengelige Kind beruhigen. Sie stand mir nicht nur bei der Geburt meiner eigenen Töchter zur

Seite, sondern hatte auch prägenden Einfluss auf meine Kindheit. Als Kind war ich ein Wildfang und alles andere als geduldig, aber ihr gelang es, meine überbordende Energie mit einem Brettspiel oder einer Geschichte in den Griff zu bekommen. Zum Beispiel, wenn wir vor dem Kino Schlange standen und ich quengelte und an ihrem Ärmel zupfte. »Wann dürfen wir endlich rein? Ich kann nicht mehr warten.«

Meine Großmutter väterlicherseits, die ich Granny nannte – sie ist heute 97 – hätte mir wahrscheinlich einen Klaps für mein ungebührliches Benehmen verpasst. Als Frau mit strengen Prinzipien war sie der Meinung, dass man Kinder sehen, aber nicht hören sollte. Ihre eigenen hatte sie mit eiserner Hand erzogen. Meine Großmutter mütterlicherseits dagegen musste nie streng werden. Wenn ich es mit meiner Quengelei zu bunt trieb, sagte sie augenzwinkernd: »Du weißt ja gar nicht, was du alles verpasst, wenn du ständig jammerst und nur dich selbst siehst!« Und damit richtete sie ihren Blick in eine bestimmte Richtung. »Schau mal da drüben, die Mutter mit ihrem Kind! Was glaubst du, wo die beiden hinwollen?«

»Nach Frankreich«, erwiderte ich wie auf ein Stichwort.

»Und wie kommen sie dorthin?«

»Mit einem Jumbo.« Den Ausdruck hatte ich vermutlich irgendwo aufgeschnappt.

»Und wo werden sie sitzen?«, fuhr sie fort, und bevor ich es merkte, hatte unser kleines Spiel mich von der langweiligen Warterei und meiner eigenen Person abgelenkt. Meine Großmutter forderte meine Fantasie ständig heraus. Sie sah ein Brautkleid im Schaufenster und sagte: »Was meinst du, wie viele Menschen haben mit ihrer Arbeit dazu beigetragen, dass dieses Kleid in der Auslage hängt?« Wenn ich

»zwei« sagte, wollte sie Einzelheiten von mir wissen. Wie war es genau in den Laden gelangt? Wo war es hergestellt worden? Wer hatte es mit Perlen bestickt? Wenn sie mit ihren Fragen von mir abließ, befand ich mich in Indien und stellte mir den Bauern beim Ausbringen der Saat vor, die sich in Baumwolle verwandelte und in dem Brautkleid verarbeitet wurde.

Das Geschichtenerzählen war eine wichtige Tradition in unserer Familie, nicht nur bei meiner Großmutter und ihrer Schwester, sondern auch bei meiner Urgroßmutter und meiner eigenen Mutter. Immer wenn sie uns Kindern etwas begreiflich machen wollten, woben sie die Lektion in eine Geschichte ein. Diese Gabe haben sie an mich weitergegeben, und heute benutze ich bei meiner Arbeit mit Eltern häufig Geschichten und Metaphern: »Wären Sie in der Lage, einzuschlafen, wenn Ihr Bett auf der Autobahn steht?«, frage ich beispielsweise, wenn ein Kind tagsüber kein Auge zumacht, weil die Stereoanlage laut aufgedreht ist. Das ist wirkungsvoller und anschaulicher, als wenn ich sage: »Sie sollten die Musik leiser stellen.«

Die Frauen in meiner Familie haben mich bei der Entwicklung meiner Fähigkeiten unterstützt, aber es war mein Großvater mütterlicherseits, der Möglichkeiten entdeckte, sie praktisch zu nutzen. Er war Pfleger in einer so genannten »Irrenanstalt«. Einmal an Weihnachten nahm er meine Mutter und mich auf die Kinderstation mit. Es war ein düsterer Ort, mit gespenstischen Geräuschen und Gerüchen, wo Kinder mit spastisch gelämten Gliedmaßen in Rollstühlen saßen oder auf Kissen lagen, die man auf dem Fußboden verstreut hatte. Ich kann nicht älter als sieben gewesen sein, aber ich sehe immer noch das entsetzte, mitleidige Gesicht meiner Mutter und die Tränen, die ihr über die Wangen liefen. Ich dagegen war fasziniert. Ich wusste, dass die meisten Leute Angst vor den Patienten hatten und am liebsten keinen Fuß in die Nähe der Anstalt gesetzt hätten, aber ich lag meinem Großvater ständig in den Ohren, mich wieder mitzunehmen, was er auch tat. Eines Tages nahm er mich beiseite und meinte: »Du solltest darüber nachdenken, ob du später nicht einmal Krankenschwester werden möchtest, Tracy. Du hast ein großes Herz und viel Geduld, genau wie deine Großmutter!«

Das war das größte Kompliment, das ich jemals erhalten hatte, und wie sich herausstellte, wusste mein Großvater genau, was gut für mich war. Mit achtzehn machte ich eine Ausbildung als Krankenschwester, die in England fünfeinhalb Jahre dauert. Ich gebe zu, ich war nicht Klassenbeste, was den theoretischen Teil betraf – ich war ein Spätzünder –, aber im Praktikum, das bei uns Teil der Prüfungszulassung ist, übertraf ich mich selbst. Ich wurde vom Schulrat sogar zur »Nurse of the Year« gewählt, eine Auszeichnung, die einmal im Jahr an die beste Schwesternschülerin verliehen wird.

Und so wurde ich Krankenschwester, Kinderkrankenschwester und Hebamme, mit einer Spezialausbildung in Hypnotherapie. Ich habe in London und Indien für die Weltgesundheitsorganisation gearbeitet und mich auf die Behandlung von körperlich und geistig behinderten Kindern spezialisiert, die oft keine Kommunikationsmöglichkeiten hatten. Was nicht ganz stimmt: Wie Babys besaßen sie ihre eigene Sprache und nonverbale Möglichkeiten, sich auszudrücken: durch Weinen oder andere Laute und Körpersprache. Um ihnen zu helfen, lernte ich ihre Sprache und wurde ihr Dolmetscher.

Weinen und **Flüstern**

Durch die Betreuung von Neugeborenen, die ich meist auch auf die Welt geholt hatte, wurde mir klar, dass ich auch ihre nonverbale Sprache verstehen konnte. Deshalb sattelte ich eine Zeit lang um, als ich von England nach Amerika auswanderte. Ich arbeitete als Kinderfrau bei Paaren in New York und Los Angeles. Ich zeigte den frisch gebackenen Eltern, dass auch sie ihren Kindern etwas »ins Ohr flüstern« konnten, indem sie sich selbst ein wenig zurücknahmen, auf ihr Kind eingingen, wenn es unruhig war, seine Sprache »entschlüsselten« und das Problem beseitigten, sobald es offenkundig wurde.

Die Eltern lernten, was alle Eltern für ihr Baby tun sollten: ihm ein Gefühl für Strukturen vermitteln und ihm helfen, selbstständig zu werden. Dieser Prozess stützt sich auf eine Methode, die auf die ganze Familie zugeschnitten ist – auch Neugeborene müssen lernen, dass sie Teil der Familie sind und auf diese Rücksicht nehmen müssen, nicht nur umgekehrt. Wenn der Rest der Familie glücklich ist – Eltern, Geschwister, sogar Haustiere –, ist das Baby es letztlich auch.

Für mich ist es eine Ehre, wenn frisch gebackene Eltern mich zu sich nach Hause bitten, um das Verhalten ihres Babys zu beobachten, weil ich weiß, dass gerade die ersten Wochen zu Hause große Bedeutung haben. Es ist nicht nur eine Zeit der unvermeidlichen Unsicherheiten und schlaflosen Nächte, sondern auch eine Zeit der größten Freude für die Eltern. Wenn sich die Situation zuspitzt und ich helfen kann, habe ich das Gefühl, mein Scherflein zu ihrem Glück beizutragen.

Heute mache ich in den ersten Tagen oder Wochen nach der Geburt des Kindes meist Hausbesuche, die eine Stunde oder auch zwei dauern. Ich kenne viele frisch gebackene Mütter und Väter zwischen dreißig und vierzig, die im Berufs- und Privatleben alles im Griff hatten. Als Eltern stellen sie dann plötzlich fest, dass sie auf diesem Gebiet versagen und fragen sich verzweifelt: »Oh Gott, was haben wir uns da bloß angetan?« Ob sie eine Million auf dem Konto oder Ebbe im Portemonnaie haben, spielt dabei keine Rolle: Ein Baby, vor allem das erste Kind, sorgt für Demokratie. Ich habe Mütter und Väter aus allen sozialen Schichten kennen gelernt, berühmte und namenlose, und eines kann ich Ihnen versichern: Die heimliche Angst und Unsicherheit beim ersten Kind ist bei allen gleich.

Meistens summt mein Piepser den ganzen Tag und manchmal auch mitten in der Nacht, und ich erhalte Anrufe wie diese:

»Wie kommt es, dass Chrissie andauernd Hunger hat?«

»Was ist nur mit Jason los? Erst lächelt er mich an, dann bricht er in Tränen aus!«

»Ich weiß mir keinen Rat mehr. Joey hat die ganze Nacht gebrüllt wie am Spieß.«

»Ich glaube, Rick trägt das Baby zu viel herum. Wie bringe ich ihm bloß bei, dass er damit aufhören soll?«

Nach zwanzig Jahren Familienarbeit kann ich das Problem oft schon am Telefon diagnostizieren, vor allem, wenn ich das Kind kenne. Manchmal bitte ich die Mutter, den Hörer so zu halten, dass ich das Weinen hören kann. (Die Mutter ist ebenfalls oft in Tränen aufgelöst.) In anderen Fällen mache ich einen kurzen Hausbesuch und bleibe, wenn nötig, über Nacht, um herauszufinden, was das Kind beunruhigen könnte. Bisher war ich immer in der Lage, seine Sprache zu verstehen und das Problem zu beheben.

Respekt: Der Schlüssel zur Welt des Kindes

Meine Mütter und Väter sagen oft: »Bei Ihnen sieht alles so einfach aus!« Das liegt daran, dass es einfach ist, weil ich schnell den Kontakt zu den Kindern herstelle. Ich behandle sie wie jeden anderen Menschen: mit Respekt. Das ist das A und O beim »Babyflüstern«.

> Jedes Baby ist ein eigenständiges Individuum, das eine ureigene Sprache, ureigene Gefühle und eine ureigene Persönlichkeit besitzt; deshalb verdient es Respekt.

Respekt ist ein Thema, das in diesem Buch immer wieder angesprochen wird. Wenn Sie sich vor Augen halten, dass Ihr Baby ein eigenständiges Individuum ist, werden Sie ihm auch den Respekt entgegenbringen, den es verdient. Respektieren bedeutet anerkennen, jemanden so nehmen wie er ist, ohne seine Rechte als Person zu verletzen. Wie verletzt fühlen Sie sich, wenn jemand *über* Sie spricht statt *mit* Ihnen oder ohne Ihre Zustimmung in Ihre Intimsphäre eindringt? Wie wütend oder gekränkt reagieren Sie, wenn man Sie vor vollendete Tatsachen stellt oder mit Missachtung behandelt?

Das Gleiche gilt für ein Baby. Manche Leute reden über ihren Kopf hinweg und tun so, als wären sie gar nicht vorhanden. Oft sagen sogar die eigenen Eltern »Das Kind ist …« oder »Das Kind hat …« Das ist unpersönlich und respektlos, als sprächen sie über einen Gegenstand.

Noch schlimmer ist, dass sie oft ohne ein Wort der Erklärung in seine Intimsphäre eindringen, als hätte ein Erwachsener das Recht dazu. Deshalb sollten Sie einen imaginären »Kreis des Respekts« um Ihr Baby ziehen, eine Grenzlinie, die Sie nicht überschreiten, ohne um Erlaubnis zu bitten oder ihm zu sagen, was Sie beabsichtigen (mehr darüber im fünften Kapitel).

Schon im Kreißsaal spreche ich einen neuen Erdenbürger mit seinem Namen an. Der kleine Junge im Gitterbettchen ist für mich nicht nur einfach »das Baby«. »Hallo, Sammy, ich bin Tracy«, stelle ich mich vor. »Ich weiß, meine Stimme ist dir fremd, weil du mich noch nicht kennst. Aber ich bin hier, um dich kennen zu lernen und herauszufinden, welche Bedürfnisse du hast. Und ich möchte deinen Eltern dabei helfen, zu verstehen, was du sagst.«

Manchmal fragen mich Mütter: »Wie reden Sie denn mit einem drei Tage alten Kind? Er kann Sie doch noch gar nicht verstehen!«

»Das kann niemand mit absoluter Sicherheit sagen«, erwidere ich dann. »Stellen Sie sich vor, wie schrecklich es wäre, wenn es mich doch versteht, und ich rede nicht mit ihm!«

Während der letzten zehn Jahre haben Wissenschaftler herausgefunden, dass Neugeborene viel mehr wissen und verstehen, als wir uns je träumen ließen. Es ist erwiesen, dass sie hochsensibel auf Geräusche und Gerüche reagieren; sie erkennen verschiedene visuelle Reize, die gespeichert werden, denn das Gedächtnis entwickelt sich innerhalb der ersten Lebenswochen. Auch wenn Sammy die Worte noch nicht begreift, *spürt* er den Unterschied zwischen einem Menschen mit langsamen Bewegungen und ruhiger Stimme und einem Hektiker, der in den Raum stürmt und Kommandos erteilt. Und wenn er sie doch versteht, weiß er, dass ich ihn von Anfang an mit Respekt behandle.

Flüstern ist mehr **als Reden**

Babyflüstern erfordert, sich daran zu erinnern, dass Ihr Kind immer zuhört und Sie auf einer gewissen Ebene versteht. Fast jedes Buch über Kindererziehung empfiehlt den Eltern »Reden Sie mit Ihrem Kind!«. Aber das reicht nicht aus. Sie müssen mit ihm *kommunizieren*. Ihr Baby ist nicht in der Lage, ein Gespräch mit Ihnen zu führen, aber es teilt sich Ihnen durch Laute, Weinen und Gesten mit (im dritten Kapitel finden Sie Einzelheiten über das Entschlüsseln der Babysprache). Auf diese Weise findet ein echter *Dialog* statt, eine Zweiwegekommunikation.

Die Kommunikation mit Ihrem Kind ist eine andere Art, es als Persönlichkeit zu respektieren. Würden Sie sich nicht auch mit einem Erwachsenen unterhalten, der sich in Ihrer Obhut befindet? Bei der ersten Begegnung hätten Sie sich vorgestellt und jeden Handgriff erklärt. Sie würden der Höflichkeit mit einem »Danke«, »Bitte« und »Darf ich?« Genüge tun. Und Sie würden den Dialog in Gang halten. Warum lassen Sie Ihrem Baby nicht die gleiche Rücksichtnahme angedeihen! Respekt vor der Persönlichkeit Ihres Kindes bedeutet auch, etwas über seine Vorlieben und Abneigungen herauszufinden.

Wie Sie im ersten Kapitel sehen werden, sind manche Babys absolut pflegeleicht, während andere sensibel reagieren oder ständig gegen den Strom schwimmen. Einige entwickeln sich langsamer als andere, haben ihren eigenen Rhythmus. Um Kindern Respekt entgegenzubringen, müssen wir sie so akzeptieren, *wie sie sind*, statt sie an gängigen Normen zu messen. (Deshalb finden Sie in diesem Buch auch keine Beschreibung, was Ihr Baby in jedem neuen Lebensmonat können »sollte«.) Ihr Kind hat das Recht, *individuell* auf seine Umwelt zu reagieren. Und je früher Sie anfangen, einen echten Dialog mit ihm zu führen, desto eher verstehen Sie seine Persönlichkeit und seine Bedürfnisse.

Ich bin sicher, alle Eltern wollen, dass ihre Kinder einmal Menschen werden, die auf eigenen Füßen stehen können und in Harmonie mit sich selbst und ihrer Umwelt leben.

Dieser Entwicklungsprozess beginnt in frühester Kindheit, nicht erst, wenn Ihr Sprössling fünf oder fünfzehn ist. Elterliche Fürsorge ist ein lebenslanger Prozess, und als Eltern haben Sie Vorbildfunktion. Wenn Sie Ihrem Baby zuhören und es als Persönlichkeit respektieren, wird es seinerseits von der ersten Stunde an lernen, anderen zuzuhören und ihnen Respekt zu erweisen.

Wenn Sie sich die Zeit nehmen, Ihr Baby und seine Sprache richtig kennen zu lernen, können Sie seine Bedürfnisse besser befriedigen. Dadurch wird auch das Familienleben harmonischer, weil das Sorgenkind nicht ständig den Ton angibt.

Babys, deren Eltern es gelingt, die wahren Bedürfnisse ihres Kindes zu erkennen und zu befriedigen, fühlen sich sicher und geborgen. Sie weinen nicht, wenn man sie ins Bett bringt, denn sie spüren und vertrauen darauf, dass sie sich in guten Händen befinden: Im Notfall ist jemand für sie da. Sie brauchen letztendlich weniger Aufmerksamkeit und lernen schneller, sich allein zu beschäftigen als Kinder, die man schreien lässt oder deren Eltern die Signale ständig

Der Stoff, aus dem gute Eltern sind

In einem Buch über Kindererziehung, das ich gelesen habe, stand: »Um eine gute Mutter zu sein, müssen Sie stillen.« Unsinn, sage ich! Ihre Qualitäten sollten nicht daran gemessen werden, wie Sie Ihr Baby ernähren, wickeln oder schlafen legen. Abgesehen davon zeigt sich nicht gleich in der ersten Lebenswoche des Kindes, was in Ihnen steckt. Erziehung ist eine Aufgabe, an der man wächst, und ob Sie Ihre Sache gut gemacht haben, offenbart sich erst im Lauf der Jahre, wenn Ihr Kind älter wird. Wie gut Sie es kennen und wie gut die Beziehung ist, zeigt sich nicht zuletzt daran, ob es sich vertrauensvoll an Sie wendet, wenn es Rat und Unterstützung braucht.

falsch deuten (es ist im Übrigen kein Beinbruch, wenn Sie einmal das eine oder andere Signal übersehen).

Eltern brauchen **Selbstvertrauen**

Eltern beziehen ihr Selbstvertrauen aus dem Gefühl, dass sie wissen, was sie tun. Bedauerlicherweise verhindert die Hektik, die in unserer heutigen Zeit herrscht, die Erkenntnis, dass Mütter und Väter *selber abschalten* müssen, bevor sie ihr Baby beruhigen können. Das gelingt nur, wenn sie selber ruhig werden, um sich besser auf ihr Kind einzustellen und der eigenen inneren Stimme zu lauschen.

Die meisten Eltern sind Opfer der Informationsüberflutung. Wenn ein Baby unterwegs ist, lesen sie alle einschlägigen Zeitschriften und Bücher, stellen auf eigene Faust Nachforschungen an, surfen im Internet, um über die neuesten Trends auf dem Laufenden zu sein, oder lassen sich von Freunden, Verwandten und Experten aller Art beraten. Das sind wertvolle Ressourcen, aber am Ende fühlen sich die Eltern oft noch verwirrter als am Anfang.

Und noch schlimmer ist, dass der gesunde Menschenverstand dabei nicht selten auf der Strecke bleibt.

Wissen bedeutet aber auch Macht, und in diesem Buch möchte ich Ihnen einige Tricks meines Handwerks verraten. Der wichtigste ist, dass Selbstvertrauen trotz aller beschriebenen Mittel und Methoden das A und O ist. Sie können es nur entwickeln, wenn Sie ergründen, was in Ihrem spezifischen Fall funktioniert. Jedes Baby ist ein Individuum, und das gilt auch für Mutter und Vater. Folglich hat jede Familie eigene, ihrer Situation entsprechende Bedürfnisse. Wenn Sie merken, dass Sie die Bedürfnisse Ihres Babys verstehen, werden Ihre Kompetenz und Ihr Selbstvertrauen wachsen. Und es wird Ihnen zunehmend leichter fallen, diese Bedürfnisse zu erkennen und ihnen gerecht zu werden.

Die Grundlagen legen Sie, wenn Sie

- Ihrem Kind mit dem nötigen **Respekt** begegnen
- sich bewusst machen, dass es ein **einzigartiges Individuum** ist
- mit Ihrem Kind **kommunizieren**, statt über seinen Kopf hinwegreden
- **aufmerksam zuhören** und auf die tatsächlichen Bedürfnisse Ihres Kindes eingehen
- Ihr Kind wissen lassen, was es erwartet, indem Sie für **Verlässlichkeit**, **Struktur** und **Vorhersehbarkeit** im Tagesablauf sorgen.

Was Sie in diesem Buch **lernen können**

Babyflüstern kann jeder lernen, der die Sprache seines Kindes versteht und die Signale erkennt, auf die er achten muss. Die Kunst besteht darin, das Selbstvertrauen der frisch gebackenen Mütter und Väter zu stärken. Sie brauchen Unterstützung, weil sie nicht optimal für die Anpassungsphase gerüstet sind, wenn sie mit ihrem ersten Kind nach Hause kommen, und unzählige Fragen auftauchen. Es gilt, den Tagesablauf so früh wie möglich planvoll und strukturiert zu gestalten.

Kindererziehung ist in der Praxis eine harte, undankbare Aufgabe, die Angst machen kann und immer ein Höchstmaß an Einsatzbereitschaft fordert. Ich hoffe, dass dieses Buch Ihnen dabei helfen wird, sie mit Humor und einer gesunden Portion Realismus anzugehen. Sie werden:

- Das Naturell Ihres Babys durch Vergleich mit spezifischen Persönlichkeitsprofilen besser verstehen und wissen, womit Sie infolgedessen rechnen müssen.

- Ihr eigenes Naturell besser verstehen und sich über Ihre Anpassungsfähigkeit klar werden. Das Leben ändert sich drastisch, wenn ein Kind zur Welt kommt, und Sie können sich mithilfe des kleinen Persönlichkeitstests (siehe Seite 66 f.) besser einschätzen. Er sagt Ihnen, ob Sie ein Mensch sind, der ad hoc reagiert oder die Dinge lieber bis ins kleinste Detail plant.

- Einen E.A.S.I.-Plan finden, der Ihren Tagesablauf strukturiert und erleichtert. E.A.S.I. – das heißt **E**ssen, **A**ktivitäten, **S**chlafen, **I**ndividuelle Freizeitgestaltung – ermöglicht Ihnen, die Bedürfnisse Ihres Kindes zu erfüllen *und gleichzeitig* Ihre eigenen Batterien wieder aufzuladen, ganz gleich ob durch ein Nickerchen, ein heißes Bad oder einen Bummel. Eine Übersicht finden Sie im zweiten Kapitel – Einzelheiten über die Grundelemente in Kapitel vier bis sieben.

- Fähigkeiten entwickeln, die Ihnen beim Babyflüstern helfen. Sie werden lernen, die Signale Ihres Kindes zu erkennen, zu deuten und es zu beruhigen, und Ihre Wahrnehmung und Selbstreflexion verbessern.

- Etwas über die besonderen Themen erfahren, die mit Adoption, Leihmutterschaft, Frühgeburten, Problemen bei der Entbindung, längerem Krankenhausaufenthalt von Neugeborenen sowie mit Freud und Leid bei Mehrlingsgeburten verbunden sind.

- Zum Schluss werden Sie die 3-Tage-Magie kennen lernen, um negative Programmierungen in positive Verhaltensmuster umzuwandeln, und mithilfe der Abc-Strategie analysieren, wie Sie Ihr Kind unbewusst vielleicht sogar noch in seinen negativen Angewohnheiten bestärken.

Ich hoffe, dass dieses Buch nicht nur informativ ist, sondern auch Spaß macht. Viele Leute schlagen im Index nach, wenn sie etwas Bestimmtes wissen möchten, zum Beispiel über das Stillen oder über Schlafprobleme, und beschränken die Lektüre auf dieses eine Kapitel. Wenn man die Anforderungen bedenkt, denen sich Eltern heute gegenübersehen, ist diese Methode verständlich. Sie sollten jedoch mindestens die ersten drei Kapitel in Folge lesen, auch häppchenweise, um die grundlegende Philosophie und Methode des Babyflüsterns zu verstehen.

Die Ankunft eines Babys verändert das Leben mehr als die Heirat, ein neuer Arbeitsplatz oder auch der Tod eines nahe stehenden Menschen. Der Gedanke an die Umstellung kann beängstigend sein und außerdem das Gefühl der Isolation hervorrufen. Viele Eltern befürchten beim ersten Kind, der Aufgabe nicht gewachsen zu sein. Frauen meinen, andere Mütter würden Ihr Baby auf Anhieb lieben und fragen sich, warum bei ihnen dieses Gefühl bisher fehlt. Und Männer glauben, andere Väter würden mehr Engagement an den Tag legen. Viele Eltern haben niemanden, der sie in der ersten Zeit mit Rat und Tat begleitet.

Lassen Sie sich nicht entmutigen: Der Schlafmangel und das Gefühl der Überforderung halten nicht ewig an, und in der Zwischenzeit sollten Sie Ihr Bestes tun. Sie sind nicht die Einzigen, die Probleme in der Startphase haben, aber Sie werden es schaffen, genau wie alle anderen Eltern.

Ich hoffe, dass die Tipps, die Sie in diesem Buch erhalten, Herz und Verstand ansprechen. Ihr Baby wird zufriedener sein und mehr Selbstvertrauen entwickeln, ohne dass Sie im Gegenzug auf ein Eigenleben verzichten müssen. Noch wichtiger ist, dass Sie Vertrauen in Ihre Fähigkeit entwickeln, die bevorstehenden Aufgaben mit Liebe, Zuversicht und Kompetenz zu meistern. Ich glaube – und weiß aus langjähriger Erfahrung –, dass in jeder Mutter und in jedem Vater ein Babyflüsterer steckt.

Kapitel 1

Lieben Sie Ihr Baby so, wie es ist

Mir will einfach nicht in den Kopf, dass Babys so viel weinen. Ich hatte keine Ahnung, worauf ich mich einließ. Ehrlich gesagt, ich dachte, das wäre genauso, als würde man sich eine Katze anschaffen.

ANNE LAMOTT
(in: *Operating Instructions*)

Ach du meine Güte, wir haben ein **Kind!**

Kein Ereignis im Leben kann sich mit Freud und Leid der Eltern messen, die ihr erstes Kind bekommen haben. Zum Glück überdauert die Freude, auch wenn anfangs Unsicherheit und Ängste überwiegen. Alan, ein 33-jähriger Grafiker, erinnert sich noch genau daran, wie er seine Frau Susan und das Baby aus dem Krankenhaus abholte. Ausgerechnet an ihrem vierten Hochzeitstag. Susan, 27 Jahre alt und Schriftstellerin von Beruf, hatte eine unkomplizierte Geburt gehabt, und der kleine Aaron schien ein pflegeleichtes Kind, das selten schrie. Am zweiten Tag nach der Entbindung durften Mutter und Sohn nach Hause, und das heiß ersehnte Familienleben konnte endlich beginnen.

»Ich pfiff auf dem Weg zu ihrem Zimmer vor mich hin«, erinnert sich Alan. »Alles war perfekt. Aaron war gerade gestillt worden und schlief auf Susans Arm. Genauso hatte ich es mir vorgestellt. Wir fuhren mit dem Aufzug nach unten und eine Krankenschwester hielt mir die Tür auf, als ich Susan im Rollstuhl nach draußen schob. Als ich die Autotür aufmachen wollte, merkte ich, dass ich vergessen hatte, den Kindersitz auf der Rückbank anzubringen. Ich brauchte eine halbe Stunde, bis ich ihn richtig befestigt hatte. Ich legte Aaron vorsichtig hinein; er war ein richtiger kleiner Engel. Ich half Susan beim Einsteigen, dankte der Schwester für ihre Geduld und setzte mich hinters Steuer. Plötzlich gab Aaron hinten in seinem Sitz so merkwürdige Geräusche von sich – er weinte nicht richtig, aber solche Töne hatte ich in der Klinik nie gehört oder nicht darauf geachtet. Susan und ich sahen uns an. »Oh Gott, was machen wir jetzt bloß?«, dachte ich.

Alle Eltern kennen solche Augenblicke. Manche erleben sie noch in der Klinik, andere auf dem Nachhauseweg und wieder andere erst am zweiten oder dritten Tag. Man hat in dieser Zeit so viel zu bewältigen: die physische Erholung nach der Geburt, die emotionalen Folgen, die Sorge für einen hilflosen Säugling. Nur wenige sind auf den Schock vorbereitet. Einige Mütter gestehen: »Ich habe viele Bücher gelesen, aber dass es so sein würde, hätte ich nie gedacht.« Andere erinnern sich: »Es gehen einem tausend Dinge durch den Kopf. Ich habe andauernd geweint.«

Die ersten drei bis fünf Tage sind die schwierigsten, weil alles neu und beängstigend ist. »In welcher Zeit soll es mit dem Trinken fertig sein?« – »Warum zieht es die Beine an den Bauch? Hat es Krämpfe?« – »Wickle ich es richtig?« – »Warum hat der Stuhlgang eine so merkwürdige Farbe?« und natürlich »Warum schreit mein Kind?«, sind Fragen, die sich die meisten Eltern in dieser Zeit stellen. Sie haben Schuldgefühle, vor allem die Mütter, weil sie meinen, sie müssten längst alles darüber wissen.

Wichtig ist vor allem, die Nerven zu behalten und sich Zeit zu lassen. Man kann ein Baby nicht über Nacht kennen lernen. Was Sie brauchen, ist Ruhe und Geduld,

Checkliste

Achten Sie darauf, dass einen Monat vor dem errechneten Geburtstermin alles zur Hand ist. Je besser Sie vorbereitet sind und je mehr Ruhe Sie am Anfang haben, desto mehr Zeit bleibt Ihnen, Ihr Kind kennen zu lernen.

- Beziehen Sie das Bett oder die Wiege für Ihr Baby.
- Richten Sie den Wickeltisch her. Legen Sie alles griffbereit, was Sie brauchen: feuchte Tücher, Windeln, Wattepads und Alkohol, um den Nabel abzutupfen.
- Packen Sie die Babykleidung aus und waschen Sie alles in einem milden Feinwaschmittel.
- Füllen Sie Kühlschrank und Tiefkühltruhe auf. Kochen Sie eine Woche vor dem errechneten Geburtstermin einfache Gerichte wie Lasagne, Aufläufe und Suppen, die sich gut einfrieren lassen. Legen Sie einen Vorrat an Grundnahrungsmitteln an: Milch, Butter, Eier, Müsli, Tierfutter, was auch immer. Dann müssen Sie nicht gleich einkaufen gehen, wenn Sie wieder zu Hause sind.
- Nehmen Sie nicht zu viel in die Klinik mit. Denken Sie daran, dass Sie die Geschenke und das Baby nach Hause bringen müssen.

Kraft und Ausdauer, Achtung und Selbstdisziplin, Aufmerksamkeit und eine scharfe Beobachtungsgabe. Außerdem Übung, die bekanntlich den Meister macht. Bis dahin werden Ihnen noch viele Fehler unterlaufen, aber aus denen wird man ja schließlich klug. Und Sie brauchen – nicht zu vergessen – den Mut, auf Ihre Intuition, Ihre eigene innere Stimme zu hören. Am Anfang »geben« Sie also mehr, als Sie »nehmen«. Das wird sich ändern, aber nicht in den ersten Tagen, sondern im Verlauf der nächsten Monate und Jahre.

Jeder macht in dieser Hinsicht andere Erfahrungen, denn jedes Kind ist *anders.* Ihre wichtigste Aufgabe besteht darin, Ihr Baby besser kennen zu lernen und so zu akzeptieren, wie es ist, statt nach dem Bilderbuchkind zu suchen, von dem Sie in den letzten neun Monaten geträumt haben. In diesem Kapitel werden Sie herausfinden, was Sie von *Ihrem* Baby generell erwarten können. Aber zunächst eine kurze Vorbereitung auf die ersten Tage zu Hause.

Wieder **zu Hause**

Im Interesse der *ganzen Familie,* nicht nur des Babys, sollten Eltern versuchen, die neue Situation aus der richtigen Perspektive zu betrachten. Der chaotische Zustand, der anfangs herrscht, dauert nicht ewig an. Also keine Bange: Sie *werden* mit der Zeit ruhiger. Sie *werden* Selbstvertrauen gewinnen. Sie *werden* die besten Eltern der Welt sein, weil Sie Ihr Bestes tun. Und irgendwann wird Ihr Kind *durchschlafen,* großes Ehrenwort. Aber im Augenblick sollten Sie Ihre Erwartungen zurückschrauben. Sie werden gute und weniger gute Tage erleben; seien Sie auf beides gefasst. Glauben Sie nicht, Sie müssten perfekt sein.

Tipp

Je besser Sie alles für die Ankunft des Babys vorbereitet haben, desto einfacher läuft es hinterher – für alle Beteiligten. Wenn Verschlüsse an Flaschen und Tiegeln vorsorglich schon einmal gelockert, Schachteln geöffnet und alle neuen Produkte aus der Verpackung genommen wurden, haben Sie eine Hand mehr für Ihr Baby frei! (siehe Checkliste).

Der erste Tag zu Hause ist der schwierigste, denn Sie müssen ihn ohne die Unterstützung der Klinik bewältigen, wo Sie sich auf Knopfdruck Hilfe, Antworten und Erleichterung verschaffen konnten. Jetzt sind Sie auf sich allein gestellt. Deshalb sollten Sie es langsam angehen lassen, um sich an die neue Situation zu gewöhnen. Atmen Sie ein paar Mal tief ein und aus, wenn Sie über die Türschwelle treten, um Ihre innere Mitte zu finden.

Machen Sie sich das Leben so einfach wie möglich. (Das werden Sie von mir noch öfter zu hören bekommen.) Stellen Sie sich vor, dass Sie und Ihr Partner sich auf eine Abenteuerreise begeben haben, die nun beginnt. Bleiben Sie aber trotzdem realistisch: Die Zeit unmittelbar nach der Geburt ist kein Zuckerschlecken, daran gibt es nichts zu rütteln.

In dem Moment, wenn Sie nach Hause kommen, werden Sie sich vermutlich überwältigt und überfordert fühlen. Ein einfaches Ritual wird Ihnen helfen, sich zu entspannen.

Eröffnen Sie den Dialog mit Ihrem Baby, indem Sie ihm das Haus/die Wohnung zeigen. Bei dieser Besichtigung übernehmen Sie die Führung, wie in einem Museum. Behandeln Sie Ihr Kind mit Respekt, wie ein menschliches Wesen, das fähig ist, zu verstehen und zu empfinden. Auch wenn es in einer Sprache mit Ihnen kommuniziert, die Ihnen noch nicht geläufig ist, sollten Sie es mit seinem Namen ansprechen und darauf achten, dass jede Interaktion ein Dialog und kein Vortrag ist.

Nehmen Sie Ihr Kind also auf den Arm und zeigen Sie ihm, wo es leben wird. Sprechen Sie mit ihm. Beschreiben Sie mit leiser, sanfter Stimme jeden Raum und seine Bedeutung: »Hier ist die Küche, wo dein Papa und ich kochen. Das ist das Badezimmer, hier duschen wir …« Viele Eltern kommen sich anfangs albern vor, wenn sie sich auf diese Weise mit ihrem Baby unterhalten. Üben Sie, und Sie werden erstaunt sein, wie selbstverständlich Ihnen die Worte bald über die Lippen kommen. Denken Sie einfach daran, dass Sie ein kleines menschliches Wesen mit wachen Sinnen im Arm halten, das Sie wahrnimmt und bereits Ihre Stimme und Ihren Geruch kennt.

Bitten Sie Papa oder Oma, während der Haus- oder Wohnungsbesichtigung Kamillentee oder ein anderes beruhigendes Getränk zu kochen. Als Engländerin bevorzuge ich selbst natürlich Schwarztee. In der Gegend, in der ich wohne, ist es üblich, dass eine Nachbarin herüberkommt und Tee aufbrüht, sobald die Mutter mit dem Baby nach Hause kommt: Ein schöner Brauch, den man nur weiterempfehlen kann. Danach sieht die Welt gleich ganz anders aus, und Sie können sich gestärkt an die Aufgabe machen, Ihr Baby kennen zu lernen.

Schränken Sie die Anzahl der Besucher ein

Bitten Sie alle bis auf die engsten Angehörigen und Freunde, in den ersten Tagen nach Ihrer Heimkehr auf Besuche zu verzichten. Falls Ihre Mutter oder beide Eltern von außerhalb kommen und bei Ihnen wohnen, erweisen sie Ihnen den größten Liebesdienst, wenn sie Kochen, Saubermachen, Einkaufen oder andere Botengänge für Sie übernehmen. Machen Sie ihnen klar, dass Sie um Hilfe bitten, wenn sie gebraucht wird, aber dass Sie diese Zeit nutzen möchten, um Ihr Kind allein kennen zu lernen.

Baden und füttern Sie Ihr Baby. Denken Sie daran, dass Sie nicht der einzige Mensch sind, der einen Schock verkraften muss. Ihr Kind hat eine anstrengende Reise hinter sich. Stellen Sie sich vor, wie es wohl sein mag, in der grellen Beleuchtung des Kreißsaals das Licht der Welt zu erblicken. Im Handumdrehen wird man gepackt und von Wildfremden, deren Stimmen man noch nie gehört hat, abgerubbelt, abgetastet und gepikt. Dann geht es wieder in eine neue Umgebung, auf die Säuglingsstation, wo man von anderen schreienden Babys umgeben ist, und kaum hat man sich daran gewöhnt, geht es erneut auf die Reise, dieses Mal von der Klinik nach Hause. Falls Ihr Kind adoptiert ist, war die Reise vermutlich noch länger.

Nutzen Sie die Gelegenheit, das kleine Wunder der Natur zu erforschen. Vielleicht ist es sogar das erste Mal, dass Sie Ihr Baby richtig »ausgepackt« und nackt sehen. Machen Sie sich mit dem kleinen Körper vertraut, erkunden Sie die winzigen Finger und Zehen. Reden

Tipp

Auf der Säuglingsstation herrscht normalerweise eine recht hohe Temperatur, fast wie in der Gebärmutter. Deshalb sollten Sie dafür sorgen, dass es im Haus warm genug ist, am besten zwischen zwanzig und fünfundzwanzig Grad.

Sie mit ihm. Stellen Sie emotionalen Kontakt her. Stillen Sie es oder geben Sie ihm die Flasche. Beobachten Sie, wie es schläfrig wird. Gewöhnen Sie es gleich daran, in seiner Wiege oder seinem Bettchen einzuschlafen.

»Aber sie hat doch die Augen offen! Sie ist noch nicht müde«, protestierte Joanne, deren zwei Tage alte Tochter nicht einschlief, sondern zufrieden ein Babyfoto in der Wiege zu betrachten schien. Ich schlug ihr vor, aus dem Zimmer zu gehen und sich selbst eine Weile hinzulegen. Ich habe solche Einwände von vielen Müttern gehört, die ihr erstes Kind bekommen haben, und kann nur sagen: Ihr Baby muss nicht eingeschlafen sein, wenn Sie es ins Bettchen legen. Wenn es müde genug ist, fallen ihm die Augen von allein zu.

Ruhen Sie sich aus, so oft es geht. Verzichten Sie darauf, Taschen und Tüten auszupacken, herumzutelefonieren oder sich Gedanken darüber zu machen, was liegen bleibt. Sie sind erschöpft. Nutzen Sie die Gelegenheit, sich auszuruhen, sobald das Baby schläft. Die Natur kommt Ihnen dabei entgegen: Ihr Kind braucht ein paar Tage, um sich von dem Schock der Geburt zu erholen. Es kann vorkommen, dass es in den ersten beiden Lebenstagen sechs Stunden un-

Eins nach dem anderen

Sie haben genug zu tun, also setzen Sie sich nicht noch zusätzlich unter Druck. Statt sich Vorwürfe zu machen, weil Sie die Geburtsanzeigen oder Dankschreiben noch nicht abgeschickt haben, sollten Sie sich kleine überschaubare Tagesziele setzen, eher fünf als vierzig. Setzen Sie Prioritäten, indem Sie die anstehenden Aufgaben drei Kategorien zuordnen: »dringend«, »später« oder »kann warten, bis ich mich besser fühle«. Sie werden erstaunt sein, für wie viele Dinge Sie sich Zeit lassen können.

unterbrochen schläft. Wenn Sie glauben, das bleibt so, denken Sie daran, dass es sich vielleicht auch nur um die sprichwörtliche Ruhe vor dem Sturm handelt. Ihr Kind ist vielleicht noch völlig erledigt von den Medikamenten, die man Ihnen während der Entbindung verabreicht hat, oder vom mühsamen Weg durch den Geburtskanal, durch den es sich quetschen musste. Es ist noch nicht voll auf dem Damm, aber sein wahres Temperament wird sich bald bemerkbar machen.

Haustiere

Haustiere können eifersüchtig auf den neuen Erdenbürger sein – schließlich haben sie nun Konkurrenz.

Hunde: Sie können mit einem Hund nicht »reden«, um ihn vorzubereiten, aber Sie können ihm eine Decke oder Windel aus der Klinik mitbringen, damit er sich an den Geruch des neuen Mitbewohners gewöhnt. Bei der Rückkehr aus der Klinik sollten Sie dafür sorgen, dass er das Baby draußen vor dem Haus kennen lernt, bevor Sie es betreten. Hunde haben ein ausgeprägtes Bedürfnis, ihr Revier zu verteidigen, und heißen Fremde nicht immer willkommen. Oft hilft es bereits, wenn man ihnen die Möglichkeit gibt, den Geruch kennen zu lernen. Trotzdem sollten Sie Ihr Baby nie mit einem Haustier gleich welcher Art allein lassen.

Katzen: Dass Katzen sich gern auf das Gesicht von Säuglingen legen, ist ein Ammenmärchen, aber sie fühlen sich zu dem kleinen warmen Bündel hingezogen. Achten Sie also darauf, dass Ihre Katze nicht in die Wiege springt und sich neben Ihrem Baby zusammenrollt. Die Lungen eines Neugeborenen sind noch sehr empfindlich. Katzenhaare und feine Hundehaare können allergische Reaktionen und sogar Asthma auslösen.

Wer ist **Ihr** Baby?

»Er war ein richtiger Engel ...« jammerte Joanne am dritten Tag nach Robbys Geburt. »Warum weint er pausenlos, seit wir zu Hause sind?« Als Mutter sollten Sie daran denken, dass Ihr Kind sich zu Hause selten so verhält wie vorher in der Klinik.

Babys unterscheiden sich – wie alle Menschen – in ihren Ess- und Schlafgewohnheiten, in ihrer Reaktion auf Außenreize und Beruhigungsversuche. Nennen Sie es Temperament, Persönlichkeit, Disposition, Veranlagung, Natur, was auch immer, aber zwischen dem dritten und dem fünften Tag beginnt sich herauszukristallisieren, welche grundlegenden Persönlichkeitsmerkmale Ihr Kind besitzt und behalten wird.

Ich spreche aus Erfahrung, denn ich habe viele Kinder aufwachsen sehen und den Kern ihres kindlichen Selbst auch in späteren Jahren wieder entdeckt, zum Beispiel in der Art, wie sie auf andere zugehen, sich auf Veränderungen einstellen und mit Eltern und Gleichaltrigen umgehen.

Abgesehen von meinen eigenen Beobachtungen wurde die Existenz dieser Temperamente auch von vielen Psychologen bestätigt. Jerome Kagan von der Harvard University und andere haben dokumentiert, dass manche Kinder sensibler und schwieriger oder aber umgänglicher und vorhersehbarer sind als andere. Solche grundlegenden Persönlichkeitsaspekte wirken sich darauf aus, wie ein Baby seine Umwelt wahrnimmt und – beim ersten Kind besonders wichtig – wie es sich beruhigen lässt. Der Trick besteht darin, Ihr Baby so zu sehen, wie es wirklich ist, es unvoreingenommen kennen zu lernen und vorbehaltlos anzunehmen.

Einfluss der sozialen Umwelt oder erbliche Veranlagung?

Jerome Kagan, Wissenschaftler an der Harvard University, der sich mit der Erforschung grundlegender Persönlichkeitsmerkmale bei Babys und Kleinkindern beschäftigt, war wie die meisten Wissenschaftler des zwanzigsten Jahrhunderts überzeugt von der Auffassung, die Einflüsse der sozialen Umwelt seien stärker als die biologischen Anlagen. Untersuchungen der letzten beiden Jahrzehnte sprechen gleichwohl eine andere Sprache:

In seinem Buch *Galens Prophesy* (benannt nach dem Arzt aus dem zweiten Jahrhundert, der als Erster die Lehre von den vier Körpersäften oder Temperamenten aufstellte), schreibt er: »Ich gebe zu, dass ich gelegentlich traurig bin angesichts der Erkenntnis, dass gesunde, hübsche Kinder in liebevolle, wirtschaftlich gesicherte Familien hineingeboren werden, aber von Anfang an mit einer Physiologie belastet sind, die es ihnen erschwert, gelöst, spontan und so fröhlich zu sein, wie sie gerne wären. Manche dieser Kinder werden ihren natürlichen Hang zu Launenhaftigkeit und Zukunftsangst überwinden müssen …«

Das Temperament ist kein unabänderliches Schicksal, das einem Menschen ein Leben lang anhaftet, sondern nur ein Einflussfaktor von vielen. Es muss nicht sein, dass Ihr Sohn Sie auch in den nächsten Jahren noch mit Milch vollspuckt oder Ihre »zerbrechliche« kleine Tochter bei ihrer ersten Tanzstunde ein Mauerblümchen ist. Zwar sind Erbanlagen Programmierungen, die sich nicht löschen lassen – die Chemie des Gehirns und die Anatomie zählen –, aber die soziale Umwelt spielt für die Entwicklung eine gleichermaßen wichtige Rolle. Um Ihr Baby mit allen Aspekten seiner Persönlichkeit zu verstehen und seinen spezifischen Bedürfnissen gerecht zu werden, sollten Sie sich über das »Päckchen« im Klaren werden, das es in diese Welt mitgebracht hat.

Nach meinen Erfahrungen lassen sich Kinder schon von Geburt an einem der nachfolgenden fünf Persönlichkeitsprofile zuordnen, die ich *Engel, Bilderbuch-Baby, Sensibelchen, Dickköpfchen* und *Muffelchen* genannt habe. Sie werden nachstehend beschrieben. In welche Kategorie Ihr Baby gehört, können Sie anhand des Tests auf Seite 36 herausfinden, der auf Kinder vom fünften Tag an bis zum achten Monat zugeschnitten ist. Denken Sie daran, dass sich in den ersten Wochen zeitweilige Veränderungen im Temperament bemerkbar machen können. Beispielsweise können Besonderheiten bei der Geburt oder Anomalien wie Gelbsucht, die müde macht, sein wahres Naturell verschleiern. Am besten beantworten Sie und Ihr Partner die Fragen getrennt. Bitten Sie, wenn möglich, auch Eltern, Geschwister, Verwandte und Bekannte oder Personen, die beruflich mit Kinderpflege befasst sind, um ihre Mithilfe – kurzum jeden, der häufiger oder länger Kontakt mit Ihrem Baby hat.

Warum zwei Personen oder mehr die Fragen beantworten sollen?

Erstens, weil Ihre Sichtweise und die Ihres Partners oder einer anderen Person nie in allen Aspekten übereinstimmen.

Zweitens, weil sich Ihr Baby bei jeder Person anders verhält. Das ist eine Tatsache, an der es nichts zu rütteln gibt.

Und drittens neigen wir dazu, unsere eigenen Persönlichkeitsmerkmale auf das Baby zu übertragen und uns mit seinem Temperament zu identifizieren: Wir sehen nur, was wir sehen wollen. Unbewusst sind wir auf bestimmte Charaktereigenschaften des Kindes fixiert und für andere blind. Wenn Sie beispielsweise als Kind schüchtern waren und oft gehänselt wurden, interpretieren Sie vielleicht zu viel in die Beobachtung hinein, dass Ihr Kind weint, wenn fremde Personen anwesend sind. Die Vorstellung schmerzt, dass es später vielleicht unter den gleichen Hemmungen und Hänseleien leiden wird wie einst Sie selbst. Solche Übertragungen reichen oft weit in die Zukunft, und wir identifizieren uns mit den Eigenschaften unserer Kinder. Wenn der Sohnemann zum ersten Mal allein den Kopf hebt, sagt der stolze Vater: »Ganz der Papa. Aus dir wird mal ein Fußballspieler!« Und wenn sich der Junge durch Musik beschwichtigen lässt, sagt die Mutter, die seit dem fünften Lebensjahr Klavier spielt: »Ich sehe schon, er hat meine Musikalität geerbt!«

Sie sollten aber nicht streiten, wenn die Antworten unterschiedlich ausfallen. Hier geht es nicht um einen Wettbewerb, bei dem es herauszufinden gilt, wer besser ist oder das Baby besser kennt. Der Test soll Ihnen helfen, die Persönlichkeit des kleinen Menschen, der in Ihr Leben getreten ist, besser kennen zu lernen. Nachdem Sie Ihre Antworten wie beschrieben ausgewertet haben, wird sich herausstellen, welche Beschreibung Ihr Kind am treffendsten charakterisiert. Es geht nicht darum, es in eine Schablone zu pressen – es geht darum, Aufschluss über bestimmte Schlüsselmerkmale zu gewinnen, um seine spezifischen Bedürfnisse besser bestimmen zu können.

Test: Wie gut kennen Sie Ihr Baby?

Wählen Sie bei allen nachfolgenden Fragen die bestmögliche Antwort aus, also die Beschreibung, die am ehesten auf Ihr Kind zutrifft.

1. Mein Kind

- ☐ **A.** weint selten
- ☐ **B.** weint nur, wenn es hungrig, müde oder überreizt ist
- ☐ **C.** weint aus keinem ersichtlichen Grund
- ☐ **D.** weint sehr laut, und wenn ich nicht darauf reagiere, steigert es sich in einen Wutanfall hinein
- ☐ **E.** weint viel

2. Wenn ich mein Kind ins Bett bringe

☐ **A.** liegt es friedlich in seiner Wiege und schläft ein

☐ **B.** schläft es normalerweise innerhalb von zwanzig Minuten problemlos ein

☐ **C.** ist es kurze Zeit unruhig und schläft dann ein, wacht aber immer wieder auf

☐ **D.** ist es aufgewühlt und muss noch einmal gewickelt oder auf den Arm genommen werden

☐ **E.** weint es und wehrt sich gegen den Schlaf

3. Wenn mein Kind morgens aufwacht

☐ **A.** weint es selten, sondern spielt in seinem Bettchen, bis ich komme

☐ **B.** gibt es Babylaute von sich und schaut sich um

☐ **C.** fordert es sofort Aufmerksamkeit, sonst fängt es an zu weinen

☐ **D.** schreit es

☐ **E.** jammert es

4. Mein Kind lächelt

☐ **A.** alles und jeden an

☐ **B.** wenn man es dazu anregt

☐ **C.** wenn man es dazu anregt, es kann aber gleich darauf in Tränen ausbrechen

☐ **D.** viel und kommuniziert gerne in der Babysprache

☐ **E.** nur unter bestimmten Umständen

5. Wenn ich mein Kind mitnehme

☐ **A.** ist es gut zu haben

☐ **B.** ist es friedlich, solange es dort nicht hektisch zugeht oder die Umgebung völlig fremd ist

☐ **C.** ist es ziemlich unruhig

☐ **D.** verlangt es fortwährend meine Aufmerksamkeit

☐ **E.** mag es nicht dauernd angefasst werden

---

6. Wenn sich eine fremde Person freundlich mit meinem Kind beschäftigt

☐ **A.** lächelt es sofort

☐ **B.** dauert es eine Weile, bis es lächelt

☐ **C.** weint es, bis es Zutrauen gefasst hat

☐ **D.** wird es hochgradig erregt

☐ **E.** lächelt es so gut wie nie

---

7. Reaktion auf laute Geräusche, zum Beispiel Hundegebell:

☐ **A.** Mein Kind lässt sich davon nicht aus der Ruhe bringen

☐ **B.** es registriert sie, gerät aber nicht in Panik

☐ **C.** es zuckt sichtlich zusammen und fängt oft an zu weinen

☐ **D.** es versucht, die Geräusche zu übertönen

☐ **E.** es beginnt zu schreien

---

8. Beim ersten Bad

☐ **A.** hat sich mein Kind wie ein Fisch im Wasser gefühlt

☐ **B.** war es überrascht, aber es gefiel ihm auf Anhieb

☐ **C.** hat es gezittert, vielleicht vor Angst

☐ **D.** hat es wie verrückt gezappelt und wild um sich geschlagen

☐ **E.** hat es furchtbar geweint

9. Körpersprache/Motorik

☐ **A.** Mein Kind ist fast immer entspannt und aufmerksam
☐ **B.** ist meistens entspannt
☐ **C.** ist angespannt und reagiert hochsensibel auf Außenreize
☐ **D.** ist zappelig: Arme und Beine sind ständig in Bewegung
☐ **E.** ist starr: Arme und Beine sind steif

10. Mein Kind gibt laute, aggressive Geräusche von sich

☐ **A.** hin und wieder
☐ **B.** nur wenn es spielt und dabei hochgradig erregt ist
☐ **C.** höchst selten
☐ **D.** oft
☐ **E.** immer, wenn es wütend ist

11. Wenn ich meinem Kind die Windeln wechsle, es bade oder anziehe

☐ **A.** nimmt es die Unannehmlichkeiten klaglos hin
☐ **B.** lässt es alles über sich ergehen, solange ich ihm erkläre, was ich tue
☐ **C.** ist es oft unleidlich
☐ **D.** zappelt es und versucht, die Wickelkommode abzuräumen
☐ **E.** ist das ein ständiger Kampf, vor allem das Anziehen

12. Wenn mein Kind unverhofft grellem Licht ausgesetzt ist

☐ **A.** nimmt es die Unannehmlichkeit klaglos hin
☐ **B.** ist es verdutzt
☐ **C.** blinzelt es ständig oder versucht, den Kopf vom Licht wegzudrehen
☐ **D.** reagiert es erregt
☐ **E.** reagiert es wütend

13 a. Falls Sie die Flasche geben: Beim Füttern

☐ **A.** trinkt mein Kind problemlos, aufmerksam und leert die Flasche meistens innerhalb von zwanzig Minuten

☐ **B.** ist es während der Wachstumsphasen sprunghaft, aber sonst trinkt es gut

☐ **C.** ist es sehr unruhig, und es dauert lange, bis es die Flasche geleert hat

☐ **D.** greift es nach der Flasche und kann nicht genug bekommen

☐ **E.** ist es oft unleidlich und braucht lange

---

13 b. Falls Sie stillen: Beim Stillen

☐ **A.** fasst mein Kind die Brustwarze problemlos, seit dem ersten Tag

☐ **B.** hat es einen Tag oder zwei gedauert, bis es die Brustwarze richtig gefasst hat, aber jetzt klappt es gut

☐ **C.** lässt es die Brustwarze dauernd los, als hätte es vergessen, wie man trinkt

☐ **D.** trinkt es gut, solange ich es so im Arm halte, wie es ihm gefällt

☐ **E.** wird es oft verdrießlich und ruhelos

---

14. Wie lässt sich die Kommunikation zwischen Ihnen und Ihrem Kind am besten beschreiben?

☐ **A.** es macht mir immer verständlich, was es braucht

☐ **B.** meistens sind die Signale gut zu entschlüsseln

☐ **C.** ich werde nicht schlau aus ihm; manchmal weint es sogar, wenn ich mit ihm spreche

☐ **D.** es zeigt seine Vorlieben und Abneigungen deutlich, manchmal ziemlich lautstark

☐ **E.** normalerweise fordert es meine Aufmerksamkeit mit lautem, wütendem Gebrüll ein

15. Bei Familienfesten oder Feiern

- ☐ **A.** ist es anpassungsfähig
- ☐ **B.** ist es wählerisch, zu wem es auf den Arm möchte
- ☐ **C.** weint es leicht, wenn es ihm zu viel wird
- ☐ **D.** schreit es oder windet sich aus dem Arm, wenn es sich bei jemandem nicht wohl fühlt
- ☐ **E.** will es nur zu Vater oder Mutter auf den Arm

---

16. Wenn wir nach einem Spaziergang oder Ausflug nach Hause zurückkommen

- ☐ **A.** fühlt sich mein Kind auf Anhieb wieder wohl
- ☐ **B.** braucht es eine Zeit, bis es sich akklimatisiert hat
- ☐ **C.** ist es unruhig
- ☐ **D.** ist es erregt und schwer zu beruhigen
- ☐ **E.** ist es wütend, und es geht ihm nicht gut

---

17. Mein Kind

- ☐ **A.** kann sich stundenlang allein beschäftigen und sich etwas anschauen
- ☐ **B.** kann sich mindestens eine Viertelstunde allein beschäftigen
- ☐ **C.** braucht ständig jemanden, der sich mit ihm beschäftigt, wenn es sich in einer fremden Umgebung befindet
- ☐ **D.** braucht ständig neue Anreize, um sich beschäftigen zu können
- ☐ **E.** beschäftigt sich nicht gern allein

---

18. Das Bemerkenswerteste an meinem Kind ist

- ☐ **A.** dass es so unglaublich brav und pflegeleicht ist
- ☐ **B.** dass es sich genau so entwickelt, wie man es in Büchern liest
- ☐ **C.** dass es hyperempfindlich reagiert

- ☐ **D.** dass es aggressiv ist
- ☐ **E.** dass es ziemlich launisch sein kann

---

19. Mein Kind

- ☐ **A.** fühlt sich wohl in seinem Bett (in seiner Wiege)
- ☐ **B.** zieht das eigene Bett meistens vor
- ☐ **C.** fühlt sich in seinem Bett nicht wohl
- ☐ **D.** ist unruhig in seinem Bett
- ☐ **E.** sträubt sich, in sein Bett gelegt zu werden

---

20. Am besten lässt sich mein Kind folgendermaßen beschreiben:

- ☐ **A.** Man merkt kaum, dass ein Kind im Haus ist; es ist fast zu schön, um wahr zu sein
- ☐ **B.** Mein Kind ist pflegeleicht und sein Verhalten vorhersehbar
- ☐ **C.** Es ist ziemlich sensibel
- ☐ **D.** Ich befürchte, wenn es erst einmal laufen kann, ist nichts mehr vor ihm sicher
- ☐ **E.** Manchmal kommt es mir vor wie eine »alte Seele«, die wiedergeboren ist und sich keinerlei Illusionen mehr über die Welt macht.

Notieren Sie für die Auswertung auf einem Blatt Papier A, B, C, D oder E als Antwort. Der am häufigsten vorkommende Buchstabe gibt Ihnen Aufschluss über das Persönlichkeitsprofil Ihres Babys.

A = »Engel« ☐
B = »Bilderbuch-Baby« ☐
C = »Sensibelchen« ☐
D = »Dickköpfchen« ☐
E = »Muffelchen« ☐

Wie Sie das **Persönlichkeitsprofil Ihres Kindes** ermitteln

Beim Zusammenzählen der Buchstaben werden Sie feststellen, dass einer oder zwei überwiegen. Denken Sie bei den folgenden Beschreibungen daran, dass es sich nicht um ein vorübergehendes Verhalten handelt, das in Zusammenhang mit akuten Problemen – wie Koliken, bestimmten kindlichen Entwicklungsphasen oder dem Zahnen – auftritt, sondern um eine grundsätzliche Einstellung der Welt gegenüber. Vielleicht erkennen Sie Ihr Kind sofort in einem der Persönlichkeitsprofile wieder, aber es ist auch möglich, dass es von jedem etwas hat. Lesen Sie alle fünf Profile genau durch. Der Anschaulichkeit halber habe ich sie durch ein kurzes Fallbeispiel ergänzt.

A. **Engel:** Von einem solchen Baby träumen alle Frauen, die zum ersten Mal schwanger sind: ein kleiner Engel, fast zu schön, um wahr zu sein. Pauline gehört dazu; sie kuschelt gerne, ist immer gut aufgelegt und genügsam. Sie gibt klar zu erkennen, was sie braucht. Eine fremde Umgebung macht ihr nichts aus, sie ist pflegeleicht, man kann sie überallhin mitnehmen. Sie beschäftigt sich oft schon allein, trinkt gut, schläft ohne Probleme ein und weint nicht, wenn sie aufwacht. Meistens brabbelt Pauline morgens in ihrem Bettchen vor sich hin oder betrachtet interessiert ihre Umgebung, zum Beispiel einen Streifen an der Wand. Engel wie sie beruhigen sich von allein, aber wenn sie einmal übermüdet sind, weil die Signale übersehen wurden, trägt man sie ins Bett und sagt: »Ich sehe, dass du todmüde bist.« Singen Sie leise ein Schlaflied, sorgen Sie dafür, dass es im Kinderzimmer gemütlich, ruhig und das Licht gedämpft ist, dann schläft Ihr Kind von allein ein.

B. **Bilderbuch-Baby:** Oliver ist ein Kind, das sich vorbildlich verhält und daher vorhersehbar und ziemlich pflegeleicht ist. Er macht alles wie auf Stichwort und deshalb werden Sie kaum unliebsame Überraschungen mit ihm erleben. Er erreicht sämtliche Meilensteine in der Entwicklung genau nach Plan: Mit drei Monaten schläft er nachts durch, mit fünf rollt er sich herum und mit sechs kann er sitzen. Seine Wachstumsschübe erfolgen so präzise wie ein Uhrwerk: In dieser Phase nimmt sein Appetit zu, weil er mehr wiegt oder ein Entwicklungssprung stattfindet. Schon mit einer Woche kann er sich mindestens eine Viertelstunde oder länger allein beschäftigen, er kommuniziert fleißig in der Babysprache und schaut sich interessiert um. Er lächelt, wenn er angelächelt wird. Obwohl Oliver nicht immer guter Laune ist – wie in den Kinderpflegebüchern beschrieben –, lässt er sich leicht beschwichtigen. Es ist auch kein Problem, ihn zum Einschlafen zu bringen.

C. **Sensibelchen:** Für ein ultra-sensibles Baby wie Michael ist die Welt eine endlose Abfolge erschreckender Herausforderungen. Er zuckt bei jedem Geräusch zusammen, sei es ein Motorrad, ein Fernseher oder das Hundegebell nebenan. Bei grellem Licht blinzelt er oder dreht den Kopf zur Seite. Manchmal weint er scheinbar grundlos, selbst in Gegenwart seiner Mutter. Das bedeutet in seiner Babysprache: »Jetzt reicht es mir! Ich brauche Ruhe und Frieden!« Er wird unleidlich, wenn ihn verschiedene Leute auf den Arm nehmen wollen oder wenn er aus einer fremden Umgebung nach Hause zurückkehrt. Er beschäftigt sich ein paar Minuten allein, aber er braucht die Gewissheit, dass eine Bezugsperson – Mama, Papa oder Tagesmutter – in der Nähe ist. Da Kinder wie Michael viel nuckeln, um sich zu beruhigen, deuten

Mütter die Anzeichen oft fälschlicherweise als Hunger, obwohl ein Schnuller ausreichend wäre. Mit dem Trinken klappt es nicht immer: Manchmal scheint er »vergessen« zu haben, wie man saugt. Nachts und am Tag hat Michael oft Einschlafprobleme. Sensibelchen wie er entwickeln sich nicht immer nach Plan, weil sie zart besaitet sind. Zu langes Schlafen, eine ausgefallene Mahlzeit, unerwarteter Besuch, eine Reise oder andere Veränderungen des eingespielten Schemas können sie aus der Bahn werfen. Um ein solches Kind zu beruhigen, sollten Sie eine ähnlich sichere Umgebung schaffen wie in der Gebärmutter, ihn warm einmummeln, an Ihre Schulter legen, ihm ein rhythmisches »Sch, sch« ins Ohr flüstern (wie das Schwappen des Fruchtwassers) und ihm sanft auf den Rücken klopfen, um den mütterlichen Herzschlag nachzuahmen. Je schneller Sie die Signale deuten lernen, desto einfacher wird das Leben für Sie beide. Sensibelchen brauchen festgefügte Strukturen und Vorhersehbarkeit. Überraschungen? Nein danke.

D. **Dickköpfchen:** Es scheint von Geburt an genau zu wissen, was es will, und zögert nicht, Ihnen das mitzuteilen. Kinder wie Karen verschaffen sich Gehör und setzen ihre Wünsche aggressiv durch. Sie schreit nach Papa oder Mama, wenn sie morgens aufwacht. Sie hasst es, in der nassen oder schmutzigen Windel zu liegen und bringt ihr Unbehagen mit vehementen Geräuschen, die »Wickel mich endlich!« bedeuten sollen, zum Ausdruck. Körpersprache und Motorik sind unstet. Karen braucht viele Streicheleinheiten, bis sie einschläft, weil sie leicht überreizt und zappelig ist. Wenn sie weint, steigert sie sich oft in ein Wutgebrüll hinein. Eigensinnig, wie es ihrem Temperament entspricht, greift sie schon bald nach der Flasche. Sie reagiert früh auf andere Babys; sobald sie greifen kann, schnappt sie sich auch deren Spielsachen.

E. **Muffelchen:** Bei Kindern wie Gavin hat man den Verdacht, dass sie »alte Seelen« sind und schon früher einmal auf der Welt waren. Sie scheinen nicht allzu glücklich über diese Wiederholung zu sein, stehen auf Kriegsfuß mit Gott und der Welt und machen keinen Hehl daraus. Gavin quengelt jeden Morgen, lächelt tagsüber kein einziges Mal und gerät jeden Abend beim Zubettgehen in Panik. Seiner Mutter fällt es schwer, Babysitter bei der Stange zu halten, weil sie die notorisch schlechte Laune des Kindes persönlich nehmen. Er hat es vom ersten Augenblick an gehasst, gebadet oder an- und umgezogen zu werden, und er ist unruhig und reizbar. Seine Mutter versuchte ihn zu stillen, aber der Milchfluss kam nur langsam in Gang, und Gavin war ungeduldig. Obwohl sie auf Fertignahrung umgestellt hat, ist das Füttern wegen seiner Übellaunigkeit ein Problem.

Für solche Kinder braucht man viel Geduld: Sie geraten leicht in Rage und kreischen in den höchsten Tönen, sodass Sie sich mit Ihrem beruhigenden »Sch, sch« nur schwer Gehör verschaffen können. Sie hassen es, gewickelt zu werden, und machen ihrem Unmut Luft. Beschwichtigen Sie es, indem Sie es im Arm wiegen und liebevoll flüstern: »Ist ja gut, ist ja gut, ist ja gut.«

Tipp

Wiegen Sie Ihr Baby sanft vor und zurück, nicht seitwärts. Es kennt diese beruhigende Bewegung aus dem Mutterleib, wenn Sie spazieren oder hin und her gegangen sind.

Wunschbild – und **Wirklichkeit**

Sicher haben Sie Ihr Kind in einer der Beschreibungen wiedererkannt. Vielleicht ist es aber auch eine Kreuzung aus zwei Persönlichkeitstypen. Es geht nicht darum, es in eine bestimmte »Schublade« zu stecken, sondern Erkenntnisse darüber zu gewinnen, was Sie erwartet und wie Sie mit dem spezifischen Temperament oder Persönlichkeitsprofil Ihres Kindes umgehen. Entspricht Ihr Kind nicht dem Bild, das Sie sich von ihm gemacht haben? Ist es schwer zu beruhigen? Quengelig? Reizbar? Mag es nicht schmusen? Wenn Sie deshalb verwirrt und enttäuscht sind und Ihrem alten Leben insgeheim sogar nachtrauern, denken Sie daran: Sie stehen mit diesem Problem nicht allein da.

Während der Schwangerschaft machen sich fast alle Eltern ein Bild von dem Kind, das sie erwarten: wie es aussehen, aufwachsen und was für ein Mensch es später einmal sein soll. Das gilt insbesondere für Eltern, die nicht mehr ganz jung sind, wenn das erste Kind kommt, weil es mit dem Schwangerwerden nicht so einfach klappte oder beide mit der Gründung einer Familie noch warten wollten. Sie müssen sich erst an das Kind und an die neue Situation gewöhnen.

Die Anpassungsphase kann sich auf die ersten Tage oder Wochen nach der Geburt

Liebe auf den ersten Blick?

Zwei Menschen verlieben sich auf den ersten Blick, jedenfalls im Kino. In der Realität ist das nicht immer der Fall. Mutter und Kind sind in dieser Beziehung keine Ausnahme. Manche Mütter lieben ihr Baby auf Anhieb, bei anderen dauert es länger.

Kein Wunder, denn sie sind erschöpft, müssen sich erst an ihr Kind gewöhnen, fühlen sich verunsichert und haben zu allem Überfluss auch noch den Anspruch an sich selbst, perfekt zu sein. Machen Sie sich also keine Vorwürfe: Liebe braucht Zeit, um zu reifen. Genauso wie bei Erwachsenen stellt sie sich oft erst dann ein, wenn man sich besser kennt.

beschränken, aber auch länger dauern, je nachdem, wie Ihr Leben vor der Ankunft des Kindes beschaffen war. Aber irgendwann gelingt es (hoffentlich) allen Eltern, ihr Kind so zu akzeptieren, wie es ist, und sich auf den neuen Lebensabschnitt einzustellen.

Tipp

Oft hilft ein Austausch mit jemandem, der die Situation aus eigener Erfahrung kennt und Sie daran erinnert, dass Höhen und Tiefen ganz normal sind – Freundinnen, Schwestern, Ihre Mutter. Ein Gespräch unter Männern scheint dagegen für frisch gebackene Väter nicht so ergiebig zu sein: Sie neigen oft dazu, sich gegenseitig übertrumpfen zu wollen, was den Mangel an Schlaf und Sex betrifft.

Interessanterweise haben viele Eltern derart hochgeschraubte Erwartungen, dass kein Kind, nicht einmal ein kleiner Engel, ihrem Ideal gerecht werden könnte. Der Schock ist umso größer, wenn sich das stille, sanfte Baby, das sie sich erhofft und vorgestellt haben, als das genaue Gegenteil entpuppt: als ein temperamentvolles, impulsives Kind. »Was haben wir uns da nur angetan? Was machen wir jetzt bloß?«, heißt es dann. Der erste Schritt besteht darin, sich die Enttäuschung offen einzugestehen und die überzogenen Erwartungen herunterzuschrauben.

Manchmal machen sich Eltern diese Enttäuschung nicht bewusst. Und wenn doch, schämen sie sich, das einzugestehen. Sie können nicht zugeben, dass ihr Kind nicht so »gut geraten« oder so brav ist, wie sie es sich erträumt haben, oder dass es keine Liebe auf den ersten Blick war. Um solche Probleme zu überwinden, sind zwei Dinge erforderlich, die für das Babyflüstern von ausschlaggebender Bedeutung sind: Respekt vor der Persönlichkeit Ihres Kindes, wie immer diese auch geartet sein mag, und gesunder Menschenverstand. Man kann nicht alle Menschen über einen Kamm scheren, und das gilt auch für Ihr Baby. Stellen Sie keine Vergleiche mit anderen Kindern im gleichen Alter an. Vergessen Sie das Wunschdenken. Bleiben Sie auf dem Boden der Tatsachen und sehen Sie Ihr Kind so, wie es wirklich ist. Beobachten Sie es, hören Sie aufmerksam zu, und es wird Ihnen genau sagen, was es braucht und wie Sie ihm am besten helfen, schwierige Situationen zu meistern.

Dieses Einfühlungsvermögen und Verständnis wird Ihrem Kind das Leben erleichtern, denn Sie ermöglichen ihm, seine Stärken aufzubauen und seine Schwächen zu kompensieren. Und es gibt noch eine gute Nachricht: Alle Kinder entwickeln sich besser, wenn ihr Leben bis zu einem gewissen Grad vorhersehbar ist und in geordneten Bahnen verläuft. Das gelingt nur, wenn der Alltag eine Struktur erhält, die für Harmonie und ein gedeihliches Wachstum aller Familienmitglieder sorgt. Wie eine solche Struktur aussehen kann, erfahren Sie im nächsten Kapitel.

Tipp

Ihr Kind stellt Sie vor eine echte Herausforderung, und das ist gut so. Jeder von uns muss in seinem Leben die eine oder andere Lektion lernen, und wir wissen nie, durch wen oder welches Ereignis. In diesem Fall ist es Ihr Baby, an dem Sie wachsen dürfen.

Kapitel 2

E.A.S.I. macht das Leben leicht

Iss, wenn du hungrig bist.
Trink, wenn du durstig bist.
Schlaf, wenn du müde bist.

BUDDHISTISCHE WEISHEIT

Ich hatte das Gefühl, dass ihr ein fester Tagesablauf gut tun würde. Außerdem sah ich, wie diese Methode bei den Kindern meiner Freundin funktionierte.

MUTTER EINES BILDERBUCH-BABYS

Struktur ist Trumpf

Viele Eltern fühlen sich verunsichert, überfordert und vor allem körperlich auf einem Tiefpunkt, weil sie unter akutem Schlafmangel leiden. Die Qualität ihres Familienlebens ist beeinträchtigt. Ungeachtet des spezifischen Problems gibt es dafür nur ein Heilmittel: ein *klar strukturierter Tagesablauf*. Dabei handelt es sich nicht um eine strikte Zeitplanung oder Grenzen, die Sie aus erzieherischen Gründen setzen, sondern um die Notwendigkeit, Beständigkeit und ein gewisses Maß an Ordnung in das Leben Ihres Kindes zu bringen.

Die Entwicklung eines strukturierten Tagesablaufs ist eine ebenso einfache wie wirksame – und oft die einzige – Lösung für eine Reihe von Problemen, zum Beispiel beim Füttern, bei Schlafstörungen oder Koliken. Es kann eine Weile dauern, bis sich dieser Ablauf eingespielt hat, aber Sie haben damit einen Schritt in die richtige Richtung getan.

Ein strukturierter Tagesablauf verhindert, dass Ihr Baby immer und überall den Ton angibt. Er hemmt weder die Spontaneität noch die Entwicklung des Kindes – denn es besteht ein gewaltiger Unterschied darin, ob man Bedürfnisse respektiert oder sich ihnen blind unterordnet.

Abgesehen davon sollten die Bedürfnisse der ganzen Familie berücksichtigt werden. Kinder sind ein Teil des Lebens ihrer Eltern und sollten sich in den Haushalt integrieren. Wenn man ihnen gestattet, das Kommando zu übernehmen, herrscht binnen kürzester Zeit das reinste Chaos. Deshalb tun Sie im Interesse aller Beteiligten gut daran, von Anfang an ein Umfeld zu schaffen, das Sicherheit und Geborgenheit fördert, weil es vorhersehbar, beständig und auf die Entwicklungsphasen des Kindes abgestimmt ist. Als kontinuierlicher Leitfaden soll Sie E.A.S.I. dabei unterstützen.

E.A.S.I. – ein Kinderspiel für alle Beteiligten

»E.A.S.I.« ist ein Kürzel und steht für einen strukturierten, kindgerechten Tagesablauf, den Sie *vom ersten Tag* an bei Ihrem Baby einführen können. Er besteht aus vier Elementen oder Phasen, jeweils mit einer Länge von etwa drei Stunden.

E = Essen. Gleich, ob Ihr Kind gestillt wird oder die Flasche bekommt, die Nahrungsaufnahme ist ein Grundbedürfnis des Menschen. Babys haben einen gesegneten Appetit. Im Verhältnis zu ihrem Körpergewicht nehmen sie die doppelte bis dreifache Kalorienmenge zu sich wie ein beleibter Erwachsener.

A = Aktivität. Bis zum dritten Lebensmonat verbringt Ihr Kind im Durchschnitt siebzig Prozent der Zeit mit Essen und Schlafen. In den übrigen Stunden befindet es sich auf dem Wickeltisch, in der Badewanne, beschäftigt sich im Kinderbett oder auf einer Decke am Fußboden oder ist mit Ihnen im Kinderwagen oder Auto unterwegs. Aus der Warte eines Erwachsenen mag das nicht viel mit »Aktivität« zu tun zu haben, aber für ein Baby handelt es sich um Schwerstarbeit.

S = Schlafen. Ganz gleich, ob sie wie die Murmeltiere oder mit Unterbrechungen schlafen, Kinder müssen beizeiten lernen, von allein einzuschlafen, und zwar – um ihre Unabhängigkeit zu unterstützen – *in ihrem eigenen Bett.*

I = Individuelle Freizeitgestaltung. Während Ihr Baby schläft, sollten Sie etwas für sich selbst tun, denn wenn es der Mutter gut geht,

Ein E.A.S.I.-Tagesablauf

Jedes Kind ist natürlich anders, aber die folgenden Zeiten können von der Geburt bis zum dritten Monat als Richtwerte gelten. Wenn sich das Füttern eingespielt hat und Ihr Baby sich eine Weile allein beschäftigt, können Sie die Zeiten entsprechend anpassen:

Essen: 25 bis 40 Minuten, Muttermilch oder Flasche; bei einem Baby, das drei Kilo und mehr wiegt, kann der Abstand zwischen den Mahlzeiten 2½ bis 3 Stunden betragen.

Aktivität: 45 Mainuten (einschließlich Wickeln, Anziehen und einmal am Tag mit dem Schwamm Waschen oder Baden).

Schlafen: 15 Minuten zum Einschlafen; ½ Stunde bis 1 Stunde Schlaf während des Tages, wobei der Nachtschlaf nach den ersten zwei oder drei Wochen länger wird.

Individuelle Freizeitgestaltung: Eine Stunde oder mehr, sobald Ihr Baby schläft; diese Zeiten werden länger, wenn das Kind älter wird und weniger Zeit zum Trinken braucht, sich allein beschäftigt und auch tagsüber länger schläft.

profitiert auch das Kind davon. Die E.A.S.I.-Methode ermöglicht Ihnen ein paar Stunden Freizeit, um sich auszuruhen, Ihre Batterien wieder aufzuladen und langsam Ihren Rhythmus zu finden.

In den ersten sechs Wochen gilt es, das körperliche und emotionale Trauma der Geburt zu verarbeiten. Mütter, die sich sofort wieder in den gewohnten Alltag stürzen, ausschließlich nach Bedarf füttern und selbst nicht zur Ruhe kommen, zahlen später einen hohen Preis (mehr darüber im siebten Kapitel).

E.A.S.I. ist eine Methode, die auf dem gesunden Menschenverstand basiert, eine Erleichterung für die Eltern und eine gesunde Alternative zu den heutigen Extremen in der Kindererziehung: Strikt nach Plan oder strikt nach Bedarf.

Strikt nach Plan beinhaltet Kämpfe, das Kind schreien zu lassen oder aber es nicht zu »verwöhnen«, indem man es bei jedem Quengeln hochnimmt. Es muss sich auch dem Leben der Eltern und ihren Bedürfnissen anpassen.

Strikt nach Bedarf bedeutet, das Kind gibt den Ton an, seine Bedürfnisse sind ausschlaggebend, und die Eltern ordnen sich ihnen in einem Maße unter, dass ihr eigenes Leben auf der Strecke bleibt. In der Praxis können die beiden Extremformen nicht funktionieren. Bei der einen respektieren Sie die Bedürfnisse Ihres Kind nicht genügend, bei der anderen kommen Ihre eigenen Bedürfnisse zu kurz. Die E.A.S.I.-Methode ist familienfreundlich, weil sie bewirkt, dass die Bedürfnisse *aller* Betroffenen berücksichtigt werden. Sie setzt voraus, dass Sie aufmerksam zuhören und beobachten, die Bedürfnisse Ihres Kindes befriedigen und es gleichzeitig in den Familienalltag integrieren. Vergleichen wir die einzelnen Methoden aus der »Vogelperspektive«.

Warum **E.A.S.I. funktioniert**

Der Mensch ist bekanntlich ein Gewohnheitstier: Er fühlt sich wohler, wenn er in etwa weiß, was ihn erwartet. Struktur und Routine sind im Alltag gang und gäbe. In den häuslichen vier Wänden, am Arbeitsplatz, in der Schule und in der religiösen oder sozialen Gemeinschaft gibt es eine logische Ordnung, die uns ein Gefühl der Sicherheit vermittelt. Denken Sie an Ihren eigenen Tagesablauf. Bei den meisten Menschen haben sich morgens, mittags und abends bestimmte Rituale eingebürgert, oft unbewusst. Wie fühlen Sie sich, wenn diese fehlen?

Wenn Sie beispielsweise auf die morgendliche Dusche verzichten müssen, weil das Wasser nicht heiß wird, eine Straßensperre Sie zwingt, einen anderen Weg als sonst zur Arbeit zu fahren, oder das Essen nicht pünktlich auf dem Tisch steht. Babys ergeht es nicht anders. Auch sie brauchen einen vorhersehbaren, geregelten Tagesablauf, und auf dieser Grundlage basiert E.A.S.I.

E.A.S.I. im Vergleich		
Strikt nach Bedarf	**E.A.S.I.**	**Strikt nach Plan**
Die Eltern geben jedem Bedürfnis des Kindes nach, füttern zum Beispiel 10- bis 12-mal am Tag, wenn es weint	Flexible, aber klar strukturierte Zeiten von 2 ½ bis 3 Stunden für Essen, Aktivität, Schlafen und Ihre Freizeit	Füttern nach der Uhr, entsprechend einem starren Schema, meist in Abständen von 3 bis 4 Stunden
Unvorhersehbar; das Baby übernimmt die Führung	Vorhersehbar – die Eltern bestimmen die Zeiten entsprechend den kind- und altersgerechten Bedürfnissen; das Baby weiß, was es erwartet	Vorhersehbar, aber die Eltern setzen Zeiten fest, denen das Baby nicht zu folgen vermag, was Ängste weckt
Die Eltern lernen nicht, die Signale ihres Kindes zu deuten; oft wird Weinen fälschlicherweise mit Hunger gleichgesetzt	Die Eltern können die Bedürfnisse des Kindes besser voraussehen und die Signale deuten	Die Eltern lernen nicht, die Signale des Kindes zu deuten; alles, was nicht ins Schema passt, wird ignoriert
Die Eltern haben kein eigenes Leben mehr – das Kind bestimmt den Tagesablauf	Die Eltern können ihr eigenes Leben planen	Die Eltern lassen sich von der Uhr versklaven
Die Eltern sind verunsichert; es herrscht Chaos im Haushalt	Die Eltern fühlen sich sicherer, weil sie die Signale des Kindes verstehen	Die Eltern haben Schuld-, Angst- und Wutgefühle, wenn sich das Baby nicht nach Schema verhält

Babys mögen keine Überraschungen. Sie gedeihen am besten, wenn Essen, Schlafen und Spielen in eine überschaubare Struktur eingebunden sind. Kinder wollen genau wie Erwachsene wissen, was als Nächstes kommt. Sie halten nicht viel von Überraschungen.

Eine Studie, durchgeführt von Dr. Marshall Haith an der Universität von Denver, ergab, dass Kinder ihre Augen – trotz einer gewissen Kurzsichtigkeit im ersten Lebensjahr – von Geburt an hervorragend koordinieren können. Wenn man ihnen immer wieder bestimmte Bilder auf einem Monitor zeigt, halten sie schon vorher danach Ausschau. Dr. Haith, der die Augenbewegungen genau verfolgt hat, erklärt: »Die Kinder entwickeln die Erwartung, ein bestimmtes Bild zu sehen. Enttäuscht man sie, geraten sie in helle Aufregung.«

Mit E.A.S.I. gewöhnt sich Ihr Kind an die natürliche Ordnung der Dinge – Essen, Bewegung, Ruhe. Manche Eltern bringen ihr Kind unmittelbar nach der Mahlzeit ins Bett, weil es an der Brust oder Flasche eingeschlafen ist. Das ist nicht optimal. Zum einen wird es von der Brust oder Flasche abhängig, um einzuschlafen, sodass es ohne dieses »Hilfsmittel« nicht mehr geht. Zum anderen sollten Sie sich in seine Lage versetzen: Hätten Sie Lust, nach jeder Mahlzeit zu schlafen? Vermutlich nicht, es sei denn an Weihnachten, wenn Sie zu viel gegessen haben. In der Regel sind Sie froh, dass Sie nach dem Essen Bewegung haben. Bei Erwachsenen ist der Tag in bestimmte Etappen unterteilt, wie Frühstück, Arbeit, Schule oder Spiel, Mittagessen, wieder Arbeit, Schule oder Spiel, Abendessen, Baden, Schlafen. Dieser Ablauf ist natürlich und sollte auch einem Baby angeboten werden.

Struktur und Organisation vermitteln allen Familienangehörigen ein Gefühl der Sicherheit. Ein klar strukturierter Tagesablauf hilft Eltern, sich in einen Rhythmus einzufinden, dem das Kind folgen kann, und ein Umfeld zu schaffen, das ihm sagt, was als Nächstes auf dem Programm steht. Mit E.A.S.I. gibt es keinen starren Zeitplan: Sie hören Ihrem Baby aufmerksam zu und erfüllen seine Bedürfnisse, aber der Tagesablauf richtet sich nach einer logischen Ordnung, die allen ein Gefühl der Sicherheit vermittelt.

Ein Beispiel: Um fünf oder sechs Uhr abends stillen oder füttern Sie Ihr Baby – im Kinderzimmer oder in einem anderen ruhigen Raum. Danach ist Aktivität angesagt, vielleicht in Form eines Bades. Anschließend wird der Schlafanzug angezogen und dann geht es ins Bett: Sie dimmen das Licht im Kinderzimmer und singen ein Schlaflied oder schalten beruhigende Musik ein.

Dieser immer gleiche Ablauf hat den Vorteil, dass alle Beteiligten, Ihr Baby eingeschlossen, den nächsten Schritt kennen. Und das bedeutet, dass auch die Eltern ihr Leben planen können. Sie verhindern damit außerdem, dass Geschwister ins Hintertreffen geraten. Jeder erhält am Ende die Zuwendung und Aufmerksamkeit, die er braucht.

E.A.S.I. hilft Ihnen, die Sprache Ihres Babys zu verstehen. Wenn ein Baby Hunger hat, klingt das Weinen anders, als wenn es eine neue Windel braucht oder müde ist. Aber nicht immer sind diese Signale klar zu erkennen. E.A.S.I. zeigt Eltern, wie sie durch aufmerksames Zuhören und Beobachten die Körpersprache und Lautäußerungen ihres Kindes richtig entschlüsseln. Das ist die Essenz des Babyflüsterns: Es erfordert nicht mehr als ein wenig Zeit, Übung und die Bereitschaft, aus Fehlern zu lernen.

Angenommen, Ihr Baby ist gefüttert (das »E«) und liegt anschließend zwanzig Minuten auf einer Decke im Wohnzimmer, wo es ein Bild mit schwarz-weißen Wellenlinien betrachtet (seine Art, aktiv zu sein, also »A«). Wenn es plötzlich zu weinen beginnt, ist es höchstwahrscheinlich todmüde und bereit für die nächste Etappe: Schlafen (das »S«). Sie wissen, dass jetzt weder Füttern noch Spielen angesagt ist (was nicht seinem aktuellen Bedürfnis entspricht), sondern das Bett. Wenn Sie jetzt noch mit einem Schlaflied nachhelfen, selber gesungen oder vom Band, fallen dem Baby von allein die Augen zu.

E.A.S.I. schafft ein verlässliches, aber anpassungsfähiges Fundament für Ihr Kind. E.A.S.I. skizziert bestimmte Richtlinien und Regeln, die Eltern auf das Temperament/die Persönlichkeit ihres Kindes und auf ihre eigenen Bedürfnisse abstimmen können. Obwohl die Reihenfolge grundlegend erhalten bleibt – Essen, Aktivität, Schlaf –, sind vor allem dann Anpassungen nötig, wenn das Baby älter wird. Auf Seite 54 finden Sie einen E.A.S.I.-Tagesablauf für Kinder bis zum dritten Lebensmonat. Zu diesem Zeitpunkt sind die meisten tagsüber länger wach und trinken effektiver; das Füttern nimmt folglich weniger Zeit in Anspruch. Inzwischen kennen Sie Ihr Kind recht gut und können den Tagesablauf problemlos an seinen aktuellen Bedürfnissen ausrichten.

E.A.S.I. erleichtert die Kooperation bei der Betreuung – mit oder ohne Partner. Wenn der wichtigsten Bezugsperson des Babys – in der Regel die Mutter – keine Zeit mehr für sich selbst bleibt, wächst die Wut auf den Partner, der sie nicht entlastet. Es ist frustrierend, wenn die Mutter sich Luft macht und von ihrem Partner zu hören bekommt: »Worüber beklagst du dich eigentlich? Ich geh schließlich arbeiten, und du musst dich nur um das Kind kümmern!«

»Ich musste sie den ganzen Tag herumtragen. Sie hat zwei Stunden ununterbrochen geweint!«, wehrt sich die Mutter entrüstet.

Eigentlich hatte sie nur auf ein mitfühlendes Ohr gehofft, um ein wenig Dampf abzulassen. Aber ihr Partner ist auf Lösungen programmiert und will das Problem aus der Welt schaffen. »Wir besorgen dir ein Tragetuch!«, lautet seine Antwort, oder »Warum hast du sie nicht in den Kinderwagen gelegt und bist mit ihr spazieren gegangen?« Daraufhin hat sie das Gefühl, dass ihre Arbeit nicht anerkannt wird, während er sich unter Druck gesetzt fühlt. Er hat keine Ahnung von ihrem Tagesablauf und fragt sich: *Was will sie überhaupt? Ihr geht's doch gut!* Am liebsten würde er sich hinter der Zeitung oder vor dem Fernseher verschanzen, um seine Sportsendung anzuschauen. Sie ist inzwischen auf hundertachtzig, und statt an einem Strang zu ziehen und sich gemeinsam mit den Bedürfnissen ihres Kindes auseinander zu setzen, ist jeder in sein eigenes Drama vertieft. Von E.A.S.I. profitieren beide Partner: Der strukturierte Tagesablauf gibt ihm Aufschluss darüber, was sie geleistet hat und wie er sein Scherflein beitragen kann. Wenn Ihr Partner um sechs Uhr abends von der Arbeit nach Hause kommt, sagt ihm ein Blick auf den Tagesplan, welche Aufgaben noch anstehen. Die meisten Männer übernehmen gerne das abendliche Baden und Füttern.

In nur zwei Prozent der Familien mit Kleinkindern ist der Vater den ganzen Tag zu Hause und die Mutter diejenige, die arbeiten geht. Ideal wäre es, wenn die drei mindestens eine halbe Stunde gemeinsam verbringen könnten und der Partner, der den ganzen Tag nicht aus den eigenen vier Wänden herausgekommen ist, einen Spaziergang machen kann – und wenn auch nur, um ein wenig auszuspannen.

Tipp

Wenn Sie oder Ihr Partner von der Arbeit nach Hause kommen, sollten Sie sich umziehen. Die Kleidung riecht fremd für Ihr Kind, nach großer weiter Welt, und außerdem müssen Sie dann nicht aufpassen, dass sie sauber bleibt.

Allein erziehende Mütter und Väter haben es anfangs oft schwerer, weil kein Partner da ist, der sie entlastet. Aber dafür gibt es auch weniger Kämpfe, wer was tut oder wie. Die Umstellung auf die E.A.S.I.-Methode erleichtert es dem allein erziehenden Elternteil, die Tagesmutter, Freunde oder Verwandte, die das Kind betreuen, über die aktuellen Entwicklungen und Bedürfnisse ins Bild zu setzen und viel Kopfzerbrechen zu vermeiden.

Tipp

Für allein erziehende Mütter und Väter sind Freunde eine unerlässliche Stütze. Diejenigen, die nicht bei der Kinderbetreuung einspringen können oder möchten, können sich im Haushalt, beim Einkauf von Lebensmitteln oder anderen Besorgungen und Botengängen nützlich machen.

Aber denken Sie daran: Sie müssen um Mithilfe bitten! Sie sollten nicht davon ausgehen, dass andere Gedanken lesen können, und verstimmt sein, wenn sie nicht von sich aus auf die Idee kommen, Sie zu entlasten.

Was du **heute** kannst besorgen …

Planung ist nicht jedermanns Sache, aber trotzdem empfehlen die meisten Experten, ab dem dritten Lebensmonat eine gewisse Ordnung und Regelmäßigkeit einzuführen, zum Wohl des Kindes. Bis dahin, so heißt es, hat es das erforderliche Gewicht erreicht und relativ überschaubare Schlafgewohnheiten entwickelt. Die Frage ist: *Warum wollen Sie so lange warten?* Bis dahin haben Sie sich das Leben bereits schwer gemacht. Und warum im dritten Lebensmonat? Die Umstellung erfolgt auch zu diesem Zeitpunkt nicht automatisch oder durch Einsicht. Es stimmt, dass die meisten Kinder bis dahin bestimmte Entwicklungsfortschritte gemacht haben, aber ein geregelter Tagesablauf ist keine Sache des Alters, sondern des Lernens. Einige Kinder, vor allem die *Engel* oder *Bilderbuch-Babys*, halten sich mehr oder weniger lange vorher von allein daran. Andere nicht. Sie haben bis zum dritten Lebensmonat so genannte »Ess- oder Schlafstörungen« entwickelt – *Schwierigkeiten, die mit frühzeitigen, klaren Strukturen vermeidbar oder zumindest weniger gravierend gewesen wären.*

Mit der E.A.S.I.-Methode geben Sie Ihrem Kind Orientierungshilfen und sich selbst die Möglichkeit, seine Bedürfnisse besser kennen zu lernen und zu erfüllen. Wenn es drei Monate alt ist, sind Sie bereits mit seinen Verhaltensweisen und seiner Sprache vertraut. Und Sie tragen von Anfang an dazu bei, dass es positive Gewohnheiten entwickelt. Halten Sie sich an das Sprichwort: *Was du heute kannst besorgen, das verschiebe nicht auf morgen.* Stellen Sie sich die Familie vor, die Sie gerne hätten, und beginnen Sie, auf dieses Ziel hinzuarbeiten, sobald Sie mit Ihrem Baby aus der Klinik nach Hause kommen. Die E.A.S.I.-Methode sorgt für die Erfüllung seiner Bedürfnisse und erleichtert gleichzeitig seine Integration in die Familie. Damit ist allen gedient. Manche Eltern erziehen aufs Geratewohl, ohne sich klarzumachen, dass sie auch damit eine Wahl treffen. Sie denken nicht über die ersten Wochen hinaus und überlegen sich kaum, was sie wirklich wollen oder wie sich ihr Verhalten und ihre Einstellung auf die Beziehung zu ihrem Kind auswirkt. Sie glauben, mit der Zeit würde sich alles von allein regeln (mehr über diese Methode und die »hausgemachten Probleme«, die dadurch entstehen, finden Sie im neunten Kapitel).

Um der Wahrheit die Ehre zu geben: Es sind die Erwachsenen, die solche Probleme schaffen, nicht die Kinder. Eltern sollten immer die Führung übernehmen. Schließlich besitzen sie mehr Erfahrung und Wissen als ein Baby. Obwohl jedes Kind seine eigenen, einzigartigen Wesensmerkmale in die Familiensituation einbringt, können die Eltern mit ihrem Verhalten eine Menge bewirken. Sogar *Engel* und *Bilderbuch-Babys* können sich in Nervensägen verwandeln, wenn das ständige Chaos sie aus dem Tritt bringt. Ungeachtet des Persönlichkeitsprofils entwickeln Kinder bestimmte Gewohnheiten durch den Einfluss der Eltern. Es ist deshalb ratsam, sich ein paar Gedanken darüber zu machen, was man tut.

Stellen Sie sich Ihren *eigenen* Tag vor; gewiss haben auch Sie bestimmte Strukturen entwickelt. Was passiert, wenn dieser Ablauf durch ein unerwartetes Ereignis aus der Bahn geworfen wird? Vermutlich wird Ihre gute Laune, Ihr Appetit und Ihr Schlaf dadurch beeinträchtigt. Ihrem Kind ergeht es nicht anders. Da es seinen Tagesablauf nicht allein strukturieren kann, sind Sie in die Pflicht genommen! Wenn Sie mit E.A.S.I. einen flexiblen, auf die aktuellen Bedürfnisse Ihres Babys abgestimmten Zeitplan aufstellen, fühlen sich Ihr Kind und Sie selbst dadurch sicherer.

Achtsamkeit

Buddhisten sprechen vom Zustand der »Achtsamkeit«; das bedeutet, dass man voll im Hier und Jetzt lebt. Diese Philosophie kommt auch einem Baby zugute. Machen Sie sich bewusst, wie Sie zur Entstehung bestimmter Gewohnheiten beitragen.

Eltern, die ihr Baby herumtragen, weil es sonst nicht schläft, sollten ausprobieren, wie sie sich mit einem 10-Kilo-Kartoffelsack auf dem Arm fühlen, denn so schwer wird ihr Kind in ein paar Monaten sein. Eltern, die ihr Baby ständig beschäftigen, weil es sonst quengelt, sollten sich fragen, wie sie sich ihr eigenes Leben vorstellen, wenn das Kind älter wird. Ganz gleich, ob Sie vorhaben, ins Berufsleben zurückzukehren oder zu Hause zu bleiben: Überlegen Sie, ob Sie glücklich wären, wenn es fortwährend Ihre Aufmerksamkeit beansprucht. Wäre es nicht für alle von Vorteil, wenn Sie ein wenig Zeit für sich hätten? Die Zufriedenheit, die Sie daraus ableiten, geben Sie an alle Familienmitglieder weiter. Das setzt aber voraus, dass Sie sofort damit beginnen, die Unabhängigkeit Ihres Kindes zu fördern.

Spontan – oder nach Plan?

Manche Eltern lehnen einen strukturierten Tagesablauf strikt ab. Sie glauben, dass man dabei den natürlichen Rhythmus des Kindes und seine Bedürfnisse ignoriert. Aber das trifft nicht auf E.A.S.I. zu. Mit dieser Methode erreichen Sie das genaue Gegenteil: Sie lernen, die Bedürfnisse Ihres Babys durch aufmerksames Beobachten und Zuhören *besser* zu verstehen und zu erfüllen. Andere halten nichts von Strukturen, weil sie befürchten, dadurch könnte die Spontaneität in ihrem eigenen Leben verschwinden. Viele junge Paare zwischen zwanzig und vierzig, die »natürliche« Erziehungsmethoden bevorzugen, wollen sich nicht einengen lassen. Sie pflegen ihren unsystematischen Erziehungsstil, andere haben das Gefühl, dass sie sich nicht ändern *können*. Und wieder andere versuchen, eingeführte Strukturen, die sie inzwischen als Zwang empfinden, zu lockern. Unter strukturiertem Tagesablauf verstehen alle »strikt nach Plan« – mit ständigem Zeitdruck und Verzicht auf jegliche Spontaneität in ihrem Leben.

Am anderen Ende der Skala befinden sich die »Planer«, die Eltern, die strikt nach Lehrbuch vorgehen. Ihr Haushalt ist tadellos in Schuss, ihre Zeit bis auf die Minute genau eingeteilt. Doch meistens stellen sie nach einer Weile fest, dass sich die eingespielten Gewohnheiten des Kindes ändern, wenn es älter wird. Dann gerät der ganze Zeitplan durcheinander, weil kein Raum für Flexibilität bleibt.

Bei den meisten Eltern fällt der Groschen irgendwann. Wenn die »eigene Methode« fehlgeschlagen ist, versuchen es viele doch mit E.A.S.I. Planerinnen, die organisiert, tüchtig und bemüht waren, ihr Kind in das alte Leben einzupassen, verstehen oft nicht, warum das nicht klappt. Und die »spontanen« Mütter, die sich in allem nach ihrem Baby richten, fragen sich, warum sie nicht einmal mehr Zeit haben, in Ruhe zu duschen, sich anzuziehen oder einen Moment zu verschnaufen, von einem richtigen Gespräch oder gemeinsamen Essen mit ihrem Partner ganz zu schweigen.

Deshalb gilt in beiden Fällen: *Sorgen Sie als »Sponti« dafür, dass Ruhe einkehrt, oder verzichten Sie als »Planerin« darauf, in jeder Situation die Kontrolle zu behalten: mit E.A.S.I.*

»Sponti« oder Planer? – Ihr SPQ

Manche Menschen haben von Haus aus das Bedürfnis, alles bis ins Letzte zu planen, andere entscheiden lieber spontan, und wieder andere bevorzugen eine Lebensweise zwischen diesen beiden Extremen. Führen Sie anhand des nachfolgenden Fragebogens, der auf mehr als zwanzig Jahren beruflicher Erfahrung basiert, eine Standortbestimmung auf dieser »Sponti-Planer-Skala« durch. Daraus können Sie schließen, wie gut Sie sich auf einen strukturierten Tagesablauf umstellen können, sobald das Kind da ist.

Test: Ihr SPQ? (»Sponti-Planer-Quotient«)

Kreisen Sie die Zahl hinter jeder Aussage ein, die Sie am besten beschreibt. Benutzen Sie dabei folgenden Schlüssel:

5 = Immer
4 = Meistens
3 = Manchmal
2 = Selten
1 = Nie

Ich lebe nach Plan	**5**	**4**	**3**	**2**	**1**
Ich ziehe es vor, wenn Besucher sich vorher anmelden	**5**	**4**	**3**	**2**	**1**
Nach dem Einkaufen oder Waschen räume ich sofort ein	**5**	**4**	**3**	**2**	**1**
Ich setze Prioritäten bei meinen täglich und wöchentlich anfallenden Aufgaben	**5**	**4**	**3**	**2**	**1**

Ich kaufe wöchentlich Lebensmittel und andere Vorräte ein, die ich brauche	5	4	3	2	1
Ich hasse es, wenn Leute zu spät kommen	5	4	3	2	1
Ich achte darauf, mir nicht zu viel Arbeit auf einmal aufzuhalsen	5	4	3	2	1
Bevor ich mit einem Projekt beginne, schreibe ich auf, was ich dafür benötige	5	4	3	2	1
Ich räume meine Schränke regelmäßig auf und sortiere aus	5	4	3	2	1
Wenn ich eine Arbeit beendet habe, räume ich alle benutzten Gegenstände weg	5	4	3	2	1
Ich plane vorausschauend	5	4	3	2	1

Um Ihren SPQ (»Sponti-Planer-Quotienten«) zu ermitteln, addieren Sie Ihre Punktezahl und teilen diese durch 12. Das Ergebnis rangiert irgendwo zwischen 1 und 5 und zeigt an, an welcher Stelle der Skala Sie stehen. Das ist wichtig, denn wenn Sie zum einen oder anderen Extrem neigen, könnten Sie Anfangsschwierigkeiten mit der E.A.S.I.-Methode haben, weil Sie entweder zu streng oder zu nachsichtig sind. Das bedeutet auch, dass Sie sich eingehender mit der E.A.S.I.-Methode befassen und mehr Geduld mit sich selbst und Ihrem Kind aufbringen sollten.

Die folgenden Beschreibungen erläutern Ihre Punktezahl und machen Sie mit den Herausforderungen bekannt, denen Sie sich vielleicht gegenübersehen.

5 bis 4: Sie sind ein Mensch, der sein Leben straff durchorganisiert hat. Sie legen Wert darauf, dass alles seine Ordnung hat und sich an seinem Platz befindet. Ein strukturierter Tagesablauf ist Ihnen nicht fremd, sondern kommt Ihrem Naturell entgegen. Es könnte Ihnen jedoch schwer fallen, für die nötige Flexibilität zu sorgen und/oder eingefleischte Gewohnheiten zu ändern, um Temperament und Bedürfnisse Ihres Kindes zu berücksichtigen.

4 bis 3: Sie sind einigermaßen organisiert, aber kein Ordnungsfanatiker. Im häuslichen oder beruflichen Bereich macht sich von Zeit zu Zeit ein gewisser Schlendrian bemerkbar, aber irgendwann kommt der Punkt, an dem es Ihnen ein Bedürfnis ist, die gewohnte Ordnung wiederherzustellen. Die Umstellung auf die E.A.S.I.-Methode dürfte relativ stressfrei verlaufen. Und da Sie bereits ein gewisses Maß an Flexibilität mitbringen, wird es Ihnen nicht schwer fallen, bestehende Strukturen an den Wünschen und Bedürfnissen Ihres Kindes auszurichten.

3 bis 2: Sie sind oft ein bisschen zerstreut und desorganisiert, aber Hopfen und Malz ist bei Ihnen noch nicht verloren. Sie sollten die Grundstrukturen im Tagesablauf *schriftlich festhalten*, als Gedächtnisstütze. Notieren Sie, zu welchen Zeiten und wie lange Ihr Kind trinkt, spielt und schläft. Und machen Sie sich eine Liste mit den Aufgaben, die Sie erledigen müssen. Da Sie bereits an ein gewisses Durcheinander gewöhnt sind, birgt das Leben mit einem Baby keine unliebsamen Überraschungen für Sie.

2 bis 1: Sie gehören zu den spontanen Menschen, die möglichst alles *ad hoc* entscheiden. Ein strukturierter Tagesablauf ist eine Herausforderung für Sie. Sie brauchen einen detaillierten, schriftlich festgehaltenen Plan, auch wenn das bereits eine radikale Veränderung in Ihrem gewohnten Lebensstil bedeutet. Aber vergessen Sie nicht: Das Leben mit einem Kind ist eine Veränderung, die Ihnen genauso viel abverlangt.

Chamäleon-Qualitäten

Zum Glück sind die meisten Menschen gewillt und in der Lage, etwas zu verändern. Den Eltern, die sich in der Mitte der »Sponti-Planer-Skala« bewegen, gelingt die Anpassung am schnellsten, weil sie flexibel sind. Sie wissen die Vorteile klarer Strukturen zu schätzen, sind aber auch bereit, ein gewisses Maß an Unordnung hinzunehmen.

Wenn sie sich von ihrem Perfektionsdrang befreien können, empfinden auch Eltern, die mit ihrem Eifer oder ihrer Ordnungsliebe über das Ziel hinausschießen, die E.A.S.I.-Methode als Erleichterung, weil sie praktisch und klar strukturiert ist. Sie müssen jedoch an sich arbeiten, um flexibler zu werden. Und was ihren Gegenpol, die chaotischen Eltern angeht, so habe ich festgestellt, dass auch sie irgendwann die Logik und Vorteile von E.A.S.I. entdecken.

Wie E.A.S.I. ist Ihr Kind?

Wie gut die E.A.S.I.-Methode funktioniert, hängt natürlich auch vom Persönlichkeitsprofil des Kindes ab. Was können Sie von *Ihrem* Kind erwarten? Eine todsichere Antwort darauf gibt es nicht. Aber eines weiß ich aus langjähriger Erfahrung: E.A.S.I. sorgt für ein gedeihliches

Wenn Ihnen E.A.S.I. schwer fällt

Es kommt selten vor, aber es gibt Eltern, denen es ungeheuer schwer fällt, sich auf einen geregelten Tagesablauf einzustellen. Meistens ist einer der folgenden Gründe dafür verantwortlich:

- **Sie haben keine Perspektive.** Aus der Gesamtperspektive gesehen, sind das Baby- und Kleinkindalter blitzschnell vorbei. Eltern, die E.A.S.I. als »lebenslängliche« Zwangsjacke betrachten, nehmen in Kauf, dass sie ihr Kind nie entspannt genießen können und seine Bedürfnisse nicht richtig verstehen.
- **Sie sind nicht hundertprozentig engagiert.** Ihr eigener Tagesablauf ändert sich vielleicht mit der Zeit oder Sie müssen Anpassungen vornehmen, um die Besonderheiten Ihres Kindes oder Ihre eigenen Bedürfnisse zu berücksichtigen. Trotzdem gilt es, sich so weit als möglich an die Grundstrukturen zu halten: Essen, Aktivität, Schlafen, individuelle Freizeitgestaltung. Dieses »Schema« mag Ihnen monoton und langweilig vorkommen, aber Sie werden sehen, welche Vorteile ein klar strukturierter Tagesablauf mit sich bringt!

Wachstum Ihres Babys – ungeachtet seines Temperaments – und für klare Strukturen im Tagesablauf, die sich letztlich in mehr Zufriedenheit bei allen Beteiligten niederschlagen. Ein *Engel* oder *Bilderbuch-Baby* wird sich vermutlich von Anfang an nach seiner eigenen inneren Uhr richten und sich auch ohne Ihr Zutun gut in eine gewisse Ordnung integrieren können. Andere brauchen ein wenig Starthilfe.

Engel – Dieses Baby ist der reinste Sonnenschein und passt sich problemlos an einen strukturierten Tagesablauf an.

Emily war ein solches Kind. Sie wurde gleich nach der Rückkehr aus der Klinik auf die E.A.S.I.-Methode eingestellt und schlief in der ersten Nacht in ihrem eigenen Bett von 11 Uhr abends bis 5 Uhr, in der dritten Woche sogar bis 7 Uhr morgens. Ihre Mutter wurde von ihren Freundinnen glühend beneidet. Dieses Muster ist typisch: Ab der dritten Lebenswoche schlafen Engel-Babys erfahrungsgemäß durch.

Bilderbuch-Baby – Dieses Baby lässt sich ebenfalls gut auf E.A.S.I. umstellen, weil sein Verhalten vorbildlich und vorhersehbar ist. Sobald ein strukturierter Tagesablauf eingeführt ist, hält es sich weitgehend daran. Tommy wachte beispielsweise immer pünktlich zu den Mahlzeiten auf und schlief von 10 Uhr abends bis 4 Uhr, nach der sechsten Woche bis 6 Uhr morgens. Mit sieben oder acht Wochen schlafen die meisten Bilderbuch-Babys durch.

◆ **Sie können sich nicht mit dem goldenen Mittelweg anfreunden.** Sie sind überzeugt, dass Ihr Kind sich entweder Ihren Bedürfnissen anpassen muss, oder Sie halten es mit der Philosophie, dass ein Baby die absolute Nummer eins im Haus ist und sich alles nach ihm richten sollte, auch wenn ringsum Chaos herrscht.

Sensibelchen – Dieses Kind ist sehr empfindlich und genießt die Vorhersehbarkeit eines geregelten Tagesablaufs. Je konsequenter Sie sich daran halten, desto besser kommunizieren Sie miteinander und desto eher schläft es durch, normalerweise ab der achten bis zehnten Woche, sofern Sie die Signale richtig entschlüsseln. Diese Signale sind wichtig und sollten genau beobachtet werden: Wenn Ihr Kind nicht von sich aus eine gewisse Regelmäßigkeit in seinem Tagesablauf erkennen lässt, kann es schwierig sein, das Weinen richtig zu deuten, und dadurch wird es noch reizbarer. Isabel wirft alles aus der Bahn, was nicht in das vertraute Schema passt, angefangen von Besuchern, die überraschend vor der Tür stehen, bis zum Hundegebell nebenan. Wenn ihre Mutter die Signale übersieht, mit denen das Kind zum Ausdruck bringt, dass es hungrig oder müde ist, und zu lange mit dem Füttern oder Hinlegen wartet, öffnet das Sensibelchen in Minutenschnelle die Schleusentore und lässt sich nur schwer beruhigen.

Dickköpfchen – Dieses Baby hat seine eigenen Vorstellungen vom Tagesablauf und scheint sich gegen Ihre Ideen *aufzulehnen*. Und wenn

Sie glauben, endlich sei die Umstellung gelungen, wirft es alles wieder über den Haufen. Lassen Sie sich Zeit, Ihr Kind genau zu beobachten. Erforschen Sie seine Bedürfnisse, und dann bringen Sie es nach und nach wieder auf Kurs. Ein Dickköpfchen zeigt Ihnen, was gut für ihn/sie ist und was nicht.

Chris schlief zum Beispiel vier Wochen nach der Umstellung auf E.A.S.I. ständig beim Stillen ein und ließ sich nur schwer aufwecken. Seine Mutter beobachtete ihn und entdeckte, dass er tagsüber zu wenig schlief, weil sie schon beim kleinsten Laut herbeistürzte. Als sie es unterließ, dazwischenzufunken, schlief er von allein wieder, sodass er insgesamt mehr Schlaf bekam und bei den Mahlzeiten wacher war. Dickköpfige Babys schlafen in der Regel erst ab der zwölften Lebenswoche durch. Vielleicht haben sie Angst, sie könnten etwas verpassen. Manchen fällt es auch schwer, zur Ruhe zu kommen.

Muffelchen – Ein solches Baby mag keinen geregelten Ablauf, gleich welcher Art, weil es mit nichts zufrieden ist. Wenn es Ihnen gelingt, es in geordnete Bahnen zu bringen, sind alle Betroffenen zufriedener. Ein Muffelchen ist sehr anstrengend, aber mit E.A.S.I. haben Sie weniger Probleme beim Baden, Anziehen und Füttern, weil er oder sie weiß, was ihn erwartet und sich darauf einstellen kann. Bei einem Muffelchen wird oft eine Kolik vermutet oder diagnostiziert, obwohl die eigentliche Ursache des Problems ein Mangel an Struktur und Beständigkeit ist.

Stephen war ein solches Baby. Er reagierte ungehalten, wenn er sich allein beschäftigen oder angezogen werden sollte, und machte selbst beim Stillen keinen Hehl aus seiner schlechten Laune. Seine Mutter führte E.A.S.I. ein; seit der Tagesablauf klar strukturiert und vorhersehbarer ist, schläft er nachts länger und ist tagsüber verträglicher. Diese Kinder schlafen oft bereits nach der sechsten Woche nachts durch. Am liebsten schlafen sie in ihrem eigenen Bettchen, abgeschirmt von der Geschäftigkeit, die im Haushalt herrscht.

Ich möchte Sie noch einmal daran erinnern, dass Ihr Baby vermutlich ein »Mischtyp« ist. Die Beschreibungen sollten auch nicht als starre Persönlichkeitsprofile verstanden, die ohne Ausnahme gelten. Jedes Kind ist anders. Nach meiner Erfahrung gewöhnen sich manche Babys jedoch schneller an E.A.S.I. Und einige brauchen einen strukturierten Tagesablauf dringender als andere.

Wie stelle ich fest, was **mein Baby** braucht?

Inzwischen werden Sie sich und Ihr Baby ein wenig besser kennen und wissen, was Sie von ihm erwarten können. Wenn nicht alles auf Anhieb so klappt, wie Sie es sich vorstellen, denken Sie daran, dass Rom auch nicht an einem Tag erbaut wurde. Die erste Woche nach der Umstellung ist nicht immer ein Zuckerschlecken. Sie brauchen Zeit, Geduld und Durchhaltevermögen, bis E.A.S.I. sich eingespielt hat. Hier ein paar Tipps, um die Durststrecke zu überstehen:

Führen Sie Protokoll. Das E.A.S.I.-Journal ist ein wirksames Instrument, um sich alle Fortschritte vor Augen zu führen, die Eltern und Kind bei der Umstellung machen – vor allem, wenn sie zu den »Spontis« gehören. In den ersten sechs Lebenswochen ist das besonders wichtig. Vermerken Sie außerdem, wie Ihr eigener Erholungsprozess nach der Geburt verläuft. Sie sollen nicht nur Ihr Kind, sondern auch Ihr eigenes Wohl im Auge behalten und zusehen, dass Sie in den ersten sechs Wochen so viel Ruhe wie möglich haben, um wieder zu Kräften zu kommen.

E.A.S.I.-Journal

Datum

Essen

Zeit	Menge	rechte Brust	linke Brust	Darm-tätigkeit	Wasser-lassen

Aktivität

Was und wie lange?

Baden (vormittags oder abends)

Schlafen

Wie lange?

Individuelle Freizeitgestaltung	Ruhe	Besorgungen	Erkenntnisse

Kommentare

Anhand dieses Tagebuchs lässt sich nachvollziehen, welche Wachstums- und Entwicklungsschübe Ihr Kind macht, zum Beispiel, weil es mehr Nahrung zu sich nimmt oder länger an der Brust trinkt. Wenn Sie plötzlich eine Stunde statt einer halben Stunde stillen, sollten Sie darauf achten, ob es wirklich trinkt oder nur nuckelt und die Brust als Hilfe zum Einschlafen benutzt. Auch hier gilt wieder: Jedes Kind ist anders. Beobachten Sie sein Verhalten, denn dadurch lernen Sie die Babysprache und machen sich mit den spezifischen Gewohnheiten Ihres Kindes vertraut.

Das ist nur ein Muster-Tagebuch, vor allem auf Mütter zugeschnitten. Im vierten Kapitel finden Sie Einzelheiten über Mahlzeiten, Darmtätigkeit, Wasserlassen, Aktivitäten und andere Aspekte im Tagesablauf Ihres Babys, einschließlich weiterer Tipps, wie Sie Protokoll darüber führen. Sie können das Tagebuch ohne weiteres an Ihre spezifische Situation anpassen. Wenn Sie und Ihr Partner sich beispielsweise die Betreuung des Kindes teilen, möchten Sie vielleicht vermerken, wer was tut. Und falls Ihr Kind eine Frühgeburt war oder mit einem Gesundheitsproblem aus der Klinik entlassen wurde, können Sie eine weitere Spalte für besondere Aktivitäten hinzufügen.

Wichtig ist die *Stetigkeit der Aufzeichnungen*, damit dieses Journal Ihnen dabei helfen kann, sich über die Fortschritte auf dem Laufenden zu halten.

Lernen Sie Ihr Kind kennen. Die Herausforderung besteht darin, Ihr Kind als eigenständige Persönlichkeit mit individuellen Merkmalen kennen zu lernen und es so anzunehmen, wie es ist. Es hat einen Namen, den Sie auch benutzen sollten, statt von »dem Baby« zu sprechen. Sie kennen nun die Strukturen im Tagesablauf, die eine optimale Entwicklung Ihres Kindes fördern: Essen, Aktivität, Schlafen.

Beobachten Sie Ihr Baby genau und lassen Sie in den Aufzeichnungen Raum für die Informationen, die es Ihnen liefert. Berücksichtigen Sie diese bei der Umsetzung von E.A.S.I.; probieren Sie aus, was in Ihrer spezifischen Situation funktionieren könnte, und beobachten Sie stets genau, wie Ihr Kind darauf reagiert.

Tipp

Ein Kind ist kein »Besitz«, sondern eine eigenständige Person, ein Geschenk, das Ihrer Obhut anvertraut wurde.

Gehen Sie es locker an. E.A.S.I. soll Sie auch daran erinnern, dass ein Baby am besten auf sanfte, einfache und langsame Bewegungen im weitesten Sinne reagiert. Das entspricht seinem natürlichen Rhythmus, den wir respektieren sollten. Statt ihm den eigenen Rhythmus aufzuzwingen, sollten wir selbst in einen niedrigeren Gang schalten. Statt Druck zu machen, sollten wir aufmerksam beobachten und zuhören. Das ist nicht nur gut für Ihr Kind, sondern auch für Sie selbst, weil Sie sich dabei weniger Stress machen. Atmen Sie dreimal tief durch, bevor Sie Ihr Baby auf den Arm nehmen, weil es weint. Im nächsten Kapitel werden Sie erfahren, wie Sie herunterschalten und das Verhalten Ihres Kindes genau beobachten können.

Kapitel 3

H.A.L.T.! Wie Sie die Bedürfnisse Ihres Babys herausfinden

Wenn eine Mutter in der Lage ist, die Signale ihres Babys zu entschlüsseln und zu verstehen, was es ihr mitteilen will, kann sie ein Umfeld schaffen, das eine gedeihliche Entwicklung und die kognitive Wahrnehmung zu einem späteren Zeitpunkt erleichtert.

Dr. Barry Lester
Experte für die nonverbale Kommunikation im Kleinkindalter
(aus: »*The Crying Game*«, *Brown Alumni Magazine*)

Babys: **Besucher** von einem anderen Stern

Um sich besser in Ihr Kind hineinzuversetzen, sollten Sie es sich wie einen Besucher von einem anderen Stern vorstellen: Wie würden Sie sich bei einem solchen Abenteuer fühlen? Die Szenerie ist idyllisch und die Bewohner sind freundlich, wie man unschwer an ihren Augen und lächelnden Mienen erkennen kann, aber mit der Verständigung hapert es, und das kann höchst frustrierend sein. Stellen Sie sich vor, Sie betreten ein Restaurant und fragen mit Zeichensprache nach der Toilette, nur um einen Tisch zugewiesen und einen Teller Nudeln vorgesetzt zu bekommen. Oder umgekehrt: Sie freuen sich auf ein gutes Essen an einem schön gedeckten Tisch, und der Ober bringt sie zur Toilette.

So *fühlt* sich ein Baby vom ersten Atemzug an. Auch wenn das Kinderzimmer optisch ansprechend eingerichtet ist und die Eltern rührend bemüht sind, seine Bedürfnisse zu erfüllen, wird es mit Sinneswahrnehmungen bombardiert, die ihm fremd und unverständlich sind. Die einzige Kommunikationsform des Babys, seine Sprache, besteht aus Weinen/Schreien und Körperbewegungen.

Kinder brauchen *ihre* Zeit, um sich zu entwickeln; sie richten sich dabei nicht nach unseren Vorstellungen. Mit Ausnahme des *Bilderbuch-Babys* halten sich die wenigsten dabei an das »Schema F«. Eltern sollten sich daher zurückhalten und beobachten, wie sich ihr Baby entwickelt: Es braucht liebevolle Unterstützung, aber keine vorschnelle Einmischung, wenn etwas nicht nach Plan läuft.

Die **Bremse ziehen**

Eltern sollten lernen, die Sprache ihres Babys zu entschlüsseln und seine Bedürfnisse richtig zu ermitteln, wenn es unruhig ist, weint oder schreit. Gehen Sie den Hinweisen nach, wie ein Detektiv. Jede Lautäußerung und Bewegung hat eine Bedeutung. Hören Sie aufmerksam zu. Tonhöhe, Lautstärke und Frequenz dieser Lautäußerungen sind Teil der Babysprache. Nehmen Sie die Umgebung unter die Lupe und überlegen Sie, wie Sie auf ein Baby wirken könnte. Achten Sie dabei auf die Raumtemperatur und Geräusche im Haushalt. Wichtig ist auch, sich selbst zu beobachten: Sind Sie nervös, abgespannt, wütend, besorgt? Und überprüfen Sie die äußeren Umstände: Wann haben Sie Ihr Kind zuletzt gefüttert? Tragen Sie es normalerweise auf dem Arm spazieren, bevor Sie es ins Bett legen? Oder zieht es oft die Beine an die Brust, was für eine Kolik sprechen könnte?

Verschaffen Sie sich in aller Ruhe einen Überblick. Sie würden sich ja auch nicht in eine Unterhaltung zwischen Erwachsenen einmischen, ohne zu wissen, wovon die Rede ist, oder? Sie würden erst einmal zuhören, um herauszufinden, ob es überhaupt angemessen ist, sich in das Gespräch einzuklinken. Bei einem Baby mischen sich Erwachsene dagegen, ohne lange nachzudenken, ein. Sie reden in der Babysprache, schaukeln, wickeln, kitzeln es, sprechen zu laut und zu schnell mit ihm. Sie glauben mit ihren Reaktionen auf die Bedürfnisse des Kindes zu reagieren, aber oft sind sie auf Raten angewiesen und liegen voll daneben. Sie vergrößern dadurch unbeabsichtigt den Stress, unter dem ihr Kind steht, weil sie sich unwohl fühlen und meinen, sofort handeln zu müssen, statt abzuwarten und überlegt auf seine Bedürfnisse zu reagieren.

Im Laufe der Jahre habe ich den Wert einer genauen Analyse schätzen gelernt, die immer besser ist als überstürztes Handeln. Die Fähigkeit, mich zurückzunehmen, ist mir inzwischen in Fleisch und Blut übergegangen. Aber ich verstehe, dass frisch gebackene Eltern noch verunsichert sind und hektisch werden, wenn ihr Kind weint oder schreit. H.A.L.T. kann ihnen und anderen Betreuern des Kindes helfen, Ruhe und einen kühlen Kopf zu bewahren.

H.A.L.T.

Wenn Ihr Kind unruhig ist, weint oder schreit, versuchen Sie es mit dieser einfachen Strategie, die nur ein paar Minuten in Anspruch nimmt.

Halt. Es besteht kein Grund, hektisch zu werden. Das Weinen Ihres Babys ist Teil seiner eigenen Sprache.

Aufmerksam zuhören. Was versucht Ihr Kind Ihnen zu sagen?

Laufend beobachten. Was tut Ihr Kind? Was geht sonst noch vor sich?

Tatsachen analysieren. Werten Sie aus, was Sie gehört und gesehen haben, und legen Sie das weitere Vorgehen aufgrund dieser Informationen fest.

Halt – Bewahren Sie die Ruhe. Sie müssen nicht beim ersten Laut loslaufen und Ihr Kind hochnehmen. Atmen Sie dreimal tief durch, um Ihre innere Mitte zu finden und Ihre Wahrnehmung zu schärfen. Sie lösen sich dadurch auch von den Meinungen und Ratschlägen anderer, die von allen Seiten auf Sie einstürmen und es Ihnen erschweren, objektiv zu sein.

Aufmerksam zuhören – Weinen ist Teil der Babysprache. Wenn Sie nicht umgehend reagieren, bedeutet das nicht, dass Sie Ihr Kind schreien lassen. Sie sollen sich nur einen Moment Zeit nehmen, um genau zuzuhören, was es Ihnen sagen will.

Laufend beobachten – Was können Sie aus seiner Körpersprache schließen? Sind möglicherweise Vorgänge in seiner

Umgebung die Ursache, und wenn ja, welche? Was geschah unmittelbar, bevor Ihr Baby Ihnen etwas mitteilen wollte?

Tatsachen analysieren – Wenn Sie nun alles, was Sie gehört und beobachtet haben, einschließlich der Entwicklungsfortschritte Ihres Kindes in seinem geregelten Tagesablauf wie Bausteine zu einem Gesamtbild zusammensetzen, können Sie daraus schließen, was es Ihnen mitzuteilen versucht.

Warum **Halt?**

Es ist eine ganz natürliche Reaktion, Ihrem Kind zu Hilfe zu eilen, wenn es weint. Sie nehmen automatisch an, dass ihm etwas fehlt und Weinen etwas »Schlimmes« ist. Das **H** in H.A.L.T. erinnert Sie daran, nichts zu überstürzen, sondern einen Moment innezuhalten, um die wahren Ursachen zu ermitteln.

Dafür gibt es drei wichtige Gründe.

1. Ihr Baby muss seine »Stimme« entwickeln. Alle Eltern möchten, dass ihr Kind imstande ist, sich im späteren Leben Gehör zu verschaffen, das heißt, seine berechtigten Bedürfnisse einzufordern oder über seine Gefühle zu sprechen. Leider warten viele Eltern damit, ihrem Kind diese wichtige Fähigkeit beizubringen, bis es im klassischen Sinne zu »sprechen« beginnt. Das Fundament der Ausdrucksfähigkeit wird gleichwohl schon in frühester Kindheit gelegt, wenn Babys durch Lautsprache kommunizieren.

Wenn eine Mutter ihr Kind ständig anlegt oder ihm den Schnuller gibt, sobald es zu weinen beginnt, macht sie es »mundtot« und gewöhnt ihm unbewusst an, *nicht* um Hilfe zu bitten. Jedes Weinen enthält eine Aufforderung, weist auf einen Mangel hin: »Ich habe ein Bedürfnis, hilf mir, es zu befriedigen!« Ich bezweifle, dass Sie Ihrem Partner eine Socke in den Mund stopfen würden, wenn er sagt: »Ich bin müde, ich möchte ins Bett.« Im Grunde tun Sie genau das, wenn Sie Ihrem Baby etwas in den Mund schieben, statt innezuhalten und aufmerksam zuzuhören, was es Ihnen zu sagen versucht.

Das Schlimmste ist, dass Eltern durch dieses vorschnelle Handeln ihrem Kind angewöhnen, seine Stimme zu unterdrücken. Wenn Eltern nicht innehalten, um von der ersten Stunde an genau zuzuhören und die verschiedenen Arten des Weinens zu unterscheiden, sind sie – wie in Studien belegt – im Lauf der Zeit wirklich nicht mehr auseinander zu halten. Mit anderen Worten: Wenn Sie auf jedes Weinen mit Nahrung reagieren, lernt es, dass es sich Ihnen nicht begreiflich machen kann, denn das Ergebnis ist immer das Gleiche. Schließlich resigniert es, und das Weinen klingt wirklich immer gleich.

2. Ihr Kind muss lernen, sich auch ohne Ihre Hilfe zu entspannen. Wir wissen alle, wie wichtig es für einen Erwachsenen ist, abzuschalten. Wenn wir uns in einem Stimmungstief befinden, nehmen wir ein heißes Bad, lassen uns massieren, lesen ein Buch oder machen einen Spaziergang. Jeder bevorzugt eine andere Entspannungsmethode, aber das Wissen, wie wir am besten abschalten oder einschlafen, ist eine wichtige Fähigkeit, um unser Leben zu meistern. Erste Anzeichen für diese Fähigkeit lassen sich bei Kindern aller Altersstufen beobachten. Dreijährige lutschen am Daumen oder umklammern ihr Kuscheltier, wenn sie genug haben von der Welt; Teenager verschanzen sich in ihrem Zimmer und hören Musik.

Babys können keinen Spaziergang machen oder den Fernseher anmachen, um »abzuschalten«, aber sie haben angeborene Entspannungsmechanismen: das Weinen und den Saugreflex, und wir können ihnen helfen, sie zu nutzen. Bis zum dritten Lebensmonat finden sie ihre Finger oft noch nicht, um zu nuckeln, aber sie weinen. Weinen ist unter anderem eine Möglichkeit, Außenreize auszuschalten; deshalb weinen viele Kinder, wenn sie übermüdet sind. Diese Reaktion behalten wir manchmal sogar bis ins Erwachsenenalter bei. Haben Sie jemals gesagt: »Ich halte das nicht mehr aus; gleich schreie ich!«? In Wirklichkeit würden Sie am liebsten die Augen schließen, sich die Ohren zuhalten und sich lautstark Luft machen, um alles andere zu übertönen.

Damit wir uns nicht missverstehen: Kinder sollen sich nicht in den Schlaf weinen, das wäre grausam. Aber das Weinen aus Übermüdung gibt uns Hinweise auf die Bedürfnisse des Kindes: Wir können das Zimmer abdunkeln, es vor Licht und Lärm abschirmen. Manchmal jammern Babys nur kurz und schlafen dann von selbst ein. Sie beruhigen sich auch ohne äußere Hilfe. Wenn wir beim ersten Laut hinlaufen, verlieren sie diese Fähigkeit innerhalb kürzester Zeit.

3. Sie müssen die Sprache Ihres Babys lernen. H.A.L.T. hilft Ihnen, Ihr Kind besser kennen zu lernen und seine Bedürfnisse zu verstehen. Wenn Sie sich zurücknehmen und warten, bis Sie das Weinen und die damit einhergehende Körpersprache deuten können, sind Sie besser in der Lage, ihnen zu entsprechen, als wenn Sie es sofort füttern oder auf den Arm nehmen, ohne zu wissen, was es wirklich braucht. Ich möchte noch einmal betonen, dass dieses kurze

Es hilft, wenn Sie sich mit Ihrem Baby »gut verstehen«

Barry Lester, Professor für Psychiatrie und Verhaltenspsychologe am Infant Development Center der Brown University, erforscht seit mehr als zwanzig Jahren das Weinen im Kleinkindalter. Er hat die verschiedenen Arten nicht nur klassifiziert, sondern auch eine Studie durchgeführt, in der Mütter die Ursache des Weinens bei ihren einen Monat alten Säuglingen erraten mussten. Wenn die Wahrnehmungen der Mutter mit den Erkenntnissen Lesters übereinstimmten, erhielt sie einen Punkt.

Die Kinder, deren Mütter im Test gute Ergebnisse erzielt hatten, schnitten bei »Intelligenztests«, die mit achtzehn Monaten im Rahmen dieser Studie an ihnen durchgeführt wurden, deutlich besser ab und besaßen einen Wortschatz, der zweieinhalbmal größer war.

Innehalten, um sich Zeit für den mentalen Bewertungsprozess zu nehmen, *nicht* bedeutet, dass Sie Ihr Baby weinen oder schreien lassen. Sie wollen lediglich seine Bedürfnisse klar erkennen und nicht auf Raten angewiesen sein. Mit H.A.L.T. entschlüsseln Sie die Hinweise wirksamer und ermitteln Stressfaktoren, bevor sie völlig außer Kontrolle geraten. Mit anderen Worten: Durch Innehalten, aufmerksames Zuhören und sorgsame Auswertung aller Hinweise können Sie besser auf Ihr Kind eingehen.

Vor dem Zuhören

Es bedarf einiger Übung, bevor Sie die verschiedenen Arten des Weinens klar zuordnen können, aber »Aufmerksames Zuhören« – das »A« in H.A.L.T. – erfordert auch, dass Sie die gesamte Situation in Ihre Analyse mit einbeziehen. Ich gehe davon aus, dass Sie inzwischen auf E.A.S.I. umgestellt haben, und deshalb möchte ich Ihnen noch ein paar Tipps geben, um Ihr Gehör zu schärfen.

Berücksichtigen Sie die Tageszeit. Zu welchem Zeitpunkt hat Ihr Baby begonnen, unruhig zu werden oder zu weinen? Hat es gegessen? Gespielt? Geschlafen? Könnte die Windel nass oder schmutzig sein? Ist es überreizt? Lassen Sie die Ereignisse des heutigen und gegebenenfalls auch des gestrigen Tages vor Ihrem inneren Auge Revue passieren. Hat Ihr Kind etwas Neues gelernt, zum Beispiel herumrollen oder krabbeln? (Manchmal wirkt sich ein Wachstumsschub oder ein anderer Entwicklungssprung auf den Appetit, die Schlafgewohnheiten oder die allgemeine Disposition des Babys aus.)

Berücksichtigen Sie die Gesamtsituation. Was hat sich sonst noch im Haushalt getan? Hat der Hund gebellt? Hat jemand Krach gemacht, zum Beispiel den Staubsauger oder ein anderes Gerät benutzt? War es draußen laut? Lärm kann ein Baby erschrecken. Kocht gerade jemand, und wenn ja, können penetrante Küchengerüche entweichen? Babys sind sehr geruchsempfindlich. Ziehen Sie auch die Raumtemperatur in Betracht. Zieht es irgendwo? Ist Ihr Kind zu warm oder zu dünn angezogen? Und wenn Sie mit ihm länger als gewöhnlich außer Haus waren: Hat es ungewöhnliche Dinge gesehen, gehört oder gerochen?

Berücksichtigen Sie Ihre eigene Stimmungslage. Die Gefühle und Stimmungen von Erwachsenen, insbesondere der Mutter, übertragen sich leicht auf ein Baby. Wenn Sie besorgt, müde oder schlecht gelaunt sind, könnte sich dies auf Ihr Kind auswirken. Vielleicht haben Sie einen Anruf erhalten, über den Sie sich aufgeregt haben, oder jemandem die Meinung gesagt. Wenn Sie stillen, spürt Ihr Baby diesen Unterschied im Verhalten mit Sicherheit.

Denken Sie auch daran, dass die wenigsten Menschen objektiv reagieren, wenn ein Baby weint. Das ist genauso, als wenn wir in einen gestressten Erwachsenen auf der Grundlage unserer eigenen Erfahrungen in einer vergleichbaren Situation bestimmte Gefühle hineinprojizieren. Der eine sagt beim Anblick eines Fotos, auf dem sich eine Frau den Bauch hält: »Sie hat Bauchweh!«, während ein anderer meint: »Sie ist schwanger!« Wir neigen zu den gleichen Übertragungen, wenn wir ein Baby weinen hören. Wir glauben zu wissen, was es in diesem Moment empfindet, und wenn die vermeintliche Ursache negativ ist, überlegen wir krampfhaft, was wir jetzt tun sollen. Ein Kind registriert Unsicherheit – und Wutgefühle – und lässt sich leicht davon anstecken.

Seien Sie realistisch. Es ist ganz in Ordnung, etwas nicht zu wissen oder sich zu fragen, was man tun soll. Auch gegen Wut ist nichts einzuwenden. Zweifel, Ängste und Unsicherheiten sind menschlich und ganz normal, auch bei Eltern. Wir sollten nur darauf achten, dass wir unsere Angst- oder Wutgefühle nicht auch noch auf das Kind übertragen!

Tipp

Damit sich Ihr Kind beruhigt, müssen Sie selber ruhig sein. Atmen Sie dreimal tief durch. Spüren Sie Ihren Empfindungen nach, versuchen Sie, der Ursache auf den Grund zu gehen – und lassen Sie dann Ihre Angst- und Wutgefühle bewusst los.

Weinendes Baby = Rabeneltern?

Nur Rabeneltern lassen ihre Kinder weinen. Das ist ein weit verbreitetes Ammenmärchen. Aber viele Mütter können das Geschehen nicht objektiv betrachten, weil Angst ihren Blick trübt.

Als Erstes müssen Sie die eigene Perspektive ändern. Fakt ist, dass *jedes* Kind weint und nicht immer Grund zur Panik besteht (Ausnahmen finden Sie im unten stehenden Kästchen »Warnsignale«). Tränen enthalten nicht nur ein Antiseptikum, das Augeninfektionen verhütet, sondern sind oft auch ein Mittel, um Bedürfnisse anzumelden. Es sind die Frauen selbst, die sich ein schlechtes Gewissen machen und sich einreden, sie wären Rabenmütter, wenn sie ihr weinendes Kind nicht sofort trösten.

Wenn Sie sich die Ursache Ihrer Ängste bewusst machen, fällt es Ihnen leichter, erst einmal ruhig nachzudenken, bevor Sie handeln. Die Selbstreflexion hilft Ihnen, Ihr Kind aus dem Mahlstrom der Gefühle herauszuhalten, in den Sie momentan geraten sind.

Auch der Austausch mit anderen Müttern kann eine Hilfe sein: Sie werden sehen, dass Sie nicht die Einzige sind, die Schwierigkeiten hat, sich zurückzuhalten, aufmerksam zuzuhören und ihr Baby zu beobachten, ohne sich von den eigenen Gefühlen überwältigen zu lassen.

Warnsignale

Weinen ist normal und gesund. Sie sollten jedoch einen Arzt konsultieren, wenn …

… ein normalerweise zufriedenes Baby zwei Stunden oder länger weint.

… exzessives Weinen mit Fieber, Erbrechen, Durchfall, Krämpfen, Starre, Blässe, bläulicher Verfärbung der Haut, blauen Flecken oder Ausschlag einhergeht.

… Ihr Kind sonst nie weint oder sein Wimmern dem kläglichen Maunzen einer kleinen Katze ähnelt.

Warum **das Zuhören** manchmal schwer fällt

Es gibt viele Gründe, warum es Eltern schwer fallen kann, ihr Kind weinen zu hören und bei der Deutung der Signale objektiv zu sein. Wenn eine der nachfolgenden Erklärungen auch auf Sie zutrifft, wird das aufmerksame Zuhören – das »A« in »H.A.L.T.«, anfangs eine Hürde sein. Aber oft reicht es schon aus, sich diese bewusst zu machen, um sie zu überwinden.

Wenn Sie eine andere Stimme im Hinterkopf haben. Sie könnte Ihren Eltern, Freundinnen oder Kinderexperten gehören, deren Ansichten Sie aus den Medien kennen. Außerdem prägen alle bisherigen Erfahrungen und Interaktionen unsere Ansichten darüber, was »gute Eltern« zu tun oder zu lassen haben. Das schließt die eigene Erziehung im Elternhaus, die Erziehungsmethoden von Freunden und das Wissen aus Fernseh- oder Kinofilmen und Büchern ein. Wir hören viele Stimmen im Hinterkopf. Aber niemand zwingt uns, ihnen zuzuhören. Die Stimme in Ihrem Kopf könnte Ihnen auch sagen: »Mach das genaue Gegenteil von dem, worauf X oder Y schwört«, aber damit engen Sie Ihre Optionen genauso ein.

Tipp

Machen Sie sich »Erziehungsprinzipien« bewusst, die Sie verinnerlicht haben: Denken Sie daran, dass sie nicht zwingend sind. Sie mögen für andere Kinder oder Familien gut sein, aber nicht für Sie.

Wenn Sie sich bemühen, *nicht* so zu sein wie beispielsweise Ihre Mutter, ist das ein Pauschalurteil, denn das eine oder andere wird sie auch richtig gemacht haben. Mag sein, dass sie strenger war, als Sie es mit Ihren eigenen Kindern sein wollen, aber sie besaß vielleicht auch Organisationstalent und Kreativität. Warum also gleich das Kind mit dem Bad ausschütten?

Tipp

Die wahren Freuden des Elternseins können Sie nur dann genießen, wenn Sie sich von äußeren Einflüssen lösen und von Ihrer eigenen inneren Stimme leiten lassen. Halten Sie die Augen offen: Ziehen Sie alle Optionen und Erziehungsstile in Betracht. Und dann entscheiden Sie, was für Sie und Ihre Familie richtig ist.

Sie projizieren Gefühle und Absichten eines Erwachsenen auf Ihr Kind. Wenn das Baby weint, überlegen viele Eltern: »Es klingt so verzweifelt, was hat es nur?«, oder: »Es weint immer dann, wenn wir gerade zu Abend essen, als ob das Absicht wäre.« Sie setzen Tränen automatisch gleich mit überwältigenden Gefühlen wie Traurigkeit, Freude oder auch Wut. Weinen hat für die meisten Erwachsenen einen negativen Beiklang, aber es ist gesund und normal, auch für ein Baby. Jeder Mensch produziert im Lauf seines Lebens ungefähr dreißig Eimer Tränen!

Die Gründe, die einen Erwachsenen zum Weinen bringen, unterscheiden sich aber von denen eines Babys. Sie weinen nicht, weil sie traurig sind. Oder um andere damit zu manipulieren. Und auch nicht, um es jemandem heimzuzahlen oder ihm vorsätzlich den Tag oder Abend zu verderben. Babys weinen, weil das ihre Art ist, ihrer Umwelt mitzuteilen: »Ich brauche Schlaf«, »Ich habe Hunger«, »Mir reicht's« oder: »Ich friere.«

Tipp

Wenn Sie versucht sind, die Gefühle oder Absichten eines Erwachsenen auf Ihr Baby zu übertragen, stellen Sie sich einen bellenden Welpen oder ein miauendes kleines Kätzchen vor. Sie würden doch auch nicht annehmen, dass sie leiden, oder? Sie kommunizieren lediglich mit Ihnen, in ihrer eigenen Sprache. Genau wie Ihr Kind.

Was Ihr Baby Ihnen sagen will, wenn es weint

Was es bedeuten kann	Was es nicht bedeutet
Ich habe Hunger	Ich bin wütend auf dich
Ich bin müde	Ich bin traurig
Ich bin überreizt	Ich bin einsam
Ich brauche einen Ortswechsel	Ich langweile mich
Ich habe Bauchweh	Ich möchte es dir heimzahlen
Ich fühle mich unwohl	Ich möchte dir einen Strich durch die Rechnung machen
Mir ist heiß	Ich fühle mich verlassen
Mir ist kalt	Ich habe Angst im Dunkeln
Mir reicht's	Ich hasse mein Bett
Ich brauche Streicheleinheiten	Ich hätte gern andere Eltern

Sie übertragen Ihre eigenen Motive oder Probleme auf Ihr Kind. Yvonne, deren Baby partout nicht einschlafen wollte, setzte sich umgehend bei jedem Geräusch in Bewegung, das per Babyphon aus dem Kinderzimmer kam. »Armer Marc«, seufzte sie. »Fühlst du dich einsam? Hast du Angst?« Das Problem war nicht der kleine Marc, sondern Yvonne selbst. »Armer Marc« bedeutete im Klartext »Ich Arme!«. Ihr Mann war häufig auf Geschäftsreisen und sie war nie gern allein. In einer anderen Familie machte sich Dan ständig Sorgen, wenn der drei Wochen alte Timothy weinte. »Hat er Fieber?«, überlegte er verzweifelt. »Zieht er die Beine an, weil er Bauchweh hat?« Und was dem Ganzen noch die Krone aufsetzte: »Oh Gott, wahrscheinlich ist das der Anfang einer Dickdarmentzündung, genau wie bei mir in dem Alter.«

Subjektive Vergleiche können die Beobachtungsgabe schwächen. Die Lösung besteht darin, dass Sie Ihre eigene Achillesferse erkennen; damit schieben Sie Ihrer blühenden Fantasie einen Riegel vor, die sofort Ihre schlimmsten Befürchtungen auf den Plan ruft, sobald Ihr Baby weint. Erforschen Sie Ihr Gewissen: Fällt es Ihnen schwer, allein zu sein? Vielleicht glauben Sie deshalb, dass sich Ihr Kind einsam fühlt. Sind Sie ein Hypochonder? Vielleicht ist deshalb jedes Weinen für Sie das erste Anzeichen einer bevorstehenden Erkrankung.

Neigen Sie zu Wutausbrüchen? Vielleicht befürchten Sie insgeheim, Ihr Kind könnte Ihr Temperament geerbt haben. Fühlen Sie sich unwohl in Ihrer Haut? Vielleicht unterstellen Sie Ihrem Kind automatisch das Gleiche, wenn es weint. Haben Sie Schuldgefühle, weil Sie nach der Babypause wieder in Ihren Beruf zurückgekehrt sind? Vielleicht reden Sie sich ein, dass Ihr Kind Sie vermisst hat, wenn Sie abends nach Hause kommen und es weint.

Tipp

Nehmen Sie sich immer einen Augenblick Zeit, um sich zu fragen: »Reagiere ich wirklich auf die Bedürfnisse meines Kindes oder interpretiere ich nur meine eigenen Gefühle in das Weinen hinein?«

Sie haben eine niedrige Toleranzschwelle, wenn Sie jemanden weinen hören. Das Weinen eines Babys lässt die wenigsten Menschen kalt. Da ich selbst langjährige Erfahrung mit Babys habe, ist Weinen mir nicht fremd, noch bedeutet es für mich immer etwas Negatives, aber manche Eltern interpretieren – zumindest am Anfang – etwas Negatives hinein. Dieses Phänomen lässt sich auch in meinen Geburtsvorbereitungskursen beobachten, wo ich den werdenden Eltern eine Kassette mit einem weinenden Baby vorspiele, die drei Minuten dauert. Zuerst lachen sie. Dann werden sie nervös. Und am Schluss fühlt sich mindestens die Hälfte sichtlich unwohl. Wenn ich frage, wie lange das Baby geweint hat, schätzt niemand die Zeit auf weniger als sechs Minuten. Mit anderen Worten: Wenn ein Baby weint, kommt den meisten die Zeit doppelt so lang vor.

Dazu kommt, dass einige Eltern generell geräuschempfindlich sind. Zunächst reagieren sie rein physisch, dann wird das Weinen zu einer Nervenzerreißprobe. Sie überlegen krampfhaft: »Was mache ich bloß, das halte ich nicht mehr aus!« Väter fordern ihre Frauen auf, »endlich etwas dagegen zu unternehmen«. Und Mütter gestehen, dass sie kurz vor dem Durchdrehen sind, wenn ihr Kind den ganzen Morgen quengelt. Viele bringen ihr Baby dann mit der Brust oder der Flasche zum Schweigen.

Tipp

Wenn Sie geräuschempfindlich sind, sollten Sie lernen, das Leben so zu akzeptieren, wie es ist. Sie haben ein Baby, und Babys weinen nun einmal. Das muss nicht so bleiben. Je schneller Sie seine Sprache erlernen, desto besser klappt es mit der Kommunikation und der Befriedigung seiner Bedürfnisse, und desto weniger wird es weinen. In der Zwischenzeit sollten Sie Ihre eigenen Nerven beruhigen, indem Sie beispielsweise Mozart hören.

Das Weinen des Babys ist Ihnen peinlich. Das kommt häufig vor – und eher bei Frauen als bei Männern. Ich konnte es beim Zahnarzt beobachten, wo ich ungefähr fünfundzwanzig Minuten warten musste. Mir gegenüber saß eine Mutter mit ihrem etwa drei oder vier Monate alten Sohn. Sie gab ihm ein Spielzeug in die Hand, und als er sich zu langweilen begann, kam das nächste an die Reihe. Es dauerte nicht lange, da wurde er erneut quengelig, und sie probierte es mit dem nächsten. Die Aufmerksamkeitsspanne des Jungen wurde immer kürzer und die Mutter immer hektischer. Aus ihrer Miene war ersichtlich, was sie dachte: »Oh nein! Ich weiß, was jetzt kommt!« Und richtig: Der Kleine, völlig übermüdet, fing an zu weinen. Die Mutter sah sich verlegen um und entschuldigte sich bei den anderen Patienten im Wartezimmer.

Tipp

Sie und Ihr Kind sind zwei getrennte Personen. Sie müssen sich nicht entschuldigen, wenn es weint.

Halten Sie sich immer wieder einen wichtigen Leitgedanken vor Augen oder schreiben Sie ihn auf Zettel, die Sie an gut sichtbarer Stelle im Haus, im Auto und im Büro aufhängen oder in Ihrer Brief- bzw. Handtasche verwahren:

Auch wenn unser Baby einmal schreit … wir sind keine Rabeneltern!

Sie hatten eine schwierige Geburt. Chloe hatte vierundzwanzig Stunden ununterbrochen Wehen, weil das Kind im Geburtskanal feststeckte. Fünf Monate später graute ihr immer noch bei dem Gedanken, was ihre Tochter durchmachen musste. In Wirklichkeit übertrug sie jedoch nur ihre eigene Enttäuschung auf Iris. Sie hatte sich eine Hausgeburt vorgestellt, die wie am Schnürchen verlaufen sollte, und meinte nun, diesem Anspruch nicht genügt zu haben.

Unter diesem anhaltenden Kummer und Bedauern leiden viele Mütter. Statt sich auf ihr Baby zu konzentrieren, fühlen sie sich antriebslos und schwelgen in Selbstmitleid, weil sich die Realität nicht mit ihren Erwartungen deckte. Sie spulen die Geburt immer wieder vor ihrem geistigen Auge ab und fühlen sich schuldig, wenn das Baby Probleme während der Entbindung hatte. Doch da ihnen nicht bewusst wird, was

Tipp

Wenn seit der Geburt mehr als zwei Monate vergangen sind und Sie den Verlauf immer wieder aufs Neue nacherleben oder erzählen, sollten Sie versuchen, Ihre Perspektive zu ändern. Statt sich auf das »arme Kind« zu konzentrieren, gestehen Sie sich Ihre eigene Enttäuschung darüber ein, dass es keine Bilderbuch-Entbindung war.

in ihrer Psyche vorgeht, schaffen sie es nicht, diese Hürde aus eigener Kraft zu überwinden. Auch das Gespräch mit einer Freundin kann zu einer Veränderung der Sichtweise beitragen. Akzeptieren Sie die Erfahrung als das, was sie ist, aber versuchen Sie auch bewusst, kein Drama daraus zu machen. Es war eine schwierige Situation, keine Frage. Aber die Vergangenheit lässt sich ohnehin nicht mehr ändern, und deshalb sollten Sie den Blick nach vorn richten.

Die Beobachtungsgabe schärfen: Ein kleiner **Leitfaden von Kopf bis Fuß**

Das Weinen des Babys wird von Gestik, Mimik und bestimmten Körperhaltungen begleitet. Um diese Signale richtig zu »entschlüsseln«, müssen Sie sämtliche Sinnesorgane und Ihren Verstand in die »Laufende Beobachtung« – das »L« in H.A.L.T. – einbeziehen und die Bausteine zu einem schlüssigen Gesamtbild zusammensetzen.

Um diesen Prozess zu erleichtern und die Körpersprache Ihres Kindes zu deuten, habe ich eine Bestandsliste entwickelt, die auf meinen beruflichen Erfahrungen mit Babys und Kleinkindern basiert. Sie sollten nämlich nicht nur den akustischen Hinweisen auf den Grund gehen, sondern auch beobachten, wie Ihr Kind aussieht, wenn es Hunger hat, müde oder gestresst ist, schwitzt, friert oder nass ist. Stellen Sie sich vor, Sie würden es mit der Videokamera filmen – ohne Ton, Gesicht und Körper im Großformat.

Nachfolgend finden Sie meinen imaginären Videofilm. Denken Sie daran, dass diese Körpersprache für Babys bis zum fünften oder sechsten Monat gilt. Anschließend haben sie mehr Kontrolle über ihren Körper und nuckeln beispielsweise an den Fingern, um sich zu beruhigen. Die Kommunikation bleibt aber auch dann grundlegend die gleiche. Wenn Sie so früh wie möglich mit der Beobachtung beginnen, lernen Sie Ihr Kind und seinen speziellen »Dialekt« besser kennen.

Körpersprache	Übersetzung
Kopf	
◆ Bewegt sich von Seite zu Seite	◆ Müde
◆ Bewegt sich vom Gegenstand weg	◆ Braucht Abwechslung
◆ Dreht sich zur Seite und verdreht den Hals (Mund aufgerissen)	◆ Hungrig
◆ Sinkt aufs Kinn, als wenn jemand in der U-Bahn einschläft	◆ Müde
Augen	
◆ Rot, blutunterlaufen	◆ Müde
◆ Fallen ständig zu und werden abrupt wieder geöffnet	◆ Müde
◆ Starres Lächeln; Augen weit aufgerissen ohne zu blinzeln	◆ Übermüdet, überreizt

Mund/Lippen/Zunge

◆ Gähnen	◆ Müde
◆ Schmollmund	◆ Hungrig
◆ Mund wird geöffnet wie bei einem Schrei, aber lautlos, dann nach Luft schnappen und klägliches Weinen	◆ Blähungen oder andere Schmerzen
◆ Unterlippe zittert	◆ Kalt
◆ Saugt an der Zunge	◆ Beruhigt sich selbst, manchmal fälschlich als Hunger gedeutet
◆ Zunge seitlich eingerollt	◆ Hunger – klassisches Zeichen
◆ Zunge nach oben eingerollt wie bei einer Eidechse, ohne Saugen	◆ Blähungen oder andere Schmerzen

Gesicht

◆ Grimassen; beim Hinlegen Hechelatmung, Verdrehen der Augen und eine Miene, die einem verzerrten Lächeln gleicht	◆ Blähungen oder andere Schmerzen
◆ Rot angelaufen; die Adern an den Schläfen können hervortreten	◆ Hat zu lange geweint und die Luft angehalten; Blutgefäße erweitert

Hände/Arme

◆ Hände am Mund, Versuch zu saugen	◆ Hunger, wenn seit der letzten Mahlzeit 2 bis 3 Stunden vergangen sind; sonst Bedürfnis zu nuckeln
◆ Mit den Fingern spielen	◆ Wunsch nach Abwechslung
◆ Unkoordinierte und rudernde Armbewegungen, kneift sich manchmal dabei	◆ Übermüdet oder Blähungen
◆ Arme zittern, leichte Krämpfe	◆ Blähungen oder andere Schmerzen

Rumpf	
◆ Biegt die Wirbelsäule durch	◆ Hunger
◆ Dreht den Unterleib von Seite zu Seite	◆ Nasse Windel, Frieren oder Blähungen
◆ Wird starr	◆ Blähungen oder andere Schmerzen
◆ Zittert	◆ Frieren
Haut	
◆ Klamm, verschwitzt	◆ Überhitzt; hat zu lange geweint, sodass der Körper Hitze und Energie abgibt
◆ Bläuliche Extremitäten	◆ Kalt; hat Blähungen oder andere Schmerzen und zu lange geweint. Wenn der Körper Hitze und Energie abgibt, sind die Extremitäten weniger durchblutet
◆ Gänsehaut	◆ Kalt
Beine	
◆ Unkoordiniertes Treten	◆ Müde
◆ An die Brust gezogen	◆ Blähungen oder Bauchweh

Tatsachen analysieren

Damit Sie sämtliche Bausteine zusammensetzen und zum »T« in H.A.L.T. übergehen können, zur Analyse der Tatsachen, schauen Sie außerdem in die folgende Tabelle, was die Lautäußerungen und Bewegungen des Babys zu bedeuten haben. Jedes Kind ist anders, aber es gibt normalerweise eine Reihe von Signalen, die uns über seine Bedürfnisse Aufschluss geben. Wenn Sie aufmerksam beobachten und zuhören, werden Sie die spezifische Sprache Ihres Kindes zunehmend besser verstehen. Nicht nur den Kindern soll es gut gehen, sondern auch den Eltern. Einige tun sich schwerer als andere, in ihre Rolle hineinzuwachsen und die dafür nötigen Fähigkeiten zu erwerben. Aber dank H.A.L.T. sind die meisten in der Lage, die »Babysprache« innerhalb von zwei bis vier Wochen zu verstehen.

Ursache	Hören
Müde	Beginnt als Unruhe; eskaliert, wenn nicht gleich Abhilfe geschaffen wird; nach den ersten drei Jammerlauten erfolgt ein lauter Schrei, dann zwei kurze Atemzüge und ein längerer noch lauterer Schrei. Das Kind weint sich normalerweise in den Schlaf
Überreizt	Langes lautes Schreien, ähnlich wie bei Übermüdung
Bedürfnis nach Abwechslung	Quengeln und Unruhe, erst dann erfolgt Weinen
Schmerzen/ Blähungen	Unmissverständliches, schrilles Schreien ohne Vorwarnung; das Kind hält zwischendurch die Luft an
Wut – siehe »Überreizt« und »Müde«. Babys sind nicht wirklich wütend, das ist eine Projektion der Erwachsenen. Die Signale, mit denen sie auf ein Bedürfnis aufmerksam machen, werden nur falsch gedeutet.	
Hunger	Hustenähnliches Keuchen, dann der erste Schrei, anfangs noch kurz, dann länger, wenn der Hunger zunimmt, im »waaa, waaa, waaa«-Rhythmus

Zu kalt	Schreien mit zitternder Oberlippe
Zu heiß	Unruhe und Jammern, das wie Hecheln klingt, etwa 5 Minuten leise, dann laut
Wo bist du? Ich möchte schmusen!	Laute, die plötzlich in ein kurzes »waa« wie bei einem maunzenden Kätzchen übergehen; Weinen hört auf, sobald das Kind auf den Arm genommen wird
Überfüttert	Unruhe, oft gepaart mit Weinen nach den Mahlzeiten
Rumoren im Darm	Stöhnen oder Weinen beim Füttern

Beobachtung	Andere Kriterien/Anmerkungen
Das Kind blinzelt und gähnt. Wenn es nicht zu Bett gebracht wird, macht es ein Hohlkreuz, tritt um sich und rudert mit den Armen, greift nach seinen Ohren oder zerkratzt sich das Gesicht (ein Reflex). Auf dem Arm windet es sich und versucht, in Sie hineinzukriechen. Bei anhaltendem Schreien wird das Gesicht rot.	Fälschlicherweise oft als Hunger gedeutet. Achten Sie darauf, wann die Anzeichen auftreten (z. B. nach dem Spielen); die verkrampfte Körperhaltung wird oft mit einer Kolik verwechselt
Arme und Beine machen rudernde Bewegungen; der Kopf wird vom Licht weggedreht und von jedem, der mit dem Kind spielen will	Signale erfolgen meistens, wenn das Kind genug gespielt hat und die Erwachsenen nicht aufhören, sich mit ihm zu beschäftigen

Dreht sich weg von den Gegenständen, die man ihm hinhält; spielt mit den Fingern	Wenn Sie die Lage des Babys verändern und das Weinen schlimmer wird, ist es vielleicht müde
Der Körper ist angespannt und starr, weil die Winde nicht abgehen können; es zieht die Knie an die Brust, das Gesicht ist schmerzverzerrt, die Zunge schnellt zitternd nach oben wie bei einer Eidechse	Alle Neugeborenen schlucken beim Trinken Luft, was Blähungen verursachen kann. Man hört es an den kleinen, hohen Pfeiftönen in der Kehle. Blähungen können auch durch unregelmäßiges Füttern entstehen
Das Baby leckt sich die Lippen; dann schnellt die Zunge heraus und es dreht den Kopf zur Seite, zieht die Faust an den Mund	Hunger erkennt man am schnellsten, wenn man weiß, wann die letzte Mahlzeit war. Mit E.A.S.I. erübrigt sich das Raten
Gänsehaut, Zittern, kalte Extremitäten; die Haut kann eine bläuliche Färbung annehmen	Kommt bei Neugeborenen oft nach dem Baden, beim Wechseln der Windel oder beim Anziehen vor
Fühlt sich heiß und verschwitzt an, hat ein rotes Gesicht und hechelt; manchmal erscheinen rote Flecken im Gesicht und auf dem Oberkörper	Unterscheidet sich vom Weinen bei Fieber, ist aber ähnlich wie das Weinen bei Schmerzen; die Haut ist nicht klamm (Messen Sie die Temperatur, um sicherzugehen)
Blickt sich suchend nach Ihnen um	Wenn Sie die Anzeichen sofort wahrnehmen, müssen Sie das Baby nicht hochnehmen. Rückenklopfen und beruhigende Worte reichen aus und fördern die Eigenständigkeit
Spuckt regelmäßig	Tritt auf, wenn Müdigkeit und Überreizung mit Hunger verwechselt werden
Windet sich und drückt; Darmgeräusche treten auf	Kann fälschlicherweise als Hunger gedeutet werden

Sich auf den **Rhythmus des Babys** einstellen

Bis Ihnen die H.A.L.T.-Strategie in Fleisch und Blut übergegangen ist, bedarf es der Übung, aber Sie werden erstaunt sein, wie effektiv Sie plötzlich auf Ihr Kind reagieren. Außerdem wird sich dadurch Ihre Perspektive verändern. Sie werden Ihr Kind als eigenständige Person wahrnehmen, die für sich selbst sprechen kann und Sie auffordert, seiner Stimme Gehör zu schenken. Die Umsetzung dieser Strategie dauert nur wenige Sekunden, aber Sie sind entscheidend für eine gute Kommunikation in der Beziehung zwischen Eltern und Kind.

H.A.L.T. erinnert Sie außerdem daran, dass Sie sich in Gegenwart Ihres Babys *langsam und sanft* bewegen sollen.

Sich einem Baby zu nähern, ohne es darauf aufmerksam zu machen oder vorher zu erklären, was wir beabsichtigen, ist respektlos. Wenn Ihr Kind weint und Sie die Windel wechseln möchten, sagen Sie ihm, was Sie vorhaben, und reden Sie mit ihm, bis Sie fertig sind. Und sagen Sie zum Abschluss: »Ich hoffe, dass du dich jetzt besser fühlst.«

In den nächsten vier Kapiteln werden wir das Füttern, Windelnwechseln, Baden, Spielen und Schlafen genauer unter die Lupe nehmen. Aber ganz gleich, was Sie auch für Ihr Baby tun – machen Sie es langsam!

Kapitel 4

Das »E« in E.A.S.I.: Überhaupt – wessen Mund ist das eigentlich?

Wenn eine Kinderkrankenschwester dir sagt, dass dein Baby Hunger hat, trifft sie damit einen neuralgischen Punkt. Zum Glück habe ich viel gelesen und Kurse besucht.

Mutter eines 3 Wochen alten Babys

Zuerst kommt das Fressen und dann die Moral.

Bertolt Brecht
(Die Dreigroschenoper)

Das **Dilemma** der Mütter

Essen ist ein wichtiger Treibstoff, der den Motor des menschlichen Lebens in Gang hält. Erwachsene haben eine große Auswahl, was ihre Ernährungsweise betrifft, aber wie wir uns auch entscheiden, *irgendjemand* findet immer das sprichwörtliche Haar in der Suppe. Es gibt zum Beispiel etliche, die eine vegetarische Kost befürworten, aber strikt gegen proteinreiche Nahrungsmittel0 sind, während andere wiederum auf eine proteinreiche Ernährung schwören. Wer hat Recht? Unter dem Strich spielt das keine Rolle: Jeder muss für sich allein entscheiden, was er isst.

Mütter sehen sich einem ähnlichen Dilemma gegenüber, wenn sie entscheiden müssen, wie sie ihr Kind ernähren. Die anhaltende Kontroverse Stillen gegen Fertignahrung wird noch durch massive Werbekampagnen aufgeheizt und erschwert die Wahl. Da ist guter Rat teuer. Am besten versuchen Sie, sich ein ausgewogenes Bild zu machen und sich am Ende für das zu entscheiden, was *für Sie* das Richtige ist. Ziehen Sie alle Meinungen in Betracht, aber achten Sie darauf, von wem sie stammen: Manche Informationsquellen sind vorrangig daran interessiert, Ihnen etwas zu »verkaufen«, im wörtlichen wie

Die Entscheidung, wie Sie Ihr Baby ernähren

- Informieren Sie sich über die Unterschiede zwischen Muttermilch und Fertignahrung.
- Berücksichtigen Sie die Logistik und Ihre persönlichen Lebensumstände.
- Erforschen Sie sich selbst – Ihr Ausmaß an Geduld und Wohlbehagen angesichts der Vorstellung, Ihr Kind in der Öffentlichkeit zu stillen, des Weiteren Gefühle, die Sie mit Ihrer Brust und den Brustwarzen verbinden, und vorgefasste Meinungen über die Mutterschaft, die Sie beeinflussen könnten.
- Denken Sie daran, dass Sie Ihre Meinung jederzeit ändern und sich für beides entscheiden können.

im übertragenen Sinn. Und was Freundinnen angeht – fragen Sie nach ihren Erfahrungen, aber messen Sie Horrorgeschichten nicht zu viel Gewicht bei. Ganz gleich, ob gestillt oder mit der Flasche großgezogen, es gibt in beiden Lagern Kinder, die unter Ernährungsstörungen leiden. Solche Beispiele sind aber die Ausnahme und nicht die Regel.

In diesem Kapitel finden Sie praktische Informationen, die Ihnen Klarheit verschaffen und Sie bei Ihrer Entscheidung unterstützen sollen, ohne den wissenschaftlichen Treibsatz oder statistischen Zündstoff, mit dem manche Bücher über Säuglingspflege uns bombardieren. Nutzen Sie das Wissen und die Tipps, die auf gesundem Menschenverstand beruhen, aber vertrauen Sie vor allem Ihrer eigenen inneren Stimme.

Richtige Entscheidung – **falscher** Beweggrund?

Es ist traurig, dass manche Mütter ihre Entscheidung aus den falschen Beweggründen treffen, weil sie am Ende überhaupt nicht mehr wissen, was »das Beste« ist. Sie setzen sich selbst unter Druck, zu stillen, entweder, weil der Ehemann oder ein Familienmitglied sie dazu drängt, weil sie Angst haben, im Freundeskreis das Gesicht zu verlieren oder weil sie anhand ihrer Informationen überzeugt sind, dass ihnen – der Gesundheit des Kindes zuliebe – keine andere Wahl bleibt.

Lara gehörte beispielweise zu den Frauen, die um jeden Preis stillen wollen, trotz der Probleme, die es von Anfang an gab. Der kleine Jason tat sich schwer, die Brustwarze richtig zu fassen, und weinte jedes Mal beim Füttern. Im Wochenbett ging es ihr besonders schlecht: Die Narbe vom Kaiserschnitt schmerzte, und dazu kam eine Brustentzündung. Dan, ihr Mann, war hilflos und mit seinem Latein am Ende. Natürlich fehlte es nicht an guten Ratschlägen. Laras Mutter, eine resolute Frau, erklärte der jüngsten ihrer drei Töchter, da müsse sie »durch«; schließlich sei sie nicht die erste Frau, die stille. Eine der beiden älteren Schwestern rieb ihr unter die Nase, *sie* sei in der Lage gewesen, ihre Kinder von Anfang an richtig anzulegen. Laras Vater ließ sich nicht mehr blicken, aber ihre Mutter erzählte überall, er habe sich so über den Zustand seiner Tochter aufgeregt, dass er es nicht über sich bringe, sie ein zweites Mal im Krankenhaus zu besuchen.

Lara gestand mir unter Tränen, dass sie sich mit dem Stillen überfordert fühle. Während der Schwangerschaft hatte sie sich ausgemalt, wie das Baby friedlich an der Brust trank und sie aus jeder Pore Liebe für das hilflose kleine Wesen verströmte. Die Wirklichkeit war meilenweit von ihrer Madonna-mit-Kind-Fantasie entfernt. Nun hatte sie Schuldgefühle und Angst. Ich beruhigte Lara. Solche Gefühle sind völlig normal. Die Verantwortung, die Eltern plötzlich haben, kann überwältigend sein. Den meisten ist jedoch nicht bewusst, dass Stillen eine Fähigkeit ist, die jede Frau mit entsprechender Vorbereitung und Übung lernen kann. Aber das bedeutet nicht, dass man sich immer für diese Option entscheiden muss.

Die **Wahl** treffen

Stillen ist anstrengender, als es sich die meisten werdenden Mütter vorstellen, und nicht jedermanns Sache. Man sollte dabei nicht nur die Bedürfnisse des Kindes, sondern auch die Situation der Mutter berücksichtigen. Wenn eine Mutter, die eigentlich nicht stillen möchte oder sich nicht eingehend mit dem Für und Wider befasst hat, zum Stillen gedrängt wird, ist die Frustration geradezu vorprogrammiert.

Der Punkt ist, dass Sie eine *Alternative* haben. Es spricht einiges für das Stillen, aber auch für die Babynahrung. Die Wahl ist nicht nur physiologisch bedingt, sondern auch emotional befrachtet. Frauen sollten wissen, auf was sie sich einlassen, was im Einzelfall für das Baby und für sie selbst gut ist. Besuchen Sie vorab eine Stillgruppe, um sich ein besseres Bild zu machen. Unterhalten Sie sich mit stillenden Müttern über deren Erfahrungen. Ziehen Sie Erkundigungen bei einem Kinderarzt, einer Hebamme oder in einem Geburtszentrum ein. Viele Kinderärzte bevorzugen die eine oder andere Ernährungsweise. Es wäre gut, mit mehreren zu sprechen und sich dann für einen zu entscheiden, der auf Ihrer »Wellenlänge« liegt.

Viele Bücher über Säuglingspflege beschreiben die Vor- und Nachteile der Fertignahrung und der Muttermilch. Ich habe versucht, das umstrittene Thema aus einer anderen Perspektive aufzurollen und die wichtigsten Punkte aufzulisten, die Sie bei beiden Alternativen beachten sollten.

Mutter-Kind-Bindung. Die Befürworter des Stillens erklären, dadurch werde die Bindung zwischen Mutter und Kind in besonderem Maß gefördert. Fakt ist: Das Saugen des Babys und das Füttern an sich löst bei Frauen ein besonderes Gefühl der Nähe aus, aber auch bei Müttern, die ihrem Kind die Flasche geben. Abgesehen davon glaube ich, dass dieser Umstand nicht ausschlaggebend ist, um die Beziehung zwischen Mutter und Kind zu festigen. Nähe entsteht, wenn Sie Ihr Kind zunehmend besser kennen lernen.

Die Gesundheit des Kindes. Viele wissenschaftliche Untersuchungen weisen auf die Vorteile der Muttermilch hin (sofern die Mutter gesund ist und sich selbst gut ernährt). Fakt ist: Die Muttermilch enthält zahlreiche Mikrophagen, das sind Zellen, die Bakterien, Pilze und Viren, aber auch Nährstoffe zerstören. Die Muttermilch-Befürworter listen eine ganze Reihe von Krankheiten auf, die durch die Brusternährung verhindert werden können, einschließlich Ohrinfektionen, Rachenkatarrh, Magen-Darm-Probleme und Erkrankungen der oberen Atemwege.

Muttermilch ist gut für Säuglinge, so viel ist gewiss, aber man sollte nicht übertreiben. Die Forschungsergebnisse, die als Beweis genannt werden, respräsentieren *statistische Wahrscheinlichkeiten,* aber es gibt auch etliche Kinder, die gestillt wurden und sich diese Krankheiten zuziehen.

Man sollte auch nicht die beträchtlichen Unterschiede in der Zusammensetzung der Muttermilch vergessen und die Tatsache, dass Fertignahrung heute eine bessere Qualität hat und wesentlich mehr Nährstoffe enthält als früher. Auch wenn sie die natürliche Immunabwehr Ihres Kindes nicht stärkt, bietet sie doch alles, was es für eine gedeihliche Entwicklung braucht.

Die Genesung der Wöchnerin. Unmittelbar nach der Geburt, in der so genannten Postpartum-Periode, hat das Anlegen des Kindes mehrere Vorteile. Das Hormon Oxytozin, das beim Milcheinschuss ausgeschüttet wird, beschleunigt die Ablösung der Plazenta und zieht die Blutgefäße in der Gebärmutter zusammen, sodass der Blutverlust gering ist. Wenn die Mutter weiterhin stillt, bildet sich die Gebärmutter durch den wiederholten Hormonausstoß schneller zurück. Außerdem erreicht die Mutter nach der Entbindung schneller wieder ihr ursprüngliches Gewicht: Bei der Milchbildung werden Kalorien verbrannt. Allerdings sollte eine stillende Mutter zweieinhalb bis fünf Kilo zusätzlich haben, damit das Kind angemessen ernährt werden kann. Bei der Fertignahrung entfallen solche Überlegungen. Und gleichgültig, für welche Ernährungsform sich eine Mutter entscheidet, ihre Brüste können in dieser Zeit hochempfindlich sein. Wenn sie die Flasche gibt, schmerzen sie manchmal, bis der Milchfluss versiegt, während beim Stillen Probleme ganz anderer Art entstehen können.

Die langfristige Gesundheit der Mutter. Studien legen die Vermutung nahe, dass Stillen einen langfristigen Schutz gegen Brustkrebs in den Wechseljahren, Osteoporose und Eierstockkarzinome bietet.

Das physische Selbstbild der Mutter. Nach der Geburt trauern viele Frauen ihrer alten Figur nach. Hier geht es nicht um eine Gewichtsabnahme, sondern um das physische Selbstbild. Beim Stillen haben manche Mütter das Gefühl, als müssten sie die Verfügungsgewalt über ihren eigenen Körper »aufgeben«.

Das Stillen verändert außerdem die Form der Brust noch mehr als die Schwangerschaft: Frauen mit kleinen Brüsten sind nach einem Jahr oft flach wie ein Brett, große Brüste erschlaffen. Darüber hinaus können unumkehrbare physiologische Veränderungen eintreten: Nach dem Milcheinschuss, wenn das Baby saugt, treten die spindelförmigen Milchgangerweiterungen sichtbar hervor, um einen stetigen Milchfluss zu gewährleisten. Manche Mütter mit flachen Brustwarzen haben während der Stillzeit »T-Shirt-Brustwarzen«. Obwohl sich nach dem Stillen vieles zurückbildet, werden die Brüste nie mehr so wie vorher. Wenn eine Frau übertriebenen Wert auf den Erhalt ihres äußeren Erscheinungsbildes legt, ist Stillen vielleicht nicht das Richtige für sie. Sie muss sich vielleicht anhören, ihre Entscheidung sei selbstsüchtig, aber niemand hat das Recht, andere zu verurteilen und ihnen Schuldgefühle einzuimpfen.

Ein weiterer Faktor ist die emotionale und physische Befindlichkeit beim Stillen. Manchmal haben Frauen eine Abneigung dagegen, ihre Brüste zu berühren oder in die Hand zu nehmen, und sie mögen es nicht, wenn ihre Brustwarzen stimuliert werden. In solchen Fällen gibt es oft Probleme mit dem Stillen.

Mangelnde Stilltechnik. Obwohl die Brusternährung definitionsgemäß »natürlich« ist, muss man die Technik erlernen; sie ist schwieriger, zumindest am Anfang, als einem Baby die Flasche zu geben. Deshalb sollten Mütter das Stillen vor der Geburt des Kindes üben.

Bequemlichkeit. Stillen ist bequem, heißt es. Das stimmt teilweise und vor allem nachts: Wenn das Baby weint, kann die Mutter es sofort anlegen. Flaschen sind überflüssig und auch das aufwendige Sterilisieren fällt weg. Auch wenn das Stillen zu Hause praktisch sein mag: Viele berufstätige stillende Frauen pumpen die Milch ab, brauchen also trotzdem Flaschen. Hinzu kommt, dass sie dazu nicht immer die nötige Zeit und ein ruhiges Eckchen finden.

Und ein letzter Punkt: Muttermilch hat immer die richtige Temperatur, während Milchpulver jedes Mal frisch mit abgekochtem Wasser zubereitet werden und danach abkühlen muss. Abgepumpte Milch und Milchpulver müssen richtig gelagert werden.

Kosten. Im Verlauf des ersten Lebensjahres nimmt Ihr Kind etwa einen Liter Flüssigkeit pro Tag zu sich (als Säugling natürlich weniger). Das Stillen selbst kostet nichts, und selbst wenn Sie die Kosten für Kurse oder Stillgruppe, Zubehör und eine eigene Milchpumpe addieren, sind diese im Monat nur halb so hoch wie beim Kauf von Babynahrung. (In der Rechnung sind nicht die Kosten von Flaschen und Saugern enthalten, wenn stillende Mütter abpumpen oder zufüttern.)

Die Rolle des Partners. Einige Väter fühlen sich ausgeschlossen, wenn die Mütter stillen, aber das sollte letztlich den Frauen überlassen bleiben. Die meisten möchten ihren Partner einbeziehen, ganz gleich ob sie sich für das Stillen oder Fertigprodukte entscheiden. Die Einbindung des Vaters ist eher eine Sache der Motivation und des Interesses als der Ernährungsmethode. Er kann sich an beidem beteiligen, wenn die Mutter zwischendurch bereit ist, ihre Milch abzupumpen. Damit verschafft sie sich eine wohlverdiente Verschnaufpause.

Die Ernährung des Kindes im Wandel der Zeiten

Heute ist Stillen modern. Das bedeutet nicht, dass Fertignahrung »schlecht« ist. In den ersten Jahrzehnten nach dem Zweiten Weltkrieg waren viele der Überzeugung, dass sie für Babys besser sei, und nur ein Drittel der Mütter stillte.

Derzeit liegt der Prozentsatz bei 60 Prozent, aber weniger als die Hälfte stillt länger als ein halbes Jahr. Wer weiß, wie es weitergeht. Derzeit experimentieren die Forscher sogar mit genetisch veränderten Kühen, um einen Muttermilch-Ersatz zu produzieren.

In einem 1999 erschienenen Artikel des Gesundheitsmagazins *Journal of Nutrition* hieß es: »… irgendwann könnte es möglich sein, Fertignahrung herzustellen, die besser auf die Bedürfnisse einzelner Kinder abgestimmt ist als die Muttermilch.«

Ein Wort an die Väter: Vielleicht möchten Sie unbedingt, dass Ihre Partnerin stillt, weil Ihre Mutter oder Schwester das auch getan haben oder weil Sie es für das Beste halten. Oder aber Sie können sich im Gegenteil partout nicht mit diesem Gedanken anfreunden. Wie auch immer: Ihre Partnerin ist ein eigenständiger Mensch und hat als solcher das Recht, eigene Entscheidungen im Leben zu treffen, und die Frage, Stillen oder nicht, ist eine davon. Sie liebt Sie nicht weniger, wenn sie stillt, und sie ist keine schlechte Mutter, wenn sie es lässt. Sie dürfen Ihre Meinung natürlich äußern, aber die Entscheidung sollten Sie ihr überlassen.

Wann Stillen für das Baby nicht angeraten ist. Basierend auf den Ergebnissen von Stoffwechsel-Untersuchungen, die routinemäßig bei Neugeborenen durchgeführt werden, kann der Kinderarzt vom Stillen abraten. Das gilt auch, wenn das Baby einen erhöhten Bilirubin-Serumspiegel hat (ein Gallenfarbstoff, der von der Leber verarbeitet wird). Was die allergischen Reaktionen auf Babynahrung angeht, werden diese häufig übertrieben. Es kann natürlich passieren, dass Kinder Ausschlag oder Blähungen von einem bestimmten Produkt bekommen, aber bei Babys, die gestillt werden, können ähnliche Probleme auftreten.

Wann Stillen für die Mutter nicht infrage kommt. Einige Mütter können nicht stillen, weil sie eine Brustoperation hatten, an einer schweren Infektion wie HIV leiden oder Medikamente nehmen müssen, die in die Muttermilch übergehen, zum Beispiel Lithium oder starke Beruhigungsmittel. Obwohl Untersuchungen darauf hindeuten, dass physische Faktoren wie die Größe der Brust und die Form der Brustwarze unerheblich sind, haben einige Mütter Probleme, den Milchfluss in Gang zu bringen, weil das Baby die Warze nicht richtig fasst.

Die meisten lassen sich im Lauf der Zeit beheben, aber vielen Müttern fehlen die Geduld und das nötige Durchhaltevermögen.

Unter dem Strich kann man sagen, dass Muttermilch gut ist, vor allem in den ersten Monaten. Fertignahrung stellt jedoch eine annehmbare Alternative dar, wenn die Mutter nicht stillen kann oder möchte, aus welchen Gründen auch immer.

Wir sollten aufhören, Frauen, die nicht stillen, Schuldgefühle einzuimpfen oder von Mutter-Kind-Bindung und Engagement nur im Zusammenhang mit der Brusternährung zu sprechen. Füttern, gleich welcher Art, schafft eine Bindung und erfordert Engagement.

Falls Sie eine Brustoperation hatten

- Falls es sich um eine Aufbauplastik oder Brustverkleinerung handelte, sollten Sie herausfinden, wie der Schnitt dabei geführt wurde. Auch wenn man damals den Milchkanal durchtrennt hat, können Sie Ihr Kind mithilfe einer speziellen Saugvorrichtung stillen.
- Lassen Sie sich von einer Hebamme oder in der Stillgruppe bestätigen, ob Sie das Kind richtig anlegen; lassen Sie sich notfalls den Umgang mit einer zusätzlichen Saughilfe zeigen.
- Wiegen Sie Ihr Baby sechs Wochen lang einmal in der Woche, um sicherzugehen, dass es angemessen zunimmt.

Die Zeit **danach**

Aller Anfang ist bekanntlich schwer. Wichtig ist, sich einen bestimmten Platz im Haus oder in der Wohnung zu suchen – das Kinderzimmer oder einen ruhigen Raum –, der ausschließlich dem Füttern vorbehalten ist. Und was vor allem wichtig ist: sich Zeit zu nehmen. Respektieren Sie das Recht Ihres Kindes auf eine friedvolle Mahlzeit. Sie sollten dabei weder telefonieren noch mit der Nachbarin einen Schwatz am Gartenzaun halten. Füttern ist ein interaktiver Prozess, der nicht nur Ihrem Kind, sondern auch Ihnen Aufmerksamkeit abverlangt. Auf diese Weise lernen Sie sich gegenseitig besser kennen, und wenn Ihr Baby schon etwas älter ist, lässt es sich nur allzu leicht durch Umgebungsreize vom Trinken ablenken.

Reden Sie mit Ihrem Kind, wenn Sie stillen oder ihm die Flasche geben, aber leise, wie bei einem stimmungsvollen Essen bei Kerzenlicht. Sprechen Sie mit gedämpfter Lautstärke, langsam und nicht abgehackt, und ermutigen Sie es: »Komm, noch ein bisschen, gleich hast du es geschafft.« Sie können auch Koselaute von sich geben oder ihm über den Kopf strei-

Essprofile

Das Persönlichkeitsprofil beeinflusst die Essgewohnheiten eines Babys. *Engel* und *Bilderbuch-Babys* sind, wie zu erwarten, gute Esser, aber auch das *Dickköpfchen*.

Ein *Sensibelchen* dagegen ist oft frustriert, vor allem, wenn es gestillt wird. Es lässt Ihnen nicht viel Spielraum für Abweichungen vom Schema F. Wenn Sie in einer bestimmten Position mit dem Stillen begonnen haben, müssen Sie diese beibehalten. Sie können sich beim Füttern auch nicht laut unterhalten, die Stellung wechseln oder in einen anderen Raum gehen.

Die kleinen *Muffelchen* sind ungeduldig. Beim Stillen warten sie gar nicht gern, bis die Mutter endlich so weit ist. Manchmal zerren sie regelrecht an der Brust. Die meisten kommen gut mit der Flasche zurecht, solange das Loch im Sauger groß genug ist und die Milch zügig fließt.

Tipp

Wenn Ihr Baby beim Trinken einzuschlafen droht, stimúlieren Sie seine Saugreflexe:
Reiben Sie mit dem Daumen sanft und kreisförmig über die Innenfläche seiner Hand, streichen Sie ihm über den Rücken oder Unterarm, oder spazieren Sie mit Ihren Fingern an seiner Wirbelsäule auf und ab. Doch Sie sollten ihm nie einen kalten Waschlappen auf die Stirn legen oder es unter den Fußsohlen kitzeln. Wie würde es Ihnen gefallen, wenn jemand das Gleiche täte, damit Sie Ihren Teller leer essen?

chen. Damit vertiefen Sie nicht nur die Bindung, sondern verhindern auch, dass es beim Trinken einschläft.

Wenn ihm die Augen zufallen und es aufhört zu saugen, spornen Sie es sofort zum Weitertrinken an: »Hallo, bist du noch da?«, oder: »Na komm schon, bei der Arbeit wird nicht geschlafen, schließlich hast du ja sonst nichts zu tun!«

Wie im zweiten Kapitel erwähnt, bin ich kein Befürworter des Fütterns nach Bedarf. Abgesehen davon, dass man damit einen »unersättlichen Bedarf« schafft, glauben Eltern, die noch nicht mit den Lauten ihres Babys vertraut sind, dass jedes Weinen Hunger bedeutet. Deshalb werden viele Kinder überfüttert oder entwickeln »Koliken«. Mit E.A.S.I. machen Sie sich das Leben leichter: Sie stillen alle 2 bis 3 Stunden oder geben im Abstand von 3 bis 4 Stunden die Flasche, sodass Sie wissen, das Weinen zwischendrin muss andere Gründe haben.

Bevor wir zu den Einzelheiten der Brusternährung oder Fertignahrung und der Kombination aus beidem kommen, hier einige allgemeine Anmerkungen zum Füttern:

Positionen. Legen Sie Ihr Baby bequem in die Armbeuge, etwa in Brusthöhe (auch wenn Sie die Flasche geben), sodass Kopf und Körper eine gerade Linie bilden und der Hals beim Saugen nicht überdehnt werden muss. Der innen befindliche Arm des Kindes ist unten, entweder an seinem Körper oder um Ihre Seite gelegt.

Achten Sie darauf, dass der Kopf nicht herunterhängt, sonst erschweren Sie ihm das Schlucken. Wenn Sie die Flasche geben, sollte Ihr Baby auf dem Rücken liegen, wenn Sie stillen, sollte der Körper Ihnen leicht zugewandt und das Gesicht auf die Brustwarze gerichtet sein.

Schluckauf. Alle Babys haben hin und wieder nach dem Füttern oder Schlafen einen Schluckauf. Die Ursache könnte sein, dass der Magen zu voll ist oder die Milch zu schnell getrunken wurde, genau wie bei Erwachsenen, die ihr Essen hinunterschlingen. Dann gerät das Zwerchfell aus dem Takt. Man kann nicht viel dagegen tun, außer sich bewusst machen, dass der Schluckauf meistens genauso plötzlich verschwindet, wie er gekommen ist.

Aufstoßen. Alle Babys schlucken Luft, ganz gleich ob bei Brust- oder Flaschenernährung. Im Magen sammeln sich Luftblasen, sodass er sich manchmal voller anfühlt, als er wirklich ist, und deshalb müssen Sie Ihr Kind aufstoßen lassen. Ich lasse Kinder vor dem Füttern Bäuerchen machen, weil sie auch im Liegen Luft schlucken, und danach.

Wenn ein Kind mittendrin aufhört zu trinken oder unruhig wird, kann es ebenfalls sein, dass es aufstoßen muss. Dabei gibt es zwei Möglichkeiten: Setzen Sie Ihr Baby aufrecht auf Ihren Schoß und reiben Sie ihm sanft den Rücken; das Kinn ruht dabei in Ihrer Hand. Oder legen Sie es sich aufrecht über die Schulter, wobei die Arme locker über Ihrem Rücken hängen und die Beine gerade sind, damit die Luft auf direktem Weg nach oben gelangen und entweichen kann. Reiben Sie mit sanften Bewegungen auf der linken Seite, in Magenhöhe, von unten nach oben. (Wenn Sie tiefer gehen, reiben Sie die Nieren.) Bei manchen Säuglingen reicht das aus, bei anderen müssen Sie sanft klopfen.

Wenn Sie fünf Minuten vergebens geklopft und gerieben haben, können Sie davon ausgehen, dass sich keine Luftblasen im Magen befinden. Wenn Sie Ihr Kind hinlegen und es wird unruhig, nehmen Sie es behutsam wieder hoch, damit es noch einmal aufstoßen kann. Es kommt vor, dass eine Luftblase in den Darm wandert, was Beschwerden verursachen kann. Das Kind zieht die Beine an den Bauch, weint und verkrampft sich. Sobald Winde abgehen, entspannt sich der Körper.

Trinkmenge und Gewichtszunahme. Viele Mütter machen sich Sorgen, ob ihr Kind genug trinkt. Bei Fertignahrung können Sie genau sehen, was es zu sich nimmt. Beim Stillen spüren manche Mütter ein Kitzeln oder Kneifen, wenn die Milch einschießt, sodass sie wenigstens wissen, dass überhaupt etwas da ist. Ansonsten sollten Sie darauf achten, wie kräftig Ihr Baby saugt, was für Geräusche es beim Schlucken von sich gibt, oder notfalls die Brust einmal leer pumpen, um zu sehen, wie groß die Milchmenge ist. Wenn Ihr Baby nach dem Füttern satt und zufrieden aussieht, können Sie davon ausgehen, dass es die Menge erhalten hat, die es braucht.

Und was hineingeht, muss auch wieder heraus. Bei einem Säugling sollten Sie sich darauf einstellen, in einem Zeitraum von 24 Stunden sechs bis neun Mal die nasse Windel zu wechseln. Der Urin ist blassgelb bis farblos. Außerdem hat es zwei- bis fünfmal Stuhlgang, der farblich zwischen gelb und braun liegt und die Konsistenz von Senf hat.

Tipp

Viele Papierwindeln saugen den Urin so gut auf, dass sich Zeitpunkt oder Farbe nur schwer bestimmen lassen. Um sich Aufschluss darüber zu verschaffen, legen Sie vor allem in den ersten zehn Tagen ein Papiertuch in die Windel ein.

Anhand der Gewichtszunahme lässt sich am besten erkennen, wie viel ein Baby zu sich nimmt, wobei zu bedenken ist, dass Säuglinge zunächst bis zu zehn Prozent ihres Geburtsgewichts verlieren. In der Gebärmutter wurden sie automatisch von der Plazenta versorgt, nun müssen sie lernen, allein zu trinken, und das braucht seine Zeit.

Die meisten voll ausgetragenen Kinder haben ihr Geburtsgewicht zwischen dem siebten und zehnten Tag wieder, wenn sie genug Flüssigkeit und Kalorien erhalten. Manche brauchen länger; falls es nach zwei Wochen noch nicht erreicht ist, sollten Sie einen Kinderarzt konsultieren. Nach drei Wochen spricht man im klinischen Sinn von einer »Wachstumsstörung«.

Tipp

Säuglinge, die bei der Geburt weniger als drei Kilogramm wiegen, können es sich nicht leisten, zehn Prozent ihres Körpergewichts zu verlieren. In solchen Fällen sollte die Muttermilch durch Fertignahrung ergänzt werden, bis die Milchproduktion richtig in Gang gekommen ist.

Die normale Gewichtszunahme rangiert zwischen 100 und 200 Gramm pro Woche. Doch bevor Sie sich verbissen auf das Gewicht konzentrieren, sollten Sie bedenken, dass Kinder, die gestillt werden, schlanker sind und langsamer zunehmen als Flaschenkinder. Manche Mütter kaufen oder leihen eine Babywaage aus, weil sie Angst haben, dass ihr Milchvorrat nicht reicht. Doch wenn Sie regelmäßig zum Kinderarzt gehen, genügt es, wenn dieser das Baby im ersten Monat einmal pro Woche und danach einmal im Monat wiegt.

Wenn Sie sich trotzdem eine Waage anschaffen möchten, gilt es zu berücksichtigen, dass das Gewicht Ihres Kindes von Tag zu Tag schwankt, sodass Sie es nicht öfter als jeden vierten oder fünften Tag wiegen sollten.

Grundregeln **beim Stillen**

Es gibt ganze Bücher über das Stillen, und wenn Sie sich dafür entschieden haben, stehen bestimmt mehrere in Ihrem Bücherregal. Stillen erfordert wie jede andere Fähigkeit, die Sie erlernen, Geduld und Übung. Informationen erhalten Sie durch Lesen, Vorbereitungskurse oder Stillgruppen. Sie sollten nicht nur die physiologischen Aspekte der Milchproduktion verstehen, sondern auch folgende Punkte bedenken.

Üben Sie schon während der Schwangerschaft. Die häufigste Ursache von Stillproblemen ist die Unfähigkeit des Babys, die Brustwarze richtig zu fassen. Das lässt sich verhindern, wenn Mütter genau wissen, wie die Milchproduktion zustande kommt (siehe Kasten), und das Anlegen vorab üben: Kleben Sie ein Pflaster oder einen Tesa-Streifen zweieinhalb Zentimeter oberhalb und unterhalb der Brustwarze auf, um die Stellen zu markieren, an der Sie die Brust beim Stillen festhalten müssen. Probieren Sie es aus und üben Sie. Denken Sie daran, dass die Milch nicht von allein fließt, sondern durch Stimulation der Alveolen produziert wird. Je stärker sie stimuliert werden, desto mehr Milch. Deshalb sind das richtige Anlegen und Fassen der Brustwarze für den Still-Erfolg ausschlaggebend. Wenn das Baby nicht richtig positioniert ist oder die Brustwarze nicht richtig fasst, bleiben die Signale von den Milchgangerweiterungen an das Gehirn und damit die Produktion der Hormone aus, folglich kommt der Milchfluss nicht richtig in Gang.

Milchproduktion

Unmittelbar nach der Geburt produziert der Körper das Hormon *Prolaktin*, das die Milchproduktion in Gang setzt und aufrecht erhält. Es wird gemeinsam mit dem Hormon *Oxytozin* beim Saugen ausgeschüttet.

Die Areole, der Warzenhof, ist rau genug, damit das Baby die Brustwarze fassen kann, und weich genug, um sie zusammenzupressen. Beim Saugen signalisieren die spindelförmigen *Milchgangerweiterungen* dem Gehirn: »Milch produzieren!«

Beim Saugen pulsieren die Milchgangerweiterungen und aktivieren die Milchgänge. Sie verbinden die beiden Brustwarzen mit den kleinen *Alveolarsäckchen* in der Brust, in denen die Milch gelagert wird. Dieser sanfte Druck wirkt wie eine Pumpe, mit der Milch aus den Alveolarsäckchen in die Milchgänge und am Schluss in die Brustwarze gedrückt wird; sie funktioniert wie ein Trichter, durch den die Milch in den Mund des Babys fließt.

Tipp

Ihr Kind fasst die Brustwarze richtig, wenn die Lippen Warze und Warzenhof umschließen. Strecken Sie leicht seinen Kopf, sodass Nase und Kinn Ihre Brust berühren. Auf diese Weise bekommt es Luft, ohne dass Sie die Brust ständig halten müssen. Bei großen Brüsten können Sie diese mit einer Socke abstützen.

Legen Sie Ihr Kind möglichst gleich nach der Geburt an. Ihr Baby ist nicht unbedingt hungrig, doch das erste Anlegen hinterlässt eine »Programmierung« in seinem Gehirn, wie es die Brustwarze richtig fassen soll. Wenn möglich, lassen Sie sich beim ersten Mal von einer Schwester, der Hebamme, einer Freundin oder Ihrer Mutter helfen (falls sie gestillt hat). Bei einer vaginalen Entbindung versuche ich immer, das Neugeborene noch im Kreißsaal anzulegen. Je länger man damit wartet, desto schwieriger kann es werden. In den ersten beiden Stunden nach der Geburt ist Ihr Baby am aufmerksamsten. In den nächsten zwei oder drei Tagen muss es den Geburtsschock verarbeiten, die Nachwirkungen der Austreibung durch den Geburtskanal, und es wird noch unregelmäßig trinken und schlafen. Wenn das Kind bei einem Kaiserschnitt erst drei Stunden nach der Geburt oder später angelegt wird, sind Mutter und Kind erschöpft. In solchen Fällen erfordert das Anlegen mehr Zeit und Geduld. (Die Eltern sollten es zu diesem Zeitpunkt nicht wecken, um es zu füttern, außer bei niedrigem Geburtsgewicht – unter 2750 Gramm.)

In den ersten zwei oder drei Tagen produzieren Sie Kolostrum oder Kolostralmilch, eine Art Vormilch, die besonders nahrhaft ist. Es handelt sich um ein dickflüssiges gelbes Sekret, das Honig ähnelt und einen hohen Eiweißgehalt hat. In dieser Zeit, in der die Muttermilch beinahe aus reinem Kolostrum besteht, sollten Sie Ihr Baby an jeder Seite fünf bis fünfzehn Minuten anlegen. Wenn die eigentliche Muttermilch einschießt, füttern sie einseitig im Wechsel (siehe unten).

Stillen: Die ersten vier Tage

		Linke Brust	Rechte Brust
1. Tag –	so oft Ihr Baby möchte	5 Min.	5 Min.
2. Tag –	alle 2 Stunden	10 Min.	10 Min.
3. Tag –	alle 2 Stunden	15 Min.	15. Min.
4. Tag –	einseitig im Wechsel nach E.A.S.I.	40 Minuten maximal, alle 2 bis 3 Stunden: bei jedem Stillen Seite wechseln	

Die Komponenten der Muttermilch

Wenn Sie eine angebrochene Flasche Milch eine Stunde stehen lassen, löst sie sich in drei Bestandteile auf. Von oben nach unten wird sie zunehmend dicker. Das gilt auch für die Muttermilch.

Sie sollten Ihre Milch und den Ablauf der Milchbildung kennen. Probieren Sie einen Tropfen. Auf diese Weise wissen Sie später einmal, ob sie sauer ist, wenn Sie Milch abpumpen und lagern. Achten Sie darauf, wie sich Ihre Brust anfühlt, wenn sie voll ist. Wenn die Milch fließt, spüren Sie normalerweise ein Kitzeln oder leichtes Ziehen. Bei manchen Frauen fließt die Milch sehr schnell. Die Kinder verschlucken sich dann oft in den ersten Minuten nach dem Anlegen. Drücken Sie den Finger auf die Brustwarze, als wollten Sie die Blutung aus einer Schnittwunde stoppen. Machen Sie sich keine Sorgen, wenn Sie den Milchfluss nicht spüren. Kommt die Milch zu langsam, sind die Kinder frustriert und lassen die Warze oft los. Die Ursache kann eine Verspannung sein; versuchen Sie sich zu entspannen, beispielsweise bei einer Kassette mit Meditationsmusik vor dem Stillen. Falls das nicht wirkt, benutzen Sie eine Pumpe, bis Sie die Milch fließen sehen, bevor Sie Ihr Baby anlegen. Das kann bis zu drei Minuten dauern, aber damit ersparen Sie sich und dem Kind viel Ärger.

Übergangsmilch (in den ersten 5 bis 10 Minuten). Sie ähnelt »entrahmter« Milch oder der »Suppe« bei einem Menü und stillt den Durst des Babys. Sie enthält einen hohen Anteil an Oxytozyn, einem Hormon, das auch beim Geschlechtsverkehr ausgeschüttet wird und sich auf Mutter und Kind auswirkt.

Die Mutter entspannt sich, ähnlich wie nach einem Orgasmus, und das Kind wird schläfrig. In diesem Teil der Muttermilch befindet sich die höchste Milchzuckerkonzentration.

Vormilch (schießt fünf bis acht Minuten nach dem Anlegen ein). Sie hat eine ähnliche Konsistenz wie normale Milch und einen hohen Eiweißgehalt, der die Entwicklung von Knochen und Gehirn fördert.

Nachmilch (beginnt fünfzehn bis achtzehn Minuten nach dem Anlegen zu fließen). Sie ist dick und cremig und sorgt für die Gewichtszunahme Ihres Kindes – wie ein Dessert.

Wechseln Sie während des Stillens nicht die Seiten. In manchen Ländern raten Hebammen und Ärzte den Frauen, nach zehn Minuten die Seiten zu wechseln und dem Säugling Gelegenheit zu geben, beide Brüste zu leeren. Warum das nicht gut ist, sehen Sie anhand des Kästchens mit den drei Komponenten der Muttermilch. Vor allem in den ersten Lebenswochen des Kindes sollten Sie sichergehen, dass es an die cremige Nachmilch herankommt. Wenn Sie schon nach zehn Minuten

Ammenmärchen

Stillende Mütter bekommen oft zu hören, dass sie die Finger von Kohl, Schokolade, Knoblauch und scharfen Gewürzen lassen sollen, weil das die Qualität der Muttermilch beeinträchtigt. Das ist ein Ammenmärchen: Eine normale, abwechslungsreiche Kost schadet der Muttermilch nicht. Die scharf gewürzten Speisen in Indien schaden ja auch weder Mutter noch Kind. Babys bekommen keine Blähungen, wenn die Mutter Kohl isst, sondern weil sie Luft schlucken, nicht richtig aufstoßen oder ein noch nicht voll ausgereiftes Verdauungssystem haben.

Gelegentlich reagiert ein Baby empfindlich auf die mütterliche Ernährung, vor allem auf Protein-Antigene in Kuhmilch, Soja, Weizen, Fisch, Mais, Eiern und Nüssen. In diesem Fall sollten Sie das Nahrungsmittel zwei oder drei Wochen aus Ihrer Kost ausschließen und es danach noch einmal versuchen.

die Seiten wechseln, nimmt Ihr Kind bestenfalls Vormilch zu sich. Noch schlimmer ist: Sie signalisieren Ihrem Körper, dass es nicht nötig ist, die cremige Nachmilch zu produzieren. Wenn Sie Ihr Baby jeweils an einer Seite füttern, erhält es gleich große Portionen von jedem Milchtypus. Und darüber hinaus gewöhnt sich Ihr Körper daran, alle drei Komponenten zu erzeugen. Mütter von Zwillingen müssen ihre Kinder auf diese Weise stillen; für sie wäre es unsinnig, während des Trinkens die Seiten zu wechseln.

Machen Sie sich nicht zum Sklaven der Uhr. Das Wichtigste beim Stillen ist weder die Zeit noch die Milchmenge, sondern dass Sie sich selbst und Ihr Baby bewusst wahrnehmen. Kinder, die gestillt werden, trinken meistens öfter, wegen der leichteren Verdaulichkeit der Muttermilch. Wenn Sie ein drei oder vier Monate altes Kind vierzig Minuten stillen, hat es binnen drei Stunden die gesamte Milchmenge verdaut.

Bestehen Sie auf Ihrem Recht, so zu stillen, wie Sie möchten. Lassen Sie sich von niemandem einreden, Sie müssten während des Stillens die Seite wechseln.

Tipps

Markieren Sie nach jedem Anlegen die Seite mit einer Sicherheitsnadel am Still-BH. Vielleicht spüren Sie auch selbst, dass die nicht geleerte Brust praller ist.

Wenn Sie sich Sorgen machen, ob Ihre Milch reicht, pumpen Sie die Milch zwei oder drei Tage lang einmal am Tag etwa eine Viertelstunde vor dem Stillen ab. Rechnen Sie etwas mehr, wenn sich Ihr Baby beim Saugen anstrengt, und Sie haben eine ungefähre Vorstellung von Ihrer Milchmenge.

Reinigen Sie Ihre Brustwarzen nach dem Stillen immer gründlich mit einem sauberen Waschlappen. Milchreste können ein Nährboden für Bakterien sein und eine Entzündung in der Brust oder im Mund des Babys verursachen. Benutzen Sie keine Seife, weil die Brustwarzen sonst austrocknen.

Die Milchmenge

Wenn Sie die Milch nicht abpumpen und wiegen, lässt sich nur schwer feststellen, wie viel Ihr Kind genau zu sich nimmt. Es ist nicht ratsam, sich zum Sklaven der Uhr zu machen, aber Sie können sich an die nachfolgenden Zeitvorgaben als grobe Orientierungshilfe für das Anlegen halten. Wenn das Baby größer wird, trinkt es geschickter und braucht weniger Zeit.

4 – 8 Wochen:	Bis zu 40 Minuten
8 – 12 Wochen:	Bis zu 30 Minuten
3 – 6 Monate:	Bis zu 20 Minuten

Lagern der Muttermilch

Die Milch abzupumpen und aufzubewahren kann praktisch sein, aber dabei sollten Sie Folgendes beachten:

- Frisch abgepumpte Milch sollte sofort in den Kühlschrank gestellt und nicht länger als 72 Stunden aufbewahrt werden.

- Muttermilch lässt sich bis zu sechs Monate einfrieren, aber zu diesem Zeitpunkt hat Ihr Kind bereits andere Bedürfnisse. Die Bestandteile der Muttermilch ändern sich, wenn es wächst. Um zu gewährleisten, dass der Nährwert der eingefrorenen Milch ausreicht, sollten Sie nie mehr als zwölf Mahlzeiten in Plastikbeuteln einfrieren und sie alle vier Wochen im Rotationsverfahren verwenden, die älteste Milch zuerst.

- Muttermilch kann in sterilisierten Flaschen oder speziellen Plastikbeuteln eingefroren werden (bei normalen Plastikbeuteln können chemische Substanzen in die Milch gelangen). Beschriften Sie diese mit Datum und Zeitangabe. Benutzen Sie kleine Behältnisse, um Reste zu vermeiden.

- Waschen Sie sich vor dem Abpumpen immer die Hände und pumpen Sie, wenn möglich, direkt in den Gefrierbeutel.

- Legen Sie das verschlossene Behältnis zum Auftauen etwa eine halbe Stunde in eine Schüssel mit warmem Wasser. Benutzen Sie nie die Mikrowelle: Sie verändert die Bestandteile der Milch. Schütteln Sie das Behältnis, um das beim Auftauen abgesetzte Fett wieder unterzumischen. Verbrauchen Sie aufgetaute Muttermilch am besten sofort; lagern Sie überschüssige Milch im Kühlschrank, aber nie länger als 24 Stunden. Sie können frische Muttermilch mit tiefgefrorener kombinieren; die Mischung sollte aber niemals erneut eingefroren werden.

Ein Tipp für Partner und Freunde

Wenn Ihre Partnerin (oder Freundin) zu stillen beginnt, sollten Sie zuschauen und aus den Erfahrungen lernen. Achten Sie mit darauf, dass das Baby richtig angelegt wird, aber spielen Sie nicht den Schulmeister. »Nein … nicht so, jetzt ist er abgerutscht … ja, jetzt saugt er wie ein Weltmeister … upps, er hat sie schon wieder verloren, halt ihn ein bisschen höher … ja, so …oh nein, nicht schon wieder!« Eine Mutter braucht liebevollen Zuspruch und keine Kommentare wie bei der Übertragung eines Fußballspiels.

Suchen Sie sich eine Mentorin, die Sie unter ihre Fittiche nimmt. Früher war das Stillen eine Fähigkeit, die von der Mutter an die Tochter weitergegeben wurde. Doch da sich die Babynahrung vom Ende der Vierziger- bis Ende der Sechzigerjahre großer Beliebtheit erfreute, entschieden sich viele Frauen für diese Option und haben folglich keine Erfahrung mit dem Stillen. Die jungen Mütter von heute sind daher auf Informationen von anderen angewiesen, die oft widersprüchlich sind. Sogar in der Entbindungsklinik empfehlen die Schwestern unterschiedliche Positionen beim Stillen. Diese Verunsicherung kann sich auf den emotionalen Zustand der Mutter auswirken und die Stillfähigkeit beeinträchtigen. Eine Hilfe, um solche Hindernisse zu überwinden, ist der Erfahrungsaustausch von Müttern in einer Stillgruppe. Oder wenden Sie sich an eine Hebamme, die Ihnen von der Entbindungsklinik vermittelt werden kann und die ins Haus kommt, um Sie zu betreuen.

Tipp

Suchen Sie sich eine Mentorin, die Geduld, Humor und eine positive Einstellung zum Stillen hat. Lassen Sie negative Informationen und Horrorgeschichten an sich abprallen. Das erinnert mich an eine Mutter, die nicht stillen wollte, weil »das Baby meiner Freundin die Brustwarze verschluckt hat«.

Der Umgang mit der Milchpumpe

Abgepumpte Milch ist kein Ersatz für das Stillen, kann aber eine notwendige Ergänzung sein. Durch das Abpumpen entleeren Sie die Brust vollständig, und Ihr Kind erhält Ihre Milch, auch wenn Sie einmal nicht da sind. Außerdem beugen Sie Problemen wie einer zu prall gefüllten Brust vor (siehe Seite 132). Lassen Sie sich den Gebrauch der Pumpe von einer Hebamme oder in der Stillgruppe zeigen. Teilen Sie die Milchpumpe aus Hygienegründen nicht mit einer anderen Mutter.

Welche Milchpumpe? Wenn Ihr Kind ein Frühgeborenes ist, brauchen Sie eine Spezialpumpe. Ansonsten reicht eine manuelle Hand- oder mit dem Fuß bedienbare Milchpumpe aus. Lernen Sie für alle Fälle, die Milch mit der Hand auszudrücken.

Kaufen oder Leihen? Kaufen lohnt sich nur, wenn Sie vorhaben, wieder arbeiten zu gehen und ein Jahr lang zu stillen. Leihen ist angeraten, wenn Sie weniger als ein halbes Jahr stillen.

Worauf sollten Sie achten? Kaufen oder leihen Sie nur eine Milchpumpe, bei der Sie Druck und Geschwindigkeit einstellen können. Nehmen Sie keine Pumpe, bei der Sie den Pumpzyklus durch Zusammendrücken des Schlauchs regulieren müssen; das entspricht nicht den Sicherheitsnormen.

Wann? Normalerweise dauert es eine Stunde, bis sich die Milch nach dem Stillen wieder aufgefüllt hat. Um die Menge zu erhöhen, pumpen Sie zwei Tage lang ab, zehn Minuten nachdem das Baby getrunken hat. Wenn Sie berufstätig sind und an Ihren Arbeitsplatz zurückkehren möchten, können Sie die Milch nicht zu den Zeiten abpumpen, wo Sie Ihr Kind normalerweise anlegen, aber wenigstens zur gleichen Tageszeit, zum Beispiel fünfzehn Minuten lang während der Mittagspause.

Wo? Pumpen Sie die Milch aus Gründen der Hygiene nicht auf der Toilette ab. Machen Sie die Bürotür zu oder suchen Sie sich eine ruhige Ecke.

Führen Sie ein Still-Tagebuch. Sobald Sie die Anfangsschwierigkeiten überwunden und sich an das Anlegen auf einer Seite gewöhnt haben, sollten Sie sich aufschreiben, wann Sie Ihr Baby stillen, an welcher Brust und andere Einzelheiten, die Ihnen wichtig erscheinen. Die Tabelle auf Seite 130 lässt sich auf Ihre Situation abstimmen. Die ersten beiden Zeilen habe ich als Musterbeispiel ausgefüllt.

Still-Tagebuch

Tageszeit	Welche Brust?	Stilldauer	Schlucken hörbar	Anzahl der nassen Windeln	Häufigkeit und Farbe des Stuhlgangs	Zufüttern: Wasser/ Fertignahrung	Abgepumpte Milchmenge	Andere Merkmale
6 Uhr	☒ L ☐ R	35 Min.	☒ J ☐ N	1	1x, gelb, sehr weich	nichts	ca. 30 ccm 7.15 Uhr	Unruhig nach dem Stillen
8.15 Uhr	☒ L ☐ R	30 Min.	☒ J ☐ N	1	0	nichts	ca. 45 ccm 8.30 Uhr	Musste ihn beim Stillen aufwecken
	☐ L ☐ R		☐ J ☐ N					
	☐ L ☐ R		☐ J ☐ N					
	☐ L ☐ R		☐ J ☐ N					
	☐ L ☐ R		☐ J ☐ N					
	☐ L ☐ R		☐ J ☐ N					
	☐ L ☐ R		☐ J ☐ N					
	☐ L ☐ R		☐ J ☐ N					

Halten Sie sich an die 40-Tage-Regel. Einige Frauen haben den Bogen beim Stillen innerhalb kürzester Zeit heraus, andere brauchen länger. Das ist jedoch kein Grund zu verzweifeln. Natürlich wünscht sich jeder (die Väter eingeschlossen), dass alles auf Anhieb reibungslos klappt, aber oft dauert es länger, und daher sollten Sie oder Ihr Partner nicht in Panik geraten oder ungeduldig werden. Geben Sie sich 40 Tage Zeit, ohne sich unter Druck zu setzen.

Dieser Zeitraum von etwa sechs Wochen wird als Puerperium oder Wochenbett bezeichnet (mehr darüber im siebten Kapitel). Einige Frauen brauchen diese Zeit, bis sie sich an das Stillen gewöhnt und potenzielle Probleme überwunden haben. Gönnen Sie sich selbst und Ihrem Kind die Verschnaufpause und lernen Sie aus Ihren Erfahrungen.

Tipp

Die Kalorien, die Sie tagsüber zu sich nehmen, sind für Ihren Körper und für Ihr Baby wichtig. Deshalb sollten Sie die gewohnte Menge beibehalten. Verzichten Sie auf Blitz-Diäten: Ernähren Sie sich gesund und ausgewogen, achten Sie darauf, dass Sie genug Eiweiß und Kohlehydrate wie Stärke, Zellulose usw. erhalten. Da das Baby Ihrem Körper Flüssigkeit entzieht, sollten Sie mindestens 16 Gläser Wasser am Tag trinken.

Stillprobleme		
Problem	**Symptome**	**Abhilfe**
Überfüllung Die Brüste sind mit Flüssigkeit gefüllt; manchmal handelt es sich um einen Milchstau, aber meistens lagert sich Flüssigkeit – Blut, Lymphe und Wasser – in den Extremitäten ein, vor allem nach einem Kaiserschnitt.	Die Brüste sind hart, heiß und geschwollen, manchmal mit grippeähnlichen Symptomen wie Fieber, Schüttelfrost und Nachtschweiß verbunden; oft werden die Brustwarzen wund, weil das Kind Probleme hat, sie beim Trinken richtig zu fassen.	Heiße Wickel, alle zwei Stunden Armübungen machen (die Hände über den Kopf, als würden Sie einen Ball werfen, dabei Arme und Knöchel drehen), 5-mal ausführen, unmittelbar vor dem Stillen. Konsultieren Sie den Arzt, wenn sich der Zustand nicht innerhalb von 24 Stunden bessert.
Milchstau Milch staut sich im Milchgang und nimmt die Konsistenz von Hüttenkäse an.	Lokal begrenzter Knoten in der Brust, schmerzt bei Berührung.	Unbehandelt kann sich daraus eine Brustentzündung entwickeln (siehe unten). Heiße Wickel und die Brust in kleinen Kreisen rund um den Knoten massieren, dabei zur Warze hin streichen.
Schmerzende Brustwarzen	Die Brustwarzen können rissig, wund, weich und/oder rot sein; in chronischen Fällen Blasenbildung, Brennen, Bluten und Schmerzen beim Stillen oder zwischendurch.	Die Symptome sind in den ersten Tagen normal und verschwinden, wenn das Baby rhythmisch saugt. Bei anhaltenden Schmerzen fasst das Kind die Brustwarze eventuell nicht richtig. Sprechen Sie mit einer Hebamme darüber.

Mastitis Brustdrüsen-entzündung	Ungerade rote Linie quer über der Brust; die Brust ist heiß; es können außerdem grippeähnliche Symptome auftreten.	Konsultieren Sie umgehend einen Arzt.
Überproduktion von Oxytozin	Die Mutter wird beim Stillen schläfrig, weil zu viele »Liebeshormone«, ähnlich wie bei einem Orgasmus, produziert werden.	Wirksame Prävention nicht möglich, aber versuchen Sie, sich zwischen dem Anlegen mehr Ruhe zu gönnen.
Kopfschmerzen	Sie treten beim oder unmittelbar nach dem Stillen auf – als Folge der Oxytozin- und Prolaktin-Produktion in der Hirnanhangdrüse.	Konsultieren Sie einen Arzt, wenn das Problem anhält.
Ausschlag	Pickel am ganzen Körper	Eine allergische Reaktion auf das Hormon Oxytozin. Meistens werden Antihistaminika empfohlen, aber sprechen Sie zuerst mit Ihrem Hausarzt.
Pilzinfektion	Die Brüste sind wund oder brennen; Ihr Baby hat womöglich einen Windelausschlag mit roten Flecken.	Konsultieren Sie einen Arzt. Sie brauchen unter Umständen beide Medikamente gegen die Infektion: Ihr Kind wird Creme oder Salbe für den Po erhalten, die Sie aber nicht für Ihre Brüste verwenden dürfen, da sie die Milchdrüsen verstopft.

Das Dilemma beim Stillen: Hat es Hunger, Lust zu saugen **oder einen Wachstumsschub?**

Neugeborene haben das physische Bedürfnis, von vierundzwanzig Stunden ungefähr sechzehn zu saugen. Stillende Mütter verwechseln diesen Saugreflex oft mit Hunger.

Das Problem ist, dass sie damit ihr Baby ungewollt zum »Naschen« erziehen. Denken Sie daran, dass man einem Kleinkind ja auch keinen Keks zwischen den Mahlzeiten geben sollte. Dieses Problem kommt seltener vor, wenn das Baby Fertignahrung erhält, weil die Mutter sehen kann, wie viel es zu sich nimmt. Doch wenn Ihr Kind alle drei Stunden gefüttert wird, egal ob mit Brust- oder Flaschennahrung, wissen Sie, dass es satt ist, und es wird noch nicht einmal passieren, dass es während der Mahlzeit einschläft, weil es auch genug Ruhe bekommt.

Es gibt noch eine andere Situation, die stillende Mütter verunsichert, und das sind Wachstumsschübe. Angenommen, Sie füttern Ihr Baby alle zweieinhalb bis drei Stunden, und plötzlich scheint es nicht satt zu sein, sondern den ganzen Tag Hunger zu haben. Wahrscheinlich hat ein Wachstumsschub stattgefunden: In dieser Zeitspanne von etwa einem oder zwei Tagen braucht Ihr Kind mehr Nahrung als sonst. Solche Wachstumsschübe treten in der Regel alle drei bis vier Wochen auf. Wenn Sie darauf achten, werden Sie feststellen, dass diese Hungerattacken ungefähr 48 Stunden anhalten, bevor Ihr Kind sich wieder auf den E.A.S.I.-Kurs einpendelt.

Ein Wachstumsschub hat nichts damit zu tun, dass Sie weniger oder gar keine Milch mehr haben. Wenn Ihr Baby wächst, ändern sich seine Bedürfnisse und der verstärkte Saugreflex übermittelt Ihrem Körper die

Hören Sie auf Ihren gesunden Menschenverstand!

Obwohl ich geregelte Zeiten zum Füttern empfehle, sollten Sie Ihr Baby nicht schreien lassen, wenn es bereits nach zwei Stunden Hunger hat. Während eines Wachstumsschubs braucht es mehr Nahrung. Was ich damit sagen will, ist, dass Ihr Kind besser trinkt und verdaut, wenn die Mahlzeiten in regelmäßigen Abständen erfolgen. Sie sollten ihm in diesen Wachstumsphasen weder zusätzliche Streicheleinheiten noch eine Mahlzeit vorenthalten. Es gibt jedoch viele Eltern, die ihrem Kind Unarten anerziehen; die Kinder selbst trifft keine Schuld. Benutzen Sie also Ihren gesunden Menschenverstand, um späteren Problemen vorzubeugen (mehr darüber im neunten Kapitel).

Botschaft: Produziere mehr Milch! Bei einer gesunden Mutter stellt sich der Körper von selbst auf die Menge ein, die das Baby braucht.
Wenn Sie Ihrem Kind alle dreieinhalb Stunden die Flasche geben und es anschließend noch Hunger hat, geben Sie ihm einfach mehr. Genau das tun stillende Mütter auch: Sobald die eine Brust leer getrunken ist (normalerweise, wenn das Baby ca. sechs Kilo wiegt), machen Sie einfach auf der anderen Seite weiter, bis Ihr Kind satt ist.

Falls es *nur in der Nacht* mehr Hunger hat, liegt es vermutlich nicht an einem Wachstumsschub, sondern daran, dass es zusätzliche Kalorien braucht. Passen Sie die E.A.S.I.-Methode entsprechend an und verabreichen Sie ihm eine »Kalorienbombe« (siehe Tipp Seite 136).

Tipp

Morgens, wenn Sie ausgeruht sind, enthält die Muttermilch das meiste Fett. Falls Ihr Kind abends besonders hungrig ist, pumpen Sie die Milch in aller Frühe ab und heben sie für die Abendmahlzeit auf. Dadurch erhält es die zusätzlichen Kalorien, die es benötigt, und Sie und Ihr Partner können abends eine Verschnaufpause genießen, anstatt sich sorgen zu müssen, ob Sie genug Milch haben.

Stillprobleme

Was passiert?	Warum	Abhilfe
»Mein Kind wird nach der Hälfte der Zeit unruhig.«	Bei Kindern unter vier Monaten könnte das auf Darmtätigkeit hinweisen. Stuhlgang und Saugen sind nicht gleichzeitig möglich.	Nehmen Sie das Kind von der Brust, legen Sie es auf Ihren Schoß, bis es Stuhlgang hatte, und stillen Sie es danach weiter.
»Mein Baby schläft beim Stillen oft ein.«	Ihr Kind hat vielleicht eine hohe Dosis Oxytozin (siehe Seite 108) erhalten oder keinen richtigen Hunger.	Wecken Sie Ihr Baby, fragen Sie sich aber auch: »Ist der Tagesablauf klar strukturiert?« Auf diese Weise stellen Sie am besten fest, ob es wirklich Hunger hat. Wenn Sie es jede Stunde anlegen müssen, trinkt es sich nicht satt. Machen Sie sich das Leben leicht – mit E.A.S.I.

»Mein Baby lässt immer wieder die Brustwarze los.«	Vielleicht ist es ungeduldig, weil die Milch zu langsam fließt. Falls es gleichzeitig die Beine anzieht, hat es eventuell Blähungen oder keinen Hunger.	Falls das häufig vorkommt, ist der Milchfluss wahrscheinlich zu langsam. Pumpen Sie vor dem Anlegen, um ihn in Gang zu bringen (siehe Seite 123). Es könnte sich auch um Blähungen handeln, oder Ihr Kind hat keine Lust zu trinken. Nehmen Sie es von der Brust.
»Mein Kind scheint jedes Mal ›vergessen‹ zu haben, wie man die Brustwarze fasst.«	Alle Kinder, vor allem Jungen, trinken hin und wieder unkonzentriert. Das könnte daran liegen, dass sie nicht besonders hungrig sind.	Stecken Sie Ihrem Baby kurz Ihren kleinen Finger in den Mund, um den Saugreflex zu stimulieren. Dann legen Sie es wieder an. Wenn es großen Hunger hat und Sie wissen, dass Ihre Milch zu langsam fließt, drücken Sie vorher ein paar Tropfen aus, um den Milchfluss in Gang zu bringen.

Flaschenkinder

Bestehen Sie auf Ihrem Recht, Ihrem Baby Fertignahrung zu geben. Wenn Sie sich ungeachtet aller Einwände entschieden haben, Ihrem Kind Fertignahrung zu geben, lassen Sie sich von niemandem ein schlechtes Gewissen einreden. Obwohl es eigentlich überflüssig sein sollte, dass Sie Ihre Entscheidung rechtfertigen müssen, sind Fakten immer noch die beste Waffe, um die Gegner der Fertignahrung zum Einlenken zu bringen.

Fertignahrung

Bei der Fertignahrung ändert sich, im Gegensatz zur Muttermilch, die Zusammensetzung nicht bedarfsgerecht.

Aber das Kind braucht im Laufe der Zeit mehr Nährstoffe, sodass Sie nach der Anfangsnahrung auf eine Folgemilch umstellen sollten. Bleiben Sie möglichst bei der Marke, mit der Sie gute Erfahrungen gemacht haben, und richten Sie sich nach den Mengenangaben des Herstellers.

Machen Sie die Wahl der Fertignahrung von den Inhaltsstoffen abhängig. Es gibt verschiedene Sorten im Handel, die alle sorgfältig geprüft und für den Markt zugelassen wurden. Sie sind entweder auf Kuh- oder Sojamilch-Basis hergestellt. Babynahrung auf Kuhmilch-Basis ist reich an Vitaminen, Nährstoffen und Eisen. Bei Soja-Produkten wurde das Butterfett durch Pflanzenöl ersetzt. Obwohl Fertignahrung auf Soja-Basis weder tierisches Protein noch Laktose enthält, die manche mit Koliken und verschiedenen Allergien in Verbindung bringen, empfehle ich, zuerst ein hypoallergenes, kuhmilchhaltiges Erzeugnis auszuprobieren. Es ist nicht nachgewiesen, dass Soja-Babymilch Allergieprobleme verhindert, und außerdem fehlen ihr bestimmte Nährstoffe, die in Kuhmilch-Nahrung enthalten sind.

Was Ausschlag und Blähungen angeht, die durch Fertignahrung gleich welcher Art verursacht werden können, so sei darauf hingewiesen, dass diese auch beim Stillen entstehen können. Sie sind in den meisten Fällen nicht auf eine allergische Reaktion zurückzuführen, im Gegensatz zu augenfälligen Symptomen wie Erbrechen (in hohem Bogen) oder Durchfall.

Wählen Sie Sauger mit einem ähnlichen Milchfluss wie bei der Brustwarze. Es gibt zahllose Sauger im Handel und die dazu passenden Flaschen. Bis zur dritten oder vierten Lebenswoche

Aufbewahren von Fertignahrung

Fertignahrung in Pulverform, als Konzentrat oder bereits in trinkfertigen Dosen wird vom Hersteller mit einem Haltbarkeitsdatum versehen. Dosen können bis zu diesem Datum ungeöffnet aufbewahrt werden. Sobald die Milch, gleich in welcher Form, in eine Flasche umgefüllt wurde, hält sie sich nur 24 Stunden.

Die meisten Produkte sollten nicht eingefroren werden. Benutzen Sie wie bei der Muttermilch nie die Mikrowelle, da die Flüssigkeit dabei ungleichmäßig erhitzt wird und Ihr Baby sich verbrühen könnte. Reste sollten nicht wieder verwendet werden. Bereiten Sie weniger als die angegebene Menge zu, bis Ihr Kind gezeigt hat, dass es mehr Nahrung braucht.

sollten Sie Sauger mit kleinem Loch nehmen, sodass Ihr Kind beim Trinken kräftig ziehen muss, ähnlich wie an der Brust, und die Milch nicht einfach herausfließt. Danach können Sie langsam zu Saugern mit größerem Loch überwechseln, die nach Altersstufen gestaffelt sind (siehe Herstellerangaben). Der Sauger sollte vor allem dann auf den Muttermilchfluss abgestimmt sein, wenn Sie stillen und die Flasche geben.

Bei Flaschen mit Saugern sollten Sie auf einen Universal-Schraubverschluss achten, sodass Sie die Sauger austauschen können. Ob sie das halten, was sie versprechen – »Natürliche Passform« oder »Beugt Blähungen vor« – sollten Sie ausprobieren und sich dann für die Marke entscheiden, die für *Ihr* Baby am besten ist.

Gewöhnen Sie Ihr Kind behutsam an die Flasche. Streichen Sie Ihrem Baby beim ersten Mal mit dem Sauger über die Lippen und warten Sie, bis es den Mund von allein öffnet. Dann schieben Sie den Sauger behutsam hinein, ähnlich wie beim Anlegen. Stecken Sie ihm den Sauger nie mit Gewalt in den Mund.

Vergleichen Sie den Abstand zwischen den Mahlzeiten nicht mit dem Stillen. Fertignahrung wird langsamer verdaut als Muttermilch, was bedeutet, dass zwischen den Mahlzeiten nicht drei, sondern vier Stunden liegen können.

Die dritte Möglichkeit: Brust **und** Flasche

Ich bin der Meinung, dass ein bisschen Muttermilch besser ist als keine. Manche Mütter finden das schockierend, vor allem, wenn Ärzte oder Hebammen das Stillen befürworten und eine Entweder-oder-Entscheidung darin sehen.

Ein Baby kann sehr wohl beides haben, Muttermilch *und* Fertignahrung – oder aber die Muttermilch ausschließlich in der Flasche erhalten.

Einige Mütter wissen von Anfang an, was sie wollen. Bernice, die sich schon während der Schwangerschaft ausgiebig informiert hatte, ließ sich von ihrem Frauenarzt eine Hormonspritze geben, damit der Milchfluss umgehend versiegte. Andere Frauen sind genauso sicher, dass sie stillen wollen. Aber es gibt auch etliche Mütter, die noch unschlüssig sind. Einige müssen Fertignahrung zufüttern, weil die

Milchmenge in den ersten Tagen nicht ausreicht. Oder sie entscheiden sich von Anfang an für Brust *und* Flasche, weil sie ihr Leben nicht einschränken wollen. Und wieder andere stillen zunächst und steigen dann auf Fertignahrung um, oder anders herum, was auch möglich ist.

Babys unter drei Wochen lassen sich relativ leicht auf die Flasche umstellen und umgekehrt, aber es ist auch kein Problem, beides zu geben. Nach der dritten Woche wird die Umstellung für Mutter und Kind schon schwieriger. Falls Sie also wegen des Stillens Zweifel haben, sollten Sie rasch eine Entscheidung treffen, je früher, desto besser.

Muttermilch und Fertignahrung lassen sich nicht kombinieren? – Ein Ammenmärchen!

Und ein Grund, warum viele verunsicherte Mütter ihren Kindern nicht beides geben. Was ein Kind verunsichern kann, ist der unterschiedliche Milchfluss: Beim Saugen an der Brust benutzt das Kind andere Zungenmuskeln als beim Trinken aus der Flasche. Die Milchmenge, die es an der Brust zu sich nimmt, kann es durch eine Änderung der Saugtechnik regulieren, während der Milchfluss bei der Flasche konstant ist und nicht vom Kind, sondern von der Schwerkraft bestimmt wird. Wenn sich ein Kind an der Flasche verschluckt, nehmen Sie einen Sauger mit einem kleineren Loch, sodass es nur dann Milch bekommt, wenn es kräftig zieht.

Umstellen

In den ersten drei Wochen können Sie Ihr Kind leicht von der Brust auf die Flasche umstellen und umgekehrt. Danach wird es schwieriger. Wenn Sie gestillt haben, schreckt es vielleicht vor dem Gummisauger zurück, den es nicht kennt, rollt ihn im Mund herum oder zieht nicht richtig daran. Und wenn Ihr Kind bisher die Flasche bekommen hat, muss es erst lernen, die Brustwarze richtig zu fassen. Babys, die gestillt wurden, streiken oft, wenn sie umgestellt werden, und verweigern tagsüber die Flasche. Sie melden sich mitten in der

Nacht, um einen Ausgleich für die verpassten Mahlzeiten einzufordern. Um Abhilfe zu schaffen, sollten Sie Ihrem Kind zwei Tage lang ausschließlich die Flasche anbieten und nicht die Brust (oder umgekehrt, wenn Sie versuchen, ein Flaschenkind zu stillen). Denken Sie daran, dass es auf die ursprüngliche Ernährungsweise »programmiert« ist. Es braucht seine Zeit, bis es sich an die Brust (oder die Flasche, je nachdem) gewöhnt und diese Erfahrung in seinem Gedächtnis gespeichert hat. Die Umstellung ist in diesem Fall nicht so einfach. Rechnen Sie damit, dass Ihr Kind frustriert sein wird und oft weint. Beim Trinken verschluckt es sich leicht, vor allem, wenn Sie auf die Flasche umstellen, weil es noch nicht weiß, wie es den Milchfluss regulieren kann. Dieses Problem lässt sich durch einen Sauger mit kleinerem Loch beheben.

Schnuller oder nicht: **eine Frage**, die sich jede Mutter stellt

Ein Lob dem Daumenlutschen

Am Daumen oder an den Fingern zu lutschen ist eine wichtige Form der oralen Stimulierung, die dazu dient, sich ohne fremde Hilfe zu beruhigen. Sogar im Mutterleib nuckelt der Embryo am Daumen. Unsere eigenen negativen Assoziationen mit dem Daumenlutschen trüben

Schnuller gibt es schon seit Jahrhunderten, und das aus gutem Grund. Der einzige Körperteil, den ein Säugling kontrollieren kann, ist der Mund. Er saugt, um sich die orale Stimulierung zu verschaffen, die er braucht. Als es noch keine Schnuller gab, benutzten Mütter einen Lappen oder Porzellanstöpsel, um ihre Babys zu beruhigen. Die heutige Kontroverse ist vor allem durch den Missbrauch des Schnullers entstanden. Wenn Eltern ihn nur dazu verwenden, damit ihr Kind Ruhe gibt – anstatt selbst Ruhe zu bewahren, zuzuhören und zu beobachten, welche Bedürfnisse es anmeldet –, dann bringen sie es tatsächlich auf Dauer wirksam »zum Schweigen«.

Ich gebe den Schnuller meist in den ersten drei Lebensmonaten, damit das Kind genug Zeit zum Saugen hat, zum Beispiel abends oder tagsüber zum Einschlafen oder wenn ich versuche, nachts eine Mahlzeit auszulassen (die Methode ist im sechsten Kapitel erklärt). Danach haben Kinder mehr Kontrolle über ihre Hände und können sich bei Bedarf selber die Finger oder den Daumen in den Mund stecken.

Es gibt viele Ammenmärchen über den Schnuller. Manche glauben beispielsweise, dass ein Kind es sich gar nicht erst angewöhnt, am Daumen zu lutschen, wenn man ihm einen Schnuller gibt. Das ist Unfug! Ich garantiere Ihnen, es wird den Schnuller ausspucken, um an den Daumen zu gelangen. Wie meine Tochter Sophie, die bis zu ihrem sechsten Lebensjahr Daumen lutschte, und danach nur noch abends im Bett. Und dennoch brauchte sie später nie eine Zahnspange! Auch beim Kauf eines Schnullers sollten Sie eine Form wählen, die Ihrer Brustwarze oder dem Flaschensauger gleicht.

unsere Sichtweise. Vielleicht wurden Sie als Kind deswegen gehänselt. Oder Ihre Eltern haben Ihnen die Angewohnheit »ausgetrieben«. Es gibt auch heute noch Eltern, die ihren Kindern nachts Fäustlinge anziehen, die Daumen mit einer ekelhaften Flüssigkeit bestreichen oder die Arme festbinden, um das Daumenlutschen zu verhindern.

Ob es Ihnen gefällt oder nicht, Babys »nuckeln«, und dieses Verhalten sollten wir nicht bestrafen, sondern ermutigen. Seien Sie objektiv: Auf diese Weise gewinnt Ihr Kind Kontrolle über seinen Körper und seine Emotionen. Es fühlt sich besser, und das ist eine Leistung, die auf sein eigenes Konto geht. Ein Schnuller erfüllt die gleiche Funktion, aber er wird von einem Erwachsenen kontrolliert und geht leicht verloren. Der Daumen ist immer verfügbar und kann nach Lust und Laune in den Mund gesteckt werden. Irgendwann, wenn das Kind so weit ist, wird es das Daumenlutschen von allein aufgeben.

»Tischmanieren«

Ungefähr mit vier Monaten beginnen die Hände Ihres Babys zu wandern, und es dreht Kopf und Körper. Es spielt mit Ihrer Kleidung oder Kette und bohrt Ihnen den Finger in Hals, Nase oder Augen, wenn Sie nicht aufpassen.
Wenn es älter wird, kann es noch weitere negative Verhaltensweisen entwickeln, die ihm nur schwer wieder abzugewöhnen sind. Bringen Sie ihm beizeiten »Manieren« bei. Seien Sie sanft, aber erinnern Sie es an seine Grenzen. Und suchen Sie sich zum Stillen einen ruhigen Raum mit so wenig Ablenkungen wie möglich.

Spielen: Halten Sie seine Hand fest und sagen Sie: »Das mag die Mami nicht.«

Ablenkungen: Wenn Ihr Kind beim Stillen ständig den Kopf dreht, mit der Brustwarze im Mund, nehmen Sie es von der Brust und sagen Sie: »Das mag die Mami nicht.«

Beißen: Wenn ein Kind Zähne bekommt, wird fast jede Mutter gebissen. Entziehen Sie ihm gleich beim ersten Mal die Brust und sagen Sie: »Au, das tut weh. Beiß die Mami nicht.« Sollte es wiederholt vorkommen, nehmen Sie es von der Brust.

Entwöhnen

»Entwöhnen« bedeutet nicht, dass Ihr Kind auf einen Schlag keine Muttermilch (oder Baby-Fertigmilch) mehr erhält. Der Begriff bezieht sich auf eine natürliche Entwicklungsphase, die allen Säugetieren zu Eigen ist: den allmählichen Übergang von flüssiger zu fester Nahrung. Oft müssen Kinder überhaupt nicht im klassischen Sinne abgestillt werden. Wenn Sie feste Nahrung einführen, trinkt es automatisch weniger Mutter- oder Baby-Fertigmilch, weil es seine Nährstoffe anderweitig bezieht. Einige Kinder verzichten von sich aus mit acht Monaten auf die Brustnahrung und trinken lieber aus einer Schnabeltasse. Andere halten länger an der gewohnten Nahrung fest. Manche Kinderärzte empfehlen, mit der Umstellung auf feste Nahrung bis zum sechsten Monat zu warten. Mit Ausnahme von Kindern, die schwer sind (9 bis 11 Kilo mit vier Monaten) oder an einer Reflux-Speiseröhrenentzündung leiden, was dem Sodbrennen ähnelt, stimme ich ihnen zu.

Im sechsten Lebensmonat braucht Ihr Kind zusätzlich Eisen, das in der Muttermilch nicht mehr ausreichend vorhanden ist, wohl aber in fester Nahrung. Außerdem ist inzwischen der so genannte Vorstülp-Reflex verschwunden, der bewirkt, dass es die Zunge bei Berührung herausstreckt, sodass es nun die breiige Kost besser schlucken kann. Bis dahin ist es auch in der Lage, Kopf und Hals zu kontrollieren. Ihr Kind wird Ihnen zeigen, dass es keine Lust mehr auf Milch hat, indem es sich zurücklehnt und den Kopf zur Seite dreht. Die Umstellung auf feste Nahrung ist einfach, wenn Sie drei grundlegende Dinge beachten:

Am T-Shirt zupfen: Das tun manche Kinder im Krabbelalter, die noch gestillt werden. Sagen Sie einfach: »Mami möchte nicht, dass du ihr T-Shirt hochziehst oder daran zupfst. Lass das bitte.«

- *Beginnen Sie mit einem Nahrungsmittel.* Ich persönlich ziehe Birnen vor, weil sie leicht verdaulich sind, aber wenn Ihr Kinderarzt Reisschleim oder etwas anderes empfiehlt, sollten Sie sich unbedingt danach richten. Geben Sie dieses Nahrungsmittel zwei Wochen lang zweimal am Tag, morgens und nachmittags, bevor Sie die Kost um ein zweites festes Nahrungsmittel erweitern.

- *Führen Sie neue Nahrungsmittel immer morgens ein.* Dann haben Sie tagsüber die Möglichkeit, auf eventuelle Unverträglichkeiten zu achten, zum Beispiel Ausschlag, Erbrechen oder Durchfall.

- *Mischen Sie keine Nahrungsmittel zusammen.* Auf diese Weise fällt es leichter, im Falle einer allergischen Reaktion den Auslöser festzustellen.

Aus der Tabelle »12-Wochen-Plan« auf Seite 147 finden Sie Vorschläge, welche Nahrungsmittel wann eingeführt werden können. Mit neun Monaten gebe ich Kindern Hühnersuppe, um die Zerealien etwas stärker zu würzen oder um hausgemachtes, püriertes Gemüse zu verdünnen. Bei der Einführung von Fleisch, Eiern oder Vollmilch sollte Ihr Kinderarzt das letzte Wort haben.

Zwingen Sie Ihr Kind nicht, etwas zu essen, das es nicht mag. Essen sollte eine positive Erfahrung für die ganze Familie sein und ist außerdem lebensnotwendig. Mit etwas Glück lernt ein Kind auch Geschmack und Textur eines guten Essens von klein auf zu schätzen. Eine gesunde, ausgewogene Ernährung verleiht ihm darüber hinaus Energie und Kraft, um den Tag zu bewältigen, was gerade bei Wachstumsschüben harte Arbeit bedeutet.

Umstellung **auf feste Nahrung**: Die ersten zwölf Wochen

Den 12-Wochen-Plan auf Seite 147 können Sie als Anhaltspunkt nehmen, sobald Ihr Kind sechs Monate alt ist. Sie geben morgens wie gewohnt Brust- oder Fertignahrung und servieren das »Frühstück« zwei Stunden später. Um die Mittagszeit erfolgt dann die zweite und am späten Nachmittag die dritte Breimahlzeit. Die angegebenen Nahrungsmittel sind nur als eine Empfehlung gedacht; was individuell für Ihr Baby das Optimale ist, besprechen Sie am besten mit Ihrem Kinderarzt oder in der Stillgruppe.

12-Wochen-Plan

Woche	Frühstück	Mittag	Abend	Bemerkungen
1.	Birnen, 2 TL	Flasche oder Brust	Birnen, 2 TL	
2.	Birnen, 2 TL	Flasche oder Brust	Birnen, 2 TL	
3.	Karotten, 2 TL	Flasche oder Brust	Birnen, 2 TL	
4.	Kartoffeln, 2 TL	Karotten oder Kartoffeln 2 TL	Birnen, 2 TL	
5. (7 Monate)	Haferschleim, 4 TL	Karotten oder Kartoffeln, 4 TL	Birnen	Menge bedarfsgerecht erhöhen
6.	Haferschleim &s Birne, je 4 TL	Karotten oder Kartoffeln, 8 TL	Haferschleim & Karotten, je 4 TL	Sie können jetzt mehr als 1 Nahrungsmittel pro Mahlzeit geben
7.	Pfirsich, 8 TL	Haferschleim & Karotten, je 4 TL	Haferschleim & Birne, je 4 TL	
8. (8 Monate)	Banane	Jetzt können Sie alle oben genannten Nahrungsmittel mischen und 1× pro Woche ein neues einführen, jeweils 8 bis 12 TL je Mahlzeit		
9.	Brokkoli			
10.	Spinat			
11.	Grüne Bohnen			
12. (9 Monate)	Apfel			

Kapitel 5

Das »A«: Aktivitäten aufmerksam beobachten

Kinder sind schon im frühesten Alter fähig, zu denken, zu beobachten und vernunftgemäß zu handeln. Sie ziehen Anhaltspunkte in Betracht, gelangen zu Schlussfolgerungen, experimentieren, lösen Probleme und suchen nach der Wahrheit. Natürlich tun sie das nicht bewusst wie Wissenschaftler. Die Probleme, mit denen sie sich beschäftigen, betreffen den Alltag, zum Beispiel, was es mit bestimmten Menschen, Gegenständen oder Worten auf sich hat, und nicht hochgestochene Themen wie Gestirne oder Atome. Doch selbst Säuglinge wissen viel über die Welt und sind aktiv damit befasst, mehr über sie herauszufinden.

GOPNIK, MELTZOFF & KUHL
(aus: *Forschergeist in Windeln. Wie Ihr Kind die Welt begreift*)

Wenn das **Kind wach ist**

Jeder neue Tag ist für einen Säugling ein Wunder. Von Geburt an entwickelt sich das Kind in rasantem Tempo – und genauso rasch entwickelt sich seine Fähigkeit, die eigene kleine Welt zu erkunden und sich daran zu erfreuen. Wir sehen die rapiden Fortschritte am deutlichsten an den »Aktivitäten« des Kindes, das heißt an allem, was es im Wachzustand tut, wobei ein Sinnesorgan oder mehrere einbezogen sind. Auch das Essen gehört dazu, weil es den Geschmackssinn stimuliert.

Die Wahrnehmungsfähigkeit eines Babys beginnt bereits im Mutterleib. Wissenschaftler vermuten, dass es die Stimme der Mutter bei der Geburt wiedererkennt, weil es diese oft genug, wenn auch gedämpft, in der Gebärmutter gehört hat. Nach der Geburt werden die fünf Sinne in folgender Reihenfolge geschärft: Hören, Tasten, Sehen, Riechen und Schmecken. Auch wenn es Ihnen nicht so vorkommt, aber Ihr Kind ist selbst auch »aktiv«, wenn es gewickelt, angezogen, gebadet und massiert wird, wenn es ein Mobile betrachtet oder nach einem Stofftier greift. Solche Aktivitäten schärfen nicht nur die Sinne, sondern es erfährt dadurch auch seine Welt und die Bedeutung der Dinge, die sich darin befinden.

Heute wird viel über die bestmögliche Förderung des kindlichen Potenzials geschrieben. Manche Experten schlagen vor, ein strukturiertes Umfeld zu schaffen, das Lernprozesse im Säuglingsalter fördert und einen optimalen Start ins Leben verspricht. Es stimmt zwar, dass die Eltern die ersten Lehrmeister des Kindes sind, aber der reine Wissenserwerb ist in meinen Augen weniger wichtig als die Aufgabe, seine natürliche Neugierde zu wecken, ihm verstehen zu helfen, wie die Welt funktioniert und ihm Sozialkompetenz beizubringen.

Deshalb ermutige ich Eltern, in jeder Aktivität ihres Kindes eine Chance zu sehen, sowohl sein Gefühl der Sicherheit und Geborgenheit als auch seine Eigenständigkeit zu fördern. Je sicherer sich ein Kind fühlt, desto eher nabelt es sich ab und beschäftigt sich selbst, ohne Unterstützung oder Einmischung von außen. *Das »A« in E.A.S.I. enthält also einen scheinbaren Widerspruch: Das aufmerksame Beobachten der Aktivitäten festigt einerseits die Beziehung zum Kind, legt aber gleichzeitig den Grundstein für den späteren, unerlässlichen Abnabelungsprozess.*

Sie müssen weniger für Ihr Kind tun, als Ihnen vermutlich klar ist. Das bedeutet nicht, dass Sie es sich selbst überlassen. Es gilt lediglich, ein Gleichgewicht zu finden: Sie sollen ihm einerseits die Orientierungshilfen und die Unterstützung bieten, die es braucht, aber andererseits auch seinen ureigenen natürlichen Entwicklungsverlauf respektieren. Wenn es wach ist, hört, fühlt, beobachtet, riecht oder schmeckt es etwas. Vor allem in den ersten Monaten, wenn alles noch neu und beängstigend ist, können Sie dafür sorgen, dass sich Ihr Kind wohl und sicher genug fühlt, um die Welt nach und nach weiter zu erkunden und mit jeder Erfahrung zu wachsen. Dazu müssen Sie einen so genannten »magischen Kreis« um Ihr Kind ziehen: Er grenzt seinen persönlichen Freiraum ab, den Sie respektieren sollten.

Der »magische Kreis«

Wenn Sie Ihr Kind morgens aus dem Bettchen nehmen, es baden oder mit ihm spielen, sollten Sie sich daran erinnern, dass es eine eigenständige Person ist – zu eigenständigem Handeln befähigt – und als solche ungeteilte Aufmerksamkeit und Respekt verdient. Stellen Sie sich bildlich vor, wie Sie einen magischen Kreis um Ihr Kind ziehen, um seinen persönlichen Freiraum und seine Intimsphäre zu kennzeichnen. Betreten Sie diesen Kreis nie ohne Erlaubnis: Sagen Sie ihm, warum Sie ihn durchbrechen und was Sie vorhaben. Das mag Ihnen übertrieben vorkommen, aber Ihr Kind ist nicht nur ein kleiner Mensch, der Ihrer Obhut anvertraut ist, sondern auch eine vollwertige Person.

Diesen persönlichen Freiraum Ihres Kindes bei allen seinen Aktivitäten zu respektieren wird zur Selbstverständlichkeit, wenn Sie einige Grundprinzipien beachten.

- *Widmen Sie Ihrem Kind ungeteilte Aufmerksamkeit.* Die Zeit des Beisammenseins festigt die Mutter-Kind-Bindung, also richten Sie Ihr Augenmerk auf das Hier und Jetzt. Telefonieren Sie nicht nebenbei und denken Sie weder an die Wäsche, die gewaschen werden muss, noch an den Bericht, dem noch der letzte Schliff fehlt.

- *Stimulieren Sie die Sinne Ihres Kindes, ohne sie zu überreizen.* Unsere Kultur ermutigt Exzesse und Reizüberflutung. Viele Eltern tragen unbeabsichtigt zu diesem Problem bei, weil sie nicht merken, wie empfindlich die Sinnesorgane ihres Kindes sind oder wie viel es in Wirklichkeit aufnimmt. Sie müssen deshalb nicht aufhören, ihm etwas vorzusingen oder ihm Musik vorzuspielen, ihm bunte Gegenstände zu zeigen oder ihm Spielsachen zu kaufen, aber manchmal ist weniger mehr.

- *Schaffen Sie eine anregende, liebevolle und geborgene Umgebung.* Sie brauchen dazu kein Geld, sondern nur Ihren gesunden Menschenverstand.

- *Fördern Sie die Unabhängigkeit Ihres Babys.* Das mag widersprüchlich klingen, aber ich meine damit nicht, dass Sie jetzt schon seine Koffer packen sollen: Sie sollen ihm das Selbstvertrauen vermitteln, das es braucht, um sich als eigenständiger Mensch zu erfahren, die Welt zu erkunden, allein zu spielen. Wenn ein Kind »spielt«, ist es immer besser, zu beobachten statt sich einzumischen.

- *Führen Sie keinen Monolog, sondern einen Dialog mit Ihrem Kind.* Der Dialog ist ein zweigleisiger Kommunikationsprozess. Wenn Ihr Kind aktiv ist, sollten Sie aufmerksam zuhören, beobachten und seine Reaktionen abwarten. Wenn es versucht, Sie einzubeziehen, kommen Sie der Aufforderung nach. Wenn es Abwechslung braucht, leisten Sie seiner Bitte Folge. Aber ansonsten lassen Sie es die Welt auf eigene Faust erkunden.

- *Bringen Sie Engagement und Anregung ein, aber überlassen Sie die Führung Ihrem Kind.* Bringen Sie Ihr Kind niemals in Situationen, in die es ohne Ihre Mitwirkung nicht geraten wäre (oder aus denen es ohne Ihre Hilfe nicht mehr herauskommt). Geben Sie ihm kein Spielzeug, das noch außerhalb seines »Lerndreiecks« liegt (siehe Seite 163 f.).

Denken Sie an diese Leitlinien, und vergessen Sie nicht, dass jeder Mensch ein Anrecht auf einen persönlichen Freiraum hat, auch Ihr Baby.

Ihr Baby weiß mehr, als Sie denken

Die Wissenschaft hat nicht zuletzt dank der Erfindung von Videogeräten entdeckt, wie viele Informationen ein Baby verarbeiten kann. Früher stellte man sich Säuglinge wie eine »leere Schiefertafel« vor; heute weiß man, dass sie mit einer Reihe von Fähigkeiten auf die Welt kommen, die sich rapide entwickeln. Sie sind in der Lage, zu beobachten, zu denken und sogar logisch zu handeln. Durch Beobachtung der Mimik, Körpersprache, Augenbewegungen und Saugreflexe (Babys saugen kräftiger, wenn sie erregt sind) konnten die Wissenschaftler erstaunliche kindliche Aktivitäten nachweisen.

- Kleinkinder können Bilder unterscheiden. Schon 1964 entdeckte man bei einer Studie, dass sie Aufnahmen, die ihnen wiederholt gezeigt wurden, nur kurz ansahen, während neue ihre Aufmerksamkeit fesselten.

- Babys flirten. Sie können girrende Laute ausstoßen, lächeln und im Rhythmus ihrer Stimme gestikulieren.

- Kinder entwickeln bereits mit drei Monaten bestimmte Erwartungen. In einer Studie zeigte sich anhand der Augenbewegungen, dass sie nach Bildern Ausschau hielten, die man ihnen vorher mehrmals gezeigt hatte.

- Kinder haben ein gutes Gedächtnis. Das wurde schon bei fünf Wochen alten Säuglingen festgestellt. In einer Studie wurden dreijährige Kinder, die zwischen der sechsten und vierzigsten Lebenswoche an einem Test teilgenommen hatten, in dasselbe Labor gebracht. Obwohl sie ihre Erinnerungen an die frühere Erfahrung nicht mit Worten beschrieben, deutete alles auf die Vertrautheit mit der Aufgabe hin, die sie nun ein zweites Mal bewältigen sollten (bei Licht und bei Dunkelheit Gegenstände ergreifen).

Wach auf, **Schlafmütze!**

Wie würde es Ihnen gefallen, wenn Ihr Partner jeden Morgen ins Schlafzimmer käme, um Sie aus Ihren Träumen zu reißen und aus den Federn zu holen? Und dabei noch schreien würde: »Wach auf, Schlafmütze!« Wären Sie nicht erschrocken und frustriert? Genauso ergeht es Ihrem Kind, wenn Sie ihm nicht die Chance geben, den Tag mit dem richtigen Fuß zu beginnen.

Seien Sie sanft, leise und rücksichtsvoll, wenn Sie Ihr Kind morgens wecken, vielleicht mit einem kleinen Morgenlied. Anschließend sagen Sie beispielsweise: »Hast du gut geschlafen, mein Schatz? Bestimmt hast du Hunger.« Und warnen Sie Ihr Kind vor, wenn Sie sich hinunterbeugen, um es auf den Arm zu nehmen: »Jetzt nehme ich dich aus dem Bettchen … so … eins, zwei, drei, hopp!« Das Gleiche gilt für den Mittagsschlaf; sagen Sie Ihrem Kind auch jetzt, dass Sie es hochnehmen, und dann können Sie hinzufügen: »Jetzt bist du richtig ausgeruht. Ja, richtig, streck dich nur …«

Auch wenn Sie noch so gut gelaunt sind, Ihr kleiner Sonnenschein lässt sich nicht immer davon anstecken. Wie bei den Erwachsenen gibt es auch bei Babys »Morgenmuffel«, die nach dem Aufwachen nicht ansprechbar sind. Sie lächeln starr, verziehen das Gesicht oder weinen. Einige sind sofort bereit, den neuen Tag freudig zu begrüßen, während andere eine Aufmunterung brauchen.

Nachfolgend sehen Sie, was Sie nach dem Aufwachen erwartet:

Engel: Diese Babys strahlen, erzählen und girren, scheinen immer und überall zufrieden zu sein. Wenn sie nicht sehr hungrig oder nass sind, spielen sie friedlich in ihrem Bettchen, bis jemand sie holt. Mit anderen Worten: Sie gehen selten über die erste »Alarmstufe« hinaus (siehe nebenstehenden Kasten).

Bilderbuch-Baby: Wenn Sie nicht auf die erste Alarmstufe reagieren, machen diese Kinder Sie mit Nachdruck darauf aufmerksam, dass sie wach sind. Sie geben kleine erstickte Schreie von sich, siehe Alarmstufe 2, die bedeuten: »Kommst du endlich?« Wenn Sie hingehen und sagen »Ist ja schon gut, ich bin ja da!«, ist die Welt in Ordnung. Falls Sie nicht auftauchen, gehen sie zu Alarmstufe 3 über, die laut und deutlich ist.

Sensibelchen: Diese Kinder wachen fast immer weinend auf. Da sie die Bestätigung brauchen, sicher und geborgen zu sein, bringen sie oft im Eiltempo alle drei Alarmstufen

Die drei Alarmstufen beim Aufwachen

Einige Babys wachen auf, beschäftigen sich selbst und kommen nie über die erste Alarmstufe hinaus: Sie sind damit zufrieden, friedlich in ihrem Bett zu bleiben, bis jemand sie holt. Bei anderen folgen alle drei Alarmstufen ziemlich rasch aufeinander, ungeachtet dessen, wie schnell Sie reagieren.

- **Alarmstufe 1:** Leises Quietschen, begleitet von Unruhe. Das bedeutet: »Hallo! Ist da jemand? Warum kommt niemand, um mich zu holen!«
- **Alarmstufe 2:** Hustenähnliche, kehlige Laute, mit kleinen Pausen zwischendrin, in denen das Kind lauscht. Kommen Sie nicht, fährt es damit fort. Es will jetzt sagen: »Mach schon, beeil dich!«
- **Alarmstufe 3:** Ein lauter Schrei, mit rudernden Armen und Beinen, der besagt: »Jetzt ist aber Schluss! Ich meine es ernst!«

hinter sich. Sie ertragen es nicht, länger als fünf Minuten unbeachtet in ihrem Bettchen zu liegen, und sind in Tränen aufgelöst, wenn Sie ihm Alarmstufe 2 und 3 zumuten.

Muffelchen: Da diese Kinder allergisch gegen nasse Windeln oder das Gefühl des Unbehagens sind, setzen sie schon nach kürzester Zeit Alarmstufe 3 in Gang. Vergessen Sie Ihren Wunsch, ihnen morgens ein Lächeln zu entlocken: Das würde Ihnen nicht einmal gelingen, wenn Sie Kopfstand machen oder Purzelbaum schlagen.

Dickköpfchen: Diese Kinder, die überaus aktiv und quirlig sind, lassen oft die erste Alarmstufe aus und gehen direkt zur zweiten über. Sie drehen und wenden sich im Bettchen, geben kleine hustenähnliche Schreie von sich und quengeln, wenn bis zu diesem Zeitpunkt noch niemand aufgetaucht ist.

Achten Sie auf diese Reaktionsmuster nach dem Aufwachen, denn sie bleiben bei vielen Kindern interessanterweise auch dann noch erhalten, wenn sie älter werden.

Windelnwechseln **und Anziehen**

In meinen Kursen müssen sich die frisch gebackenen Mütter und Väter mit geschlossenen Augen auf den Rücken legen. Dann packe ich einen Vater an den Beinen und reiße sie ohne Vorwarnung hoch. Es muss wohl nicht erwähnt werden, dass er furchtbar erschrickt. Genauso fühlt sich Ihr Kind, wenn Sie ohne Vorwarnung seine Windeln wechseln. Sie verletzen seinen magischen Kreis, seinen persönlichen Freiraum, den jeder – auch Sie – respektieren sollten. Wenn ich dem Vater zuvor erklärt hätte: »Gleich hebe ich Ihre Beine hoch«, wäre er darauf vorbereitet gewesen und hätte gewusst, dass ich seine Gefühle respektiere. Ein Kind hat ein Recht auf die gleiche Rücksichtnahme.

Wissenschaftler haben festgestellt, dass es drei Sekunden dauert, bis die Berührung im Gehirn eines Kindes registriert wird. Für ein Baby ist es eine beängstigende Position, mit angezogenen Beinen und nacktem Unterkörper hilflos auf dem Wickeltisch zu liegen, während ihm jemand den Po abwischt oder den Bauchnabel mit Alkohol reinigt, der sich eiskalt anfühlt. Es hat zudem noch einen ausgeprägten Geruchssinn: Sogar Neugeborene drehen den Kopf weg, wenn sie einen mit Alkohol getränkten Wattebausch riechen. Ein Kind erkennt bereits in der ersten Lebenswoche seine Mutter am Geruch. Wenn Sie den magischen Kreis durchbrechen, merkt Ihr Kind genau, dass gleich *irgendetwas* über seinen Kopf hinweg passiert, auch wenn es seine Gefühle noch nicht in Worte kleiden kann.

Die meisten Babys weinen auf dem Wickeltisch, weil sie nicht wissen, was mit ihnen geschieht und/oder weil es ihnen nicht gefällt. Denken Sie daran, wie hilflos Sie sich beim Gynäkologen fühlen, wenn Sie mit weit gespreizten Beinen daliegen. Babys können uns nicht mit Worten bitten, es langsam angehen zu lassen oder ihre Grenzen zu respektieren, aber ihr Weinen läuft auf dasselbe hinaus.

Babys hassen nicht den Wickeltisch, sondern das, was darauf *geschieht*. Deshalb sollten Sie die Situation auflockern und mit Ihrem Kind reden. Richten Sie, wie bei allen anderen Aktivitäten, Ihre ungeteilte Aufmerksamkeit auf das, was Sie gerade tun, also die Windel wechseln. Klemmen Sie sich nicht das schnurlose Telefon zwischen Schulter und

Ohr. Versetzen Sie sich in Ihr Baby: Stellen Sie sich vor, wie es Sie sieht, wenn Sie sich mit dem Hörer hinunterbeugen. Sie sagen damit aus: »Das Telefonieren ist mir jetzt wichtiger.«

Beim Wechseln der Windel versuche ich, den Dialog nicht abreißen zu lassen. Ich beuge mich über das Kind, bis mein Gesicht etwa dreißig bis vierzig Zentimeter entfernt ist – nicht im schrägen Winkel, sondern in einer geraden Linie, weil Babys auf diese Weise besser sehen – und kündige ihm den gesamten Ablauf rechtzeitig an: »Jetzt mache ich die Druckknöpfe an deinen Hosenbeinen auf. So. Jetzt hebe ich deine Beinchen hoch … Jetzt kommt die Windel an die Reihe. Oh, was haben wir denn da? Und nun machen wir den Po sauber.« Bei Mädchen achte ich darauf, von vorne nach hinten zu wischen; Jungen lege ich ein Tuch über den Penis, damit ich nicht nass werde. Wenn das Baby weint, frage ich: »Bin ich zu schnell? Keine Angst, ich mache langsamer.«

Tipp

Wenn Ihr Baby nackt ist, legen Sie ihm behutsam die Hand oder ein Kuscheltier auf die Brust, das aber leicht sein sollte. Damit geben Sie ihm das Gefühl, weniger verletzlich zu sein.

Möglicherweise müssen Sie sich am Wickeltisch aber auch ein wenig beeilen. Manche Mütter brauchen zwanzig Minuten für das Wechseln der Windel. Das ist zu lange. Wenn man davon ausgeht, dass ein Kind vor dem Füttern gewickelt wird, vierzig Minuten zum Füttern braucht und danach oft noch einmal gewickelt werden muss, beträgt die Gesamtzeit annähernd eineinhalb Stunden. Damit beeinträchtigt man die freie Entfaltung der Aktivitätsphase, weil man zu viel Zeit braucht. Und das Kind ist außerdem gestresst und erschöpft, wenn es das Wechseln der Windeln nicht mag.

Tipp

Kaufen Sie für die ersten drei oder vier Wochen Schlafanzüge, die an der Vorderseite, am Po und an der Innenseite der Beine Druckknöpfe haben, damit Sie leichter an die Windel herankommen. Anfangs kann es passieren, dass Sie die eine oder andere Windel nicht dicht schließen. Wenn Sie ein paar zusätzliche Schlafanzüge bereitlegen, sparen Sie Zeit.

Es kann eine Weile dauern, bis Sie den Bogen heraus haben, aber Sie sollten sich zum Ziel setzen, die Windel innerhalb von fünf Minuten zu wechseln. Das A und O ist, alles in Reichweite zu haben: Halten Sie Dosen mit Creme (falls verwendet) und Feuchttücher bereit, legen Sie die Windel so hin, dass sie nur noch unter den Po geschoben werden muss, und öffnen Sie den Windel- oder Abfalleimer, um die benutzte Windel wegzuwerfen.

Wenn gar nichts hilft, versuchen Sie, die Windel auf dem Schoß zu wechseln. Viele Babys mögen das lieber, und Sie schonen Ihren Rücken, weil Sie sich nicht über den Wickeltisch beugen müssen.

Tipp

Wenn Sie Ihr Baby zum Wechseln der Windel hinlegen, schieben Sie zuerst die saubere Windel unter den Po. Öffnen Sie die schmutzige Windel, aber entfernen Sie diese erst, wenn Sie Genital- und Analbereich gesäubert haben. Sobald Sie die benutzte Windel weggenommen haben, müssen Sie die saubere Windel nur noch zurechtrücken.

Zu viele **Spielsachen/**Überstimulation

Wenn Ihr Kind eine frische Windel bekommen und getrunken hat, ist es an der Zeit zu spielen. Manche Eltern nehmen die Bedeutung, die das Spiel für ein Baby hat, nicht ernst genug: Sie machen sich nicht klar, dass auch die Beobachtung Teil des kindlichen Lernprozesses ist. Oder Sie schießen über das Ziel hinaus und kaufen immer neue Spielsachen, die sie dem Kind unter die Nase halten, damit es Neues lernt und Abwechslung hat. Die meisten Kinder werden überstimuliert: Sie liegen in ihrer Wippe, die leicht vibriert, im Hintergrund spielt Musik, die Decke, mit der sie zugedeckt sind, ist bunt, über ihrem Kopf bewegt sich ein Mobile in grellen Farben, und zu allem Überfluss wedelt Papa auch noch mit dem Hasen vor ihrer Nase herum.

Als Faustregel empfehle ich Eltern: *Kaufen Sie keine Spielsachen, die sich hastig bewegen, laute Geräusche von sich geben oder vibrieren.* Die meisten Eltern sind jedoch Opfer unserer Kultur. Die Ausstattung eines Babys hat eine blühende Industrie aus der Taufe gehoben. Sie gibt Milliarden aus, um uns via Werbung anzuspornen, die »richtige« Umgebung für

Was sich auf Ihr Baby auswirkt

Hören	Reden, Summen, Singen, Musik, Herzschlag
Sehen	schwarze und weiße Karten, Streifen, Mobile, Gesichter, die Umgebung
Berührung	Kontakt mit Haut, Lippen und Haaren, Kuscheln, Massage, Wasser, Wattebällchen, Kleidung
Geruch	Menschen, Küchengerüche, Parfum, Gewürze
Geschmack	Milch, andere Nahrungsmittel
Bewegung	Wiegen, Tragen, Schaukeln, Fahren (Kinderwagen, Auto)

das Kind zu schaffen, und die Eltern lassen sich überzeugen und nicht lumpen. Sie haben Angst, ihrem Kind sonst nicht genug Anregungen oder »geistige Stimulation« zu bieten. Und wenn sie sich nicht selber unter Druck setzen, übernehmen das die Freunde: »Was, du hast den Babybouncer für den Türrahmen noch nicht?«, fragen sie entgeistert, als ob ein Kind ohne dieses Wunderwerk der Technik nicht hüpfen lernen oder gar benachteiligt aufwachsen würde. Natürlich sollen Sie Ihrem Kind Musik vorspielen oder etwas vorsingen, ihm bunte Bilder oder Gegenstände zeigen und Spielzeug kaufen. Aber wenn Sie zu viel des Guten tun und dem Baby zu viele Wahlmöglichkeiten bieten, wird es *überstimuliert.* Es muss schon genug verkraften: den Verlust der Geborgenheit im Mutterleib, den Weg durch den engen Geburtskanal oder einen Kaiserschnitt, das grelle Licht im Kreißsaal, den Kontakt mit chirurgischen Instrumenten, Medikamenten und Händen, die zerren, piksen und rubbeln, kaum dass der neue Erdenbürger das Licht der Welt erblickt hat.

Wie bereits gesagt, ist jedes Kind anders, aber für sensible Babys bedeutet der

Geburtsvorgang an sich schon mehr Stimulation, als sie verkraften können. Dazu kommen noch die normalen optischen und akustischen Reize im Haushalt: Fernseher, Radio, Haustiere, vorbeifahrende Autos, Staubsauger, elektrischer Rasenmäher und zahlreiche andere Geräte. Und nicht zu vergessen: Ihre Stimme und die Stimmen von Eltern, Schwiegereltern, Bekannten und Verwandten, die besorgt klingen, flüstern oder in der Babysprache mit ihm reden. Das ist harter Tobak, wenn man ein kleines Nervenbündel ist, das weniger als fünf Kilo auf die Waage bringt. Und dann setzen einem auch noch Mama und Papa zu, die spielen wollen. Da kommen selbst einem kleinen Engel mal die Tränen.

Ammenmärchen

»Kinder müssen sich an die Geräusche im Haushalt gewöhnen.«

Eltern bekommen oft zu hören, ihr Baby müsse sich an die lauten Geräusche im Haushalt gewöhnen. Ich frage Sie: Was würden Sie sagen, wenn jemand mitten in der Nacht in Ihr Zimmer käme, um nachzusehen, ob Sie schlafen, und draußen spielt die Musik in voller Lautstärke?

Das ist respektlos. Hat ein Baby nicht das gleiche Recht auf Rücksichtnahme?

Im »Lerndreieck« spielen

Was genau heißt »spielen«? Nun, das kommt darauf an, was Ihr Kind bereits *kann*. In den meisten Büchern finden Sie altersspezifische Kriterien, die Ihnen die Wahl des Spielzeugs erleichtern. Sie stellen eine sinnvolle Orientierungshilfe dar, weil sie zeigen, welche Fähigkeiten und Fertigkeiten für bestimmte Altersstufen typisch sind. Meine Mutter-Kind-Gruppen sind ebenfalls nach Alter eingeteilt: Kinder vom Säuglingsalter bis zum dritten Lebensmonat, dritter bis sechster Monat,

Vom ersten Tag an

Da kein Wissenschaftler den genauen Zeitpunkt bestimmen kann, an dem das kindliche Bewusstsein einsetzt, sollten Sie

- ihm alles erklären, was Sie mit ihm oder für es tun
- mit ihm über Ihre täglichen Aktivitäten sprechen
- ihm Familienfotos zeigen und die Leute beim Namen nennen
- auf Gegenstände deuten und sie beim Namen nennen (»Siehst du den Hund? Schau, da ist ein Baby, genau wie du.«)
- ihm einfache Geschichten »vorlesen« und Bilder zeigen
- ihm Musik vorspielen und vorsingen

sechster bis neunter Monat und neunter Monat bis ein Jahr. Doch den meisten Eltern ist nicht bewusst, dass es *normalerweise* gewaltige Unterschiede in der Entwicklung der kindlichen Fähigkeiten und Wahrnehmungen gibt. Sie geraten in Panik, wenn sich ihr Kind mit vier Monaten noch nicht herumrollt, wie es nach dem Lehrbuch »sein müsste«. Ich halte nichts davon, etwas zu erzwingen, nur weil es angeblich einem bestimmten Alter entspricht. Jedes Kind ist ein Individuum. Statistiken können die Eigenheiten und Unterschiede von Mensch zu Mensch nicht erfassen. Sie liefern Eckdaten, die als *Orientierungshilfe* gedacht sind. Ihr Kind wird eine bestimmte Entwicklungsstufe genau dann erreichen, wenn es selbst so weit ist. Abgesehen davon sind Babys keine Hunde, die man »trainiert«.

Ihr Kind zu respektieren bedeutet, ihm Zeit zu lassen, sich in seinem eigenen Tempo zu entwickeln, ohne es anzustacheln oder in Panik zu geraten, wenn es nicht das Gleiche kann wie der Sprössling Ihrer Freundin oder wenn es nicht den Beschreibungen in den einschlägigen Büchern entspricht. Überlassen Sie ihm die Führung. Mutter Natur hat alles so geplant, wie es sein sollte. Wenn Sie Ihr Baby vom Rücken auf den Bauch und zurück rollen, bevor es von sich aus bereit dazu ist, lernt es den Bewegungsablauf auch nicht schneller, weil ihm noch die körperlichen Voraussetzungen fehlen. Durch den Druck, den Sie ausüben, gerät Ihr Kind nur in Stress, der nicht nötig wäre. Halten Sie sich lieber an das »Lerndreieck«, das heißt, präsentieren Sie ihm körperliche und geistige Aktivitäten, die das Kind spielerisch erprobt, *allein* bewältigt und die ihm Spaß machen. Rasseln sind beispielsweise kein geeignetes Spielzeug für einen Säugling, weil er sie noch nicht greifen und folglich auch nicht damit spielen kann. Eine Grundregel lautet also: *Beobachten Sie, was Ihr Kind mit einem Spielzeug macht, statt ihm zu zeigen, wie man damit spielt.*

Um festzustellen, was in das Lerndreieck Ihres Kindes passt, überlegen Sie, was es bereits kann. Mit anderen Worten: Statt sich nach altersspezifischen Angaben in irgendeinem Lehrbuch zu richten, beobachten Sie *Ihr* Kind. Wenn Sie im Lerndreieck bleiben, wird es auf natürliche Weise Wissen erwerben – in seinem eigenen Tempo.

Meist lauscht Ihr Baby der Musik aufmerksam. In den ersten sechs bis acht Wochen ist Ihr Kind ganz auf auditive und visuelle Reize fixiert, danach nimmt es seine Umgebung immer umfassender zur Kenntnis. Obwohl es nicht mehr als zwanzig bis dreißig Zentimeter weit sieht, kann es Sie wahrnehmen und Sie mit einem Lächeln oder girrenden Laut belohnen.

Nehmen Sie sich die Zeit, zu »antworten«. Wissenschaftler haben festgestellt, dass Babys bereits bei der Geburt menschliche Gesichter und Stimmen unterscheiden können und bestimmte Vorlieben entwickeln. Innerhalb weniger Tage erkennen sie vertraute Stimmen und Gesichter wieder und schauen diese lieber an als andere, die ihnen fremd sind. Wenn Ihr Baby gerade nicht damit beschäftigt ist, Ihr Gesicht anzuschauen, werden Sie merken, dass es besonders gerne Linien betrachtet. Gerade Linien nimmt es als beweglich wahr, weil die Netzhaut

Musik zum Wachsen

Babys lieben Musik, aber sie sollte altersgemäß sein. Hier einige Empfehlungen:

- Bis zum dritten Monat: Schlaflieder, entspannende oder meditative Musik vom Band. Wenn Sie können, singen Sie selbst.
- Sechs Monate: Die klassischen Kinderlieder.
- Neun Monate: Alle bisher genannten, aber Sie sollten jeweils nur ein Lied aufs Mal vorspielen.
- Ein Jahr: Fügen Sie neue Lieder hinzu, insgesamt können Sie vier Stücke vorspielen, davon jeweils zwei Wiederholungen. Jetzt können Sie auch Gestik miteinbeziehen.

noch nicht fixiert ist. Um Ihrem Kind etwas für das Auge zu bieten, zeichnen Sie auf eine weiße Karteikarte mehrere gerade Linien. Damit erhält es einen Punkt zum Fokussieren, solange es nur verschwommen und noch nicht räumlich sehen kann.

Ein Säugling sollte nicht mehr als ein oder zwei Spielzeuge in seinem Bettchen haben. Tauschen Sie die Spielsachen turnusmäßig aus, wenn Ihr Kind anfängt, sie anzuschauen. Achten Sie auf die Wirkung der Farben: Primärfarben regen an, Pastellfarben beruhigen. Wählen Sie die Farben nach der gewünschten Wirkung aus, abgestimmt auf die Tageszeit. Legen Sie ihm also kein rot-schwarzes Kuscheltier ins Bett, wenn es schlafen soll.

Nach einer Weile entwickelt Ihr Baby mehr Kontrolle über Kopf und Hals. Sobald Ihr Kind in der Lage ist, den Kopf nach rechts und links zu drehen (normalerweise im zweiten Lebensmonat) und ihn vielleicht sogar schon ein wenig anzuheben (meist im dritten Monat), hat es auch bessere Kontrolle über seine Augen. Oft betrachtet es seine eigene Hand. In Studien wurde nachgewiesen, dass Babys schon mit einem Monat bestimmte Gesichtsausdrücke nachahmen können: Sie strecken die Zunge heraus oder öffnen den Mund, wenn ein Erwachsener es ihnen vormacht. Jetzt können Sie ein Mobile aufhängen oder ein bewegliches Spielzeug zum Festklemmen – abwechselnd am Bettchen oder in der Spielecke – anbringen. Viele Eltern haben so etwas schon zur Geburt geschenkt bekommen, aber vor dem zweiten Lebensmonat des Kindes ist es oft nicht mehr als ein Zimmerschmuck. Babys drehen gerne ihren Kopf, deshalb sollte das Mobile seitlich hängen, nicht weiter als einen halben Meter entfernt. Mit acht Wochen beginnt das räumliche Sehen. Es greift seine Hände, zunächst meist zufällig. Es kann sich mittlerweile auch an Dinge besser erinnern und weiß schon ziemlich genau, was als Nächstes kommt. Mit zwei Monaten erkennt es jemanden wieder, den es am Vortag gesehen hat, und erinnert sich an ihn. Es freut sich sichtlich, wenn es Sie sieht, und folgt Ihnen mit den Augen.

Gerade Linien sind bis zur vierten Lebenswoche eine willkommene Abwechslung, mit acht Wochen lächelt Ihr Kind, wenn es Bilder mit Gesichtern sieht. Sie können Ihre hausgemachte »Bildergalerie« (mit den geraden Linien) durch Karten mit Wellenlinien, Kreisen und einfachen gegenständlichen Darstellungen ergänzen, zum Beispiel mit einem Haus oder einem lächelnden Strichmännchen. Oder stellen Sie einen Spiegel ins Bettchen, der das Lächeln Ihres Kindes »erwidert«. Denken Sie aber auch daran, dass Ihr Kind noch nicht mobil genug ist, um sich von einem Objekt wegzubewegen, wenn es uninteressant geworden ist. Beobachten Sie es; wird es unruhig und quengelt, so bedeutet das: Mir reicht's. Kommen Sie ihm zu Hilfe, bevor es zu weinen beginnt.

Hände ausstrecken und greifen. Fast alles fasziniert ein Baby, das die Hände ausstrecken und greifen kann, einschließlich der eigenen Körperteile; diese Entwicklungsstufe tritt ungefähr mit drei oder vier Monaten ein. Es steckt alles in den Mund. Inzwischen kann es auch sein Kinn heben und glucksen. Sein Lieblingsspielzeug sind Sie, aber es mag auch einfache Spielsachen, die Geräusche von sich geben oder sich gut anfühlen, zum Beispiel Lockenwickler aus Schaumstoff. Kinder freuen sich, wenn sie mit ihrer angeborenen Entdeckerfreude eine Reaktion auslösen; sie verstehen in diesem Alter bereits, was es mit Ursache und Wirkung auf sich hat, und alle Dinge, die Geräusche von sich geben, vermitteln ihnen das Gefühl, etwas geleistet zu haben. Ihr Kind reagiert immer besser auf Außenreize. Es weiß auch, wie es Ihre Aufmerksamkeit auf sich lenkt, wenn es genug hat. Es lässt sein Spielzeug fallen, gibt kehlige, hustenähnliche Laute von sich oder macht sich mit einem frustrierten kleinen Schrei bemerkbar.

Herumrollen. Diese Fähigkeit entwickelt sich zwischen dem dritten und fünften Lebensmonat; damit beginnt Ihr Kind, mobil zu werden. Es liebt Spielsachen, die Geräusche von sich geben, aber auch einfache Gegenstände aus dem Haushalt, zum Beispiel Löffel oder Plastikteller. Es erforscht und spielt mit allem, was handlich ist. Es erkennt viereckige, runde und dreieckige Formen. Es ist wissenschaftlich belegt, dass Babys sogar mit dem Mund Formen identifizieren und auch visuelle und taktile Wahrnehmungen zuordnen können: In einem Laborversuch zeigte sich, dass Kinder, die einen Monat alt waren, Bilder von solchen Gegenständen länger anschauten, wenn sie in Form und Oberflächenbeschaffenheit »ihrer« Brustwarze glichen.

Sitzen. Die meisten Kinder sitzen erst mit sechs Monaten; vorher sind sie zu »kopflastig«. Sobald sie sich allein aufsetzen können, beginnt sich die Tiefenwahrnehmung zu entwickeln. Die Welt sieht im Sitzen ganz anders aus als im Liegen. Nun kann Ihr Kind bereits Gegenstände von einer Hand in die andere nehmen, zeigen und gestikulieren. Die Neugierde treibt es dazu, sich vorwärts zu bewegen, um bestimmte Gegenstände zu erreichen. *Geben Sie ihm die Möglichkeit, die Welt auf eigene Faust zu erkunden.* Es hat jetzt die Kontrolle über Kopf, Arme und Oberkörper, aber noch nicht über seine Beine. Deshalb landet es meistens auf dem Bauch und rudert mit Armen und Beinen, als wollte es fliegen. Statt abzuwarten und zu beobachten, mischen sich Eltern oft beim ersten Anzeichen von Unruhe ein und geben ihrem Kind das Spielzeug, das es angesteuert hat. Nehmen Sie sich zurück, ermutigen Sie es, stärken Sie sein Selbstvertrauen mit den Worten: »Prima, weiter so. Du hast es gleich geschafft!« Der gesunde Menschenverstand sollte Ihnen aber sagen, dass Sie Ihr Kind nicht für die Olympiade trainieren, sondern sich mit ein wenig Ansporn begnügen sollten. Wenn es ihm auch nach mehrmaligem Zuspruch nicht gelingt, sein Ziel zu erreichen, können Sie ihm das Spielzeug immer noch geben.

Spielsachen wie ein Clown oder »Schachtelmännchen«, das herausspringt, wenn das Kind den richtigen Knopf drückt oder Hebel betätigt, sind eine positive Bestätigung, dass es etwas richtig gemacht und mit seinen Aktivitäten etwas bewirkt hat. Zu diesem Zeitpunkt sind Sie vielleicht geneigt, immer neue ausgefeilte Spielsachen zu kaufen. Aber denken Sie daran: Weniger ist manchmal mehr, und an den meisten Sachen, die Sie gerne kaufen würden, hat Ihr Kind keine Freude. Viele Spielsachen bleiben unbeachtet, weil das Kind sie nicht versteht und nicht weiß, was sie ihm »bringen« sollen.

Krabbeln. Wenn Ihr Kind zu krabbeln beginnt, in der Regel zwischen dem achten und zehnten Monat, sollten Sie Ihre Wohnung kindersicher machen, um ihm die Möglichkeit zu geben, seine Umgebung gefahrlos zu erkunden. Manche Kinder fangen schon an, sich überall hochzuziehen. Andere krabbeln zuerst rückwärts oder im Kreis, weil der Körper noch zu schwach ist, das Gewicht des Kopfes auszugleichen. Neugierde und physische Entwicklung gehen jetzt Hand in Hand. Vorher fehlten dem Kind die kognitiven Fähigkeiten, um komplizierte Gedankenmuster zu verarbeiten, zum Beispiel: »Ich muss den Raum durchqueren, wenn ich das Spielzeug da drüben haben will.« Dieser Denkprozess beginnt nun.

Sobald es in der Lage ist, sich auf ein Ziel zu konzentrieren, wird es geschäftig wie eine Biene. Es gibt sich nicht mehr damit zufrieden, tatenlos auf Ihrem Schoß zu sitzen. Es schmust ab und zu noch ganz gerne mit Ihnen, aber wichtiger ist die Suche nach Abenteuern und der natürliche Abbau überschüssiger Energie. Es findet neue Möglichkeiten, Geräusche zu machen – und Ärger. Am liebsten sind ihm Spielsachen, die es dazu ermutigen, etwas hineinzulegen und herauszunehmen. Anfangs ist es geschickter darin, Dinge herauszunehmen, ohne sie wieder hineinzulegen. Zwischen dem zehnten Monat und einem Jahr entwickelt es nach und nach die Fingerfertigkeit, Spielsachen zusammenzusetzen, vom Boden aufzuheben und in die Spielzeugkiste einzuräumen. Es kann auch schon winzig kleine Gegenstände greifen, weil sich die Feinmotorik verbessert hat: Daumen und Zeigefinger werden dabei wie eine Pinzette eingesetzt. Es mag Spielsachen mit Rollen, die es zu sich heranziehen kann, und entwickelt eine Vorliebe für bestimmte Kuscheltiere oder eine Schmusedecke.

Bei Kinderliedern und Reimen können Sie nun Bewegungen einbeziehen, die Ihr Kind nachahmt. Dadurch lernt es etwas über Sprache und Koordination. Sein liebstes Spiel könnte »Kuckuck« sein, womit Sie ihm anschaulich machen, dass das, was es im Augenblick nicht sehen kann, noch lange nicht wirklich verschwunden sein muss. Dieses

Tipp

Alles, womit Ihr Kind spielt, sollte abwaschbar und solide verarbeitet sein, ohne scharfe Kanten oder Schnüre, die sich lösen und verschluckt werden können. Achten Sie auf die Größe des Spielzeugs: Geben Sie ihm nichts, was in die Pappröhre einer Rolle Toilettenpapier passen würde – solche Dinge können verschluckt, in die Ohren oder in die Nase gesteckt werden!

Spiel ist wichtig, denn wenn Sie aus dem Zimmer gehen, weiß es, dass es keine Angst haben muss, weil auch Sie sich nicht in Luft auflösen. Sie können zur Bestätigung sagen: »Ich komme gleich wieder.« Geben Sie ihm Küchenutensilien zum Spielen, und seien Sie kreativ. Mit einem Löffel und einem Teller oder Topf kann man herrlich trommeln. Ein Sieb ist ein gutes »Versteck« beim Kuckuck-Spiel.

Während Ihr Kind das Repertoire seiner körperlichen und geistigen Fähigkeiten erweitert, sollten Sie immer daran denken, dass es ein Individuum ist und sein eigenes Entwicklungstempo hat. Es kann vielleicht weniger oder mehr als der Sprössling Ihrer Schwester im gleichen Alter oder macht es auf seine eigene Weise. Ihr Kind ist eine eigenständige Persönlichkeit mit spezifischen Merkmalen, Vorlieben und Abneigungen. Beobachten Sie es; lernen Sie aus seinem Verhalten, was in ihm steckt, und akzeptieren Sie es so, wie es ist, statt es in die Schablone zu pressen, die Sie gerne hätten. Ihr Kind braucht Geborgenheit, Unterstützung und Liebe, um sein einzigartiges Potenzial voll zu entfalten. Es wird sich ständig weiterentwickeln, jeden Tag etwas Neues dazulernen und Sie immer wieder in Erstaunen versetzen.

Kindersicher oder nicht?

Das Thema Sicherheit im Haushalt ist ein vielschichtiges Problem. Sie möchten verhindern, dass Ihr Kind sich vergiftet, verbrennt, verbrüht, ertrinkt, sich schneidet oder die Treppen hinunterfällt. Sie möchten auch Ihre vier Wände vor größerem Schaden bewahren, den ein neugieriges Kind anrichten kann. Die Frage ist, wie weit müssen Sie das Umfeld »kindersicher« machen? Es dürfte teuer werden, jeden Schrank mit einem Zahlenschloss nachzurüsten, dessen Code Ihr Kind auch in den nächsten acht bis zehn Jahren nicht knacken kann. Und es ist überflüssig, Gitter an Stellen anzubringen, an die Ihr Kind noch nicht heranreicht. Ich ziehe eine einfachere und weniger kostspielige Lösung vor: einen kindersicheren Spielbereich. Er muss nicht größer als drei mal drei Meter sein, abgegrenzt mit Kissen oder Polstern als »Stoßdämpfer«.

Wenn Sie zu viel aus Ihrer Wohnung herausräumen, nehmen Sie Ihrem Kind die Möglichkeit, seine Umgebung zu erkunden. Außerdem lernt es nicht, Mein und Dein zu unterscheiden, was vor allem wichtig ist, wenn Ihr Kind in einem fremden Haushalt zu Besuch ist. Wenn Sie ihm nicht beizeiten beibringen, wie man sich benimmt, dürfen Sie auch nicht beleidigt sein, wenn es sich von anderen Eltern anhören muss, dass bestimmte Dinge für Kinder tabu sind. Wenn Ihr Kind etwas in dieser Tabuzone anschauen möchte, lassen Sie es. Geben Sie ihm die Möglichkeit, es anzufassen, zu bewegen, was auch immer – aber nur in Ihrer Gegenwart. Interessanterweise werden die Besitztümer der Erwachsenen den Kindern schnell langweilig, weil sie normalerweise nur die Funktion haben, auf Regalen herumzustehen. Mit etwas Glück wird seine Aufmerksamkeit bald abgelenkt werden.

Denken Sie daran, dass Ihr Kind den Schlitz im Videorekorder für eine Schachtel halten könnte, in die man Finger, Kekse und andere Dinge hineinstecken kann. Statt sich Sorgen zu machen, decken Sie ihn einfach zu. Manchmal zahlt es sich aus, in eine Miniaturversion der Geräte zu investieren, die Kinder faszinierend finden. Die meisten spielen gerne mit Knöpfen und Tasten. Kaufen Sie beispielsweise ein Spielzeug, das wie die Fernbedienung für den Fernseher oder die Stereoanlage aussieht. Ihr Kind möchte das machen, was es bei Ihnen sieht.

Tipp

Es dauert nicht lange, einem Kind beizubringen, bestimmte Dinge nicht anzufassen, aber Sie werden den Prozess in verschiedenen häuslichen Bereichen und mit allen Gegenständen wiederholen müssen, die tabu sind. Ersetzen Sie Kostbares durch Nippes.

Grundregeln für eine kindersichere Umgebung

Der Trick besteht darin, das Umfeld des Kindes aus seinem Blickwinkel (und seiner Höhe) unter die Lupe zu nehmen. Gehen Sie in die Hocke und achten Sie auf potenzielle Gefahren, denen Sie vorbeugen möchten:

- Vergiften. Bewahren Sie Haushaltsreiniger und andere gefährliche Substanzen, die unter dem Waschbecken im Bad oder in der Küche stehen, in Hochschränken auf. Selbst wenn Sie die Schranktüren mit Magnetverschlüssen sichern, kann ein Kind sie unter Umständen aufreißen. Rüsten Sie sich mit einem Erste-Hilfe-Kasten aus. Bei Vergiftungen sollten Sie immer einen Arzt konsultieren, bevor Sie selbst zu Notfallmaßnahmen greifen.

- Strangulieren. Halten Sie Vorhangkordeln, Schnüre und Stromkabel außer Reichweite; sichern Sie diese mit Klemmen oder Isolierband über der Kopfhöhe des Kindes.

- Stromschlag. Bringen Sie in allen Steckdosen Kindersicherungen an und vergewissern Sie sich, dass in sämtlichen Fassungen Glühbirnen eingeschraubt sind.

- Ertrinken. Lassen Sie Ihr Kind nie unbeaufsichtigt in der Badewanne. Sichern Sie auch den Toilettendeckel. Ihr Kind ist immer noch »kopflastig« und kann in die Kloschüssel fallen und ertrinken.

- Verbrennen und Verbrühen. Bringen Sie Schaltersicherungen am Herd an. Wasserhähne können Sie mit einer Plastik-Abdeckung sichern (in Heimwerkermärkten erhältlich) oder mit einem Handtuch umwickeln, damit sich Ihr Kind nicht verbrüht oder den Kopf stößt. Stellen Sie den Wassertemperatur-Regler auf »kalt«.

- Hinfallen/Unfälle auf der Treppe. Sobald Ihr Kind aktiver wird, sollten Sie es auf dem Wickeltisch ständig im Auge behalten. Bringen Sie ein Gitter oben und unten an der Treppe an, aber damit ist die Gefahr nicht immer gebannt. Bleiben Sie direkt hinter ihm, wenn es lernt, die Stufen hochzuklettern. Auch wenn es die Treppe spielend hinaufkommt, weiß es oft nicht, wie es hinunterkommt.

- Unfälle im Bett. Achten Sie darauf, dass die Abstände zwischen den Gitterstäben des Kinderbetts den Sicherheitsvorschriften genügen, was bei neueren Modellen der Fall sein dürfte. Bringen Sie an den Innenseiten keine »Stoßdämpfer« an, weil lebhafte Kinder unter die Polster rollen, stecken bleiben und ersticken können.

Abschalten

Nach einem anstrengenden Tag, an dem Ihr Kind gegessen, geschlafen und gespielt hat, braucht es Ruhe und Entspannung in Form eines Bades. Mit zwei oder drei Wochen wird ein Baby aktiver und nimmt seine Umgebung bewusster wahr, und deshalb muss es abschalten, nachdem es den ganzen Tag mit Reizen bombardiert wurde. Das Bad kann nach der Mahlzeit um fünf oder sechs Uhr stattfinden, etwa eine Viertelstunde nach dem letzten Aufstoßen. Natürlich können Sie es auch morgens oder zu jeder anderen Tageszeit baden, aber die Zeit vor dem Zubettgehen ist ideal, weil das Kind auf diese Weise am besten entspannt.

Die meisten Kinder baden gerne – mit Ausnahme der *Sensibelchen,* die das Bad in den ersten drei Monaten verabscheuen, und den *Muffelchen,* die es notgedrungen über sich ergehen lassen – wenn Sie langsam und sachgemäß vorgehen, wie in »Baderegeln« Seite 177 f. beschrieben.

Das erste Vollbad erfolgt erst, wenn Ihr Baby etwa zwei Wochen alt und die Nabelschnur abgefallen ist. Vorher machen Sie eine »Katzenwäsche« (siehe Seite 176). Aber betrachten Sie beides aus der Warte

Katzenwäsche

- Sorgen Sie dafür, dass alles vorbereitet und in Reichweite ist: Waschlappen, warmes Wasser, Alkohol, um den Nabel abzutupfen, Wattepads, Creme und Handtuch.
- Wickeln Sie Ihr Kind in ein warmes Badetuch. Dann waschen Sie einen Körperteil nach dem anderen, angefangen beim Kopf bis hinunter zu den Zehen, und tupfen ihn trocken.
- Benutzen Sie einen Waschlappen zum Säubern des Genitalbereichs; wischen Sie immer von vorne nach hinten.
- Reinigen Sie die Augen mit einem Wattepad, von innen nach außen; nehmen Sie einen Wattepad für jedes Auge.
- Säubern Sie die Nabelschnur mit einem Wattepad, den Sie in Alkohol getaucht haben, von oben nach unten. Babys weinen manchmal dabei, nicht weil es wehtut, sondern weil sich der Alkohol kalt anfühlt.

Ihres Kindes: Der Vorgang sollte Spaß machen, eine interaktive Erfahrung sein und nicht länger als fünfzehn bis zwanzig Minuten dauern. Lassen Sie es dabei nicht an Respekt fehlen, wie beim Anziehen und Wechseln der Windel. Denken Sie daran, wie verletzlich sich ein Kind fühlt, und lassen Sie Ihren gesunden Menschenverstand sprechen, indem Sie immer den sanften Weg wählen.

Wenn Sie Ihr Baby nach dem Baden oder der Katzenwäsche wieder anziehen, verzichten Sie möglichst auf Kleidung, die Sie über den Kopf zerren (siehe »T-Shirt-Dilemma«) oder bei der Sie ihm die Arme verdrehen müssen, um sie in die Ärmel zu schieben. Der Kopf ist noch sehr schwer: Er wiegt bis zum achten Lebensmonat ungefähr zwei Drittel des Körpergewichts. Und wenn Sie an den Armen ziehen, wehrt es sich instinktiv, weil es an die Fötusstellung gewöhnt ist und sich sicherer fühlt, wenn sich die Arme dicht am Körper befinden. Ziehen Sie also stets an den *Ärmeln*, nicht an Ihrem Kind.

Um solche Kämpfe von vornherein zu vermeiden, sollten Sie Bodys und Einteiler mit einer Druckknopfleiste bis zum Schritt oder einem Klettverschluss an der Schulter kaufen. Bequemlichkeit sollte bei Babys immer Vorrang haben vor modischer Eleganz. Falls Ihr Kind trotz der Baderegeln (siehe unten) in der Badewanne weint, könnte es an seinem Temperament liegen. Warten Sie noch ein paar Tage und versuchen Sie es dann erneut; vielleicht muss es sich nur daran gewöhnen. Ändert sich nichts, ist Ihr Kind vermutlich hochgradig sensibel: In diesem Fall sollten Sie sich in den ersten vier bis acht Wochen auf eine Katzenwäsche beschränken, um Stress für alle Beteiligten zu vermeiden. Beobachten Sie Ihr Kind und entschlüsseln Sie seine Sprache. Wenn es sagt: »Das gefällt mir nicht, das kann ich nicht ertragen!«, sollten Sie noch eine Weile damit warten.

Das T-Shirt-Dilemma

Falls Sie bereits Bodys und T-Shirts haben, die über den Kopf gezogen werden müssen, hier einige Tipps, um Stress zu vermeiden.

- Legen Sie Ihr Kind auf den Rücken.
- Raffen Sie das Material zusammen und dehnen Sie den Halsausschnitt. Ziehen Sie ihm das T-Shirt, vom Kinn ausgehend, zügig über Gesicht und Hinterkopf.
- Schieben Sie zuerst Ihre Finger durch die Armlöcher und ergreifen Sie die Hand Ihres Kindes. Ziehen Sie die Hand vorsichtig durch den Ärmel, als würden Sie eine Nadel einfädeln.

Baderegeln: Eine Anleitung in zehn Schritten

Jede der nachfolgenden Baderegeln ist wichtig. Noch bevor Sie anfangen, sollte sich alles, was Sie nach dem Bad brauchen, in Griffweite befinden, sodass Sie nicht lange danach suchen müssen, wenn Sie Ihr Kind aus dem Wasser nehmen. Manche baden ihr Baby im Küchen-Spülbecken, aber ich ziehe das Badezimmer vor, weil das auch später der übliche Raum dafür ist. Halten Sie den Dialog mit Ihrem Kind aufrecht, während Sie den einzelnen Schritten folgen – reden Sie mit ihm.

Hören Sie zu, achten Sie auf seine Reaktionen und sagen Sie ihm genau, was Sie als Nächstes tun werden.

Was Sie zum Baden brauchen

- **Badewanne.** Benutzen Sie eine Plastikwanne mit flachem Boden. Praktisch sind Badewannen auf einem Ständer, die den Rücken schonen, meistens mit Schubladen und Ablageflächen, sodass man alles in Reichweite hat, was man braucht.
- **Krug** mit warmem, klarem Wasser zum Nachspülen
- **Waschlotion** für Babys
- Zwei Waschlappen (zum Auskochen oder Wegwerfen)
- **Badetuch** mit Kapuze oder großes Badelaken
- **Kleidung** und frische Windel auf dem Wickeltisch

1. *Sorgen Sie für eine entspannte Atmosphäre.* Achten Sie darauf, dass es im Raum warm genug ist. Legen Sie Musik auf (die auch Sie entspannt).

2. *Füllen Sie die Wanne zu zwei Dritteln.* Geben Sie eine Verschlusskappe Baby-Bad ins Wasser. Die Wassertemperatur sollte etwas höher als die Körpertemperatur sein. Prüfen Sie das Wasser auf der Innenseite Ihres Handgelenks, weil die Haut hier empfindlicher ist; es sollte sich warm, aber nicht heiß anfühlen.

3. *Heben Sie Ihr Kind hoch.* Legen Sie Ihre rechte Handfläche auf die Brust des Babys und spreizen Sie die Finger, sodass drei Finger unter der linken Achselhöhle und Daumen und Zeigefinger auf der Brust liegen. (Umgekehrt, falls Sie Linkshänderin sind.) Schieben Sie die linke Hand hinter Nacken und Schultern und beugen Sie seinen Körper behutsam nach vorne, wobei Sie das Gewicht seines Körpers auf Ihre rechte Hand verlagern. Nun schieben Sie die linke Hand unter sein Gesäß und heben das Kind hoch. Nun befindet es sich in sitzender Stellung, leicht nach vorne über Ihre rechte Hand geneigt und von der linken Hand gehalten.

4. *Setzen Sie es in die Wanne,* langsam und in sitzender Stellung, mit den Füßen voran; dann folgt das Gesäß. Schieben Sie die linke Hand als Stütze unter Kopf und Nacken. Lehnen Sie Ihr Kind langsam zurück, so dass es bis zu den Schultern im Wasser ist. Nun haben Sie die rechte Hand frei. Rubbeln Sie sanft mit dem nassen Waschlappen über seine Brust, damit es warm bleibt.

Lassen Sie ein Baby nie auf dem Rücken in die Wanne gleiten. Es fühlt sich desorientiert, genau so, als würden Sie rückwärts auf dem Sprungbrett stehen.

5. *Seifen Sie nie die Haut des Babys ein.* Sie haben schließlich einen Badezusatz ins Wasser gegeben. Waschen Sie es mit den Händen vom Hals bis zum Genitalbereich und heben Sie die Beine an, um das Gesäß zu säubern. Spülen Sie mit klarem, warmem Wasser aus dem Krug nach. Mehr ist nicht nötig: Ihr Kind hat schließlich nicht in der Sandkiste gespielt und sich schmutzig gemacht.

Das Bad ist zu diesem Zeitpunkt nicht mehr als der erste Schritt zur persönlichen Hygiene.

6. *Waschen Sie ihm die Haare mit dem Waschlappen.* Viele Babys haben noch keine Haare, und wenn doch, brauchen sie noch kein Shampoo. Spülen Sie mit klarem, warmem Wasser aus dem Krug nach, ohne dass Wasser in die Augen gerät.

7. *Achten Sie darauf, dass kein Wasser in die Ohren dringt.* Die Hand, die den Rücken stützt, sollte deshalb nicht zu tief ins Wasser eintauchen.

8. *Bereiten Sie alles vor, um das Bad zu beenden.* Ergreifen Sie mit der freien Hand das Badetuch mit Kapuze oder das Badelaken. Nehmen Sie die Kapuze (oder eine Ecke des Lakens) zwischen die Zähne und klemmen Sie sich die Enden unter die Achselhöhlen.

9. *Heben Sie das Kind aus dem Wasser.* Bringen Sie es behutsam wieder in die sitzende Stellung, die es zu Anfang hatte. Das Gewicht sollte überwiegend auf Ihrer rechten Hand liegen und Ihre gespreizten Finger sollten den Brustkorb stützen. Heben Sie das Kind hoch, mit dem Rücken zu Ihnen, der Kopf befindet sich dabei auf der Mitte Ihres Brustkorbs, knapp unterhalb der Kapuze des Badetuchs oder der Ecke des Lakens. Schlagen Sie die Enden über seinem Körper ein und ziehen Sie ihm die Kapuze oder Ecke des Lakens über den Kopf.

10. *Bringen Sie Ihr Kind zum Wickeltisch, um es anzuziehen.* Halten Sie sich in den ersten drei Monaten genau an diese Schritte. Je öfter Sie diese wiederholen, desto sicherer sitzt jeder Handgriff. Mit der Zeit, je nach Veranlagung Ihres Kindes, können Sie das Bad durch eine entspannende Massage ergänzen.

Massage

Die ersten wissenschaftlichen Untersuchungen über die Wirkung von Massagen im Babyalter konzentrierten sich auf Frühgeburten; sie zeigten, dass eine gezielte Stimulation die Entwicklung von Gehirn und Nervensystem fördert, Durchblutung und Muskeltonus verbessert und Stress und Reizbarkeit verringert. Die logische Schlussfolgerung war, dass auch Babys mit normalem Geburtsgewicht davon profitieren konnten. Inzwischen ist nachgewiesen, dass regelmäßige Massagen Gesundheit und Entwicklung des Kindes unterstützen. Außerdem lernt es die Macht der Berührung kennen und entwickelt im Krabbelalter ein besseres Körpergefühl. Die Entspannung wird gefördert, und es entsteht eine enge, harmonische Beziehung zwischen Eltern und Kind.

Die Sinnesorgane eines Babys entwickeln sich in einer bestimmten Reihenfolge. Nach dem Gehör, das bereits im Mutterleib voll ausgebildet ist, entwickelt sich der Tastsinn. Bei der Geburt nimmt das Kind sowohl die Veränderung der Temperatur als auch taktile Reize wahr. Sein Weinen sagt uns, was es fühlt. Solche Sinnesempfindungen gehen der emotionalen Entwicklung voraus: Ein Baby spürt Hitze, Kälte, Schmerz und Hunger, bevor es weiß, was sie bedeuten.

Einige Mütter beginnen früher, aber mit drei Monaten ist der Zeitpunkt für die erste Massage optimal. Fangen Sie langsam an und wählen Sie eine möglichst störungsfreie Zeit, sodass Sie hundertprozentig bei der Sache sind und sich nicht beeilen müssen. Erwarten Sie nicht, dass Ihr Kind beim ersten Mal eine Viertelstunde ruhig daliegt. Beginnen Sie damit, drei Minuten zu massieren, dann dehnen Sie die Zeit allmählich aus. Ich kombiniere die Massage mit dem abendlichen Bad, weil sie für Erwachsene und Kinder Entspannung bietet. Wichtig ist aber, dass Sie eine Zeit wählen, in der Sie auch wirklich Zeit haben. *Engel, Bilderbuch-Baby* und *Dickköpfchen* stellen sich schnell auf die Massage ein. Beim *Sensibelchen* und *Muffelchen* sollten Sie eine längere Gewöhnungsphase einkalkulieren.

Doch mit der Zeit verbessert sich auch deren Reaktion: Ein sensibles Baby wird robuster, ein Muffelchen lernt sich zu entspannen. Die Massage kann auch Verspannungen bei einem Kind lösen, das zu Koliken neigt.

Massageregeln: **Zwölf Schritte** zur Entspannung

Was Sie zum Massieren brauchen

Sie können auf dem Fußboden oder auf dem Wickeltisch massieren; wichtig ist eine Position, die für beide angenehm ist. Sie benötigen außerdem:

- Kissen
- Unterlage, wasserfest
- Zwei flauschige Badelaken
- Babyöl, Pflanzenöl oder spezielles Massageöl. Nehmen Sie kein parfümiertes Aromatherapie-Öl: Es ist zu stark für die Haut und den Geruchssinn eines Babys.

Genau wie beim Baden sollten Sie sich an die zehn Schritte halten, die bei der Massage Ihres Babys wichtig sind. Achten Sie darauf, dass Sie alles in Griffweite haben (siehe »Was Sie zum Massieren brauchen«). Achten Sie auf langsame Bewegungen und sagen Sie Ihrem Kind, was Sie als Nächstes tun werden; erklären Sie ihm jeden einzelnen Schritt.

Wenn Sie merken, dass es sich unwohl fühlt, sollten Sie sofort mit der Massage aufhören: Sie brauchen nicht zu warten, bis es weint, sondern sehen auch so, wenn es unruhig wird. Erwarten Sie nicht, dass es die erste Ganzkörper-Massage mucksmäuschenstill über sich ergehen lässt. Fangen Sie mit zwei oder drei Minuten an und erweitern Sie die Zeit im Lauf der Wochen auf fünfzehn bis zwanzig Minuten.

1. *Sorgen Sie für eine entspannte Atmosphäre.* Der Raum sollte warm sein, ohne Zugluft. Legen Sie leise, entspannende Musik auf. Ihr »Massagetisch« besteht aus einer wasserfesten Unterlage, die Sie auf ein Kopfkissen legen, und darüber breiten Sie ein flauschiges Badelaken.

2. *Bereiten Sie sich vor.* Überlegen Sie, ob Sie mit Ihrem Baby wirklich im »Hier und Jetzt« sein können oder die Massage lieber auf einen anderen Zeitpunkt verschieben sollten. Wenn Sie sicher sind, dass Sie ihm Ihre ungeteilte Aufmerksamkeit widmen können, atmen Sie einige Male tief durch, um sich zu konzentrieren und zu entspannen.

3. *Bereiten Sie Ihr Kind vor.* Legen Sie es bequem hin. Reden Sie mit ihm. Erklären Sie in Ruhe, was Sie tun werden: »Jetzt bekommst du eine schöne Massage.«

4. *Bereiten Sie Ihre Hände vor.* Während Sie mit ihm reden, geben Sie einen oder zwei Teelöffel Öl, das Sie durch Aneinanderreiben der Hände anwärmen, in Ihre Handflächen.

5. *Bitten Sie um die Erlaubnis, anfangen zu dürfen.* Sie werden bei den Füßen beginnen und sich bis zum Kopf vorarbeiten. Vor jeder Berührung erklären Sie: »Jetzt hebe ich deinen Fuß hoch, und dann werde ich an der Sohle entlangstreichen.«

6. *Massieren Sie Füße und Beine zuerst.* Streichen Sie abwechselnd mit dem rechten und linken Daumen über die Füße, immer von der Ferse zu den Zehen. Drücken und rollen Sie danach behutsam jeden einzelnen Zeh. Streichen Sie über die Oberseite des Fußes zum Knöchel hin. Massieren Sie in kleinen Kreisen rund um den Knöchel. Legen Sie die Hände locker von oben und unten um das Bein, das nun wie eine zarte Teigrolle behandelt wird: Die obere Hand bewegt sich nach links, die untere Hand nach rechts, und beide wandern dabei das Bein hinauf. Auf diese Weise werden die Muskeln sanft geknetet und die Durchblutung verbessert. Dann lassen Sie die Hände unter das Gesäß Ihres Kindes gleiten und massieren es von oben nach unten, wobei die Hände an den Beinen hinunter bis zu den Füßen streichen.

7. *Bauch.* Legen Sie die Hand auf den Bauch und streichen Sie sanft mit den Handflächen von innen nach außen. Dann massieren Sie mit beiden Daumen vom Bauchnabel auswärts. Zum Schluss lassen Sie die Finger vom Bauch zum Brustkorb »spazieren«.

8. *Brustkorb.* Beginnen Sie oben auf dem Brustkorb mit der »Sonne-Mond-Massage«: Massieren Sie mit beiden Zeigefingern in einem großen Kreis – der etwa am Bauchnabel endet – die »Sonne«. Dann streichen Sie mit der rechten Hand von unten nach oben die »Mondsichel« (wie ein »C« rückwärts) und mit der linken Hand von oben nach unten (wie ein »C« vorwärts). Mehrmals wiederholen. Anschließend folgt eine »Herzform-Massage«: Die Finger liegen leicht auf der Mitte des Brustkorbs, dann trennen sie sich und streichen rechts und links nach unten zum Nabel.

9. *Arme und Hände.* Massieren Sie unter dem Arm, durch Drücken und Hangeln, und auf dem Arm mit der flachen Hand. Rollen und drücken Sie jeden Finger einzeln, wie bei den Zehen. Massieren Sie auf dem Handrücken und rund um die Knöchel in kleinen Kreisen.

10. *Gesicht.* Massieren Sie das Gesicht besonders behutsam. Streichen Sie mit den Daumen über Stirn, Augenbrauen und rund um die Augen, über den Nasenrücken, über die Wangen bis zu den Ohren und zurück zu Ober- und Unterlippe. Massieren Sie die Kiefernmuskeln und den Bereich hinter den Ohren in kleinen Kreisen. Reiben Sie die Ohrmuscheln und den Bereich unter dem Kinn. Nun drehen Sie Ihr Kind vorsichtig auf den Bauch.

11. *Kopf und Rücken.* Massieren Sie kreisförmig Kopf und Schultern. Dann streichen Sie mit der flachen Hand den Rücken hinauf und hinunter. Massieren Sie in Kreisen entlang der Rückenmuskulatur neben der Wirbelsäule. Lassen Sie zum Schluss die Finger über den gesamten Körper »spazieren«, vom Nacken bis zu den Fußknöcheln.

12. *Schließen Sie die Massage bewusst ab.* »Fertig, mein Schatz. Hat das gut getan?«

Wenn Sie sich immer an diese Schrittfolge halten, wird sich Ihr Kind schon im Voraus auf die Massage freuen. Denken Sie aber auch hier wieder daran, dass Ihr Kind sensibel sein und eine Gewöhnungsphase brauchen könnte. Massieren Sie nie weiter, wenn es weint. Lassen Sie ein paar Wochen verstreichen und versuchen Sie es dann noch einmal, mit einer ganz kurzen Massage.

Kapitel 6

Das »S«: Schlafen und Träumen

Das Kind war knapp zwei Wochen alt, als mir bewusst wurde, dass die ungestörte Nachtruhe ein für alle Mal der Vergangenheit angehörte. Ein für alle Mal ist vielleicht übertrieben. Ich hatte die leise Hoffnung, endlich einmal wieder eine Nacht durchschlafen zu können, wenn das Kind aufs College ging. Dass während der Kindheit nicht damit zu rechnen war, war für mich so sicher wie das Amen in der Kirche.

SANDI KAHN SHELTON
in: *Sleeping Through the Night … and Other Lies*

Gesunder Schlaf – gesundes Kind

Unmittelbar nach der Geburt schlafen Babys überwiegend, manche in der ersten Woche bis zu 23 Stunden am Tag! Das ist gut. Ein gesunder Schlaf ist für jeden Menschen wichtig, aber bei Säuglingen lebenswichtig. Während des Schlafs erzeugt sein Gehirn neue Gehirnzellen, die für die geistige, körperliche und emotionale Entwicklung unabdingbar sind. Ausgeruhte Kinder fühlen sich nach dem Schlaf wie Erwachsene auch: hellwach, konzentriert und rundum wohl. Sie haben einen gesunden Appetit, spielen gerne, sind vital und an Interaktionen mit den Menschen in ihrem Umfeld interessiert.

Wenn Kinder schlecht schlafen, fehlen ihnen die neurologischen Grundvoraussetzungen für ein reibungsloses Funktionieren aller Körpersysteme. Sie sind quengelig und ihre Bewegungen unkoordiniert. Sie sind »schlechte Esser«. Sie bringen nicht genug Energie und Tatkraft auf, um die Welt zu erforschen. Und da sie übermüdet sind, können sie nicht einschlafen. Das liegt daran, dass sich schlechte Gewohnheiten irgendwann verselbstständigen, und dann beginnt ein Teufelskreis. Die Kinder sind so überdreht, dass sie nicht abschalten können, und schlafen erst dann ein, wenn sie vor Erschöpfung umfallen. Und wenn sie es endlich geschafft haben, schlafen sie unruhig und wachen alle zwanzig Minuten wieder auf, sodass sie ständig unleidlich sind.

Ein gesunder Schlaf ist keine angeborene, sondern eine erlernte Fähigkeit. Schlafstörungen sind nur deshalb so weit verbreitet, weil viele Eltern nicht erkennen, dass sie selbst, und nicht ihr Kind, die Schlafenszeit und die Schlafgewohnheiten bestimmen.

Durch den Druck, der auf den Eltern lastet, wird die Situation noch schlimmer. Die erste Frage, die sie schon im Säuglingsalter zu hören bekommen, lautet: »Schläft Ihr Kind nachts schon durch?« Und wenn es älter ist als vier Monate, heißt es: »Macht es noch einen Mittagsschlaf?« Für die armen Eltern, die selbst unter Schlafmangel leiden, bedeutet das: schlechtes Gewissen und Stress.

Um die Schlafgewohnheiten von Babys ranken sich viele Mythen. Deshalb ist es für Eltern wichtig zu erkennen, wann ihr Kind müde wird, und zu wissen, was zu tun ist, wenn sie den richtigen Zeitpunkt verpasst haben. Sie sollten ihr Kind zum Einschlafen bringen und Schlafproblemen beizeiten Einhalt gebieten, bevor sie sich einschleifen und nicht mehr abzustellen sind.

Marotten vorbeugen: zu leichter Schlaf

Es gibt viele Möglichkeiten, ein Baby zum Schlafen zu bringen. Ich möchte die Marotten früherer Jahrzehnte auslassen und mich auf zwei aktuelle Lehrmeinungen beschränken. Die »Sears-Methode«, nach dem kalifornischen Kinderarzt Dr. William Sears benannt, befürwortet, Babys so lange im Bett der Eltern schlafen zu lassen, bis sie in ihr eigenes Bett wollen. Dahinter steht die Überlegung, dass Kinder positive Assoziationen mit der Schlafenszeit entwickeln sollen, was durch Kuscheln, Wiegen und Massieren geschieht, bis sie eingeschlafen sind. Sears erklärte 1998 in einem Artikel, der in der Zeitschrift *Child* veröffentlicht wurde: »Warum sollten Eltern den Wunsch haben, ihr Kind ganz allein, in einem abgedunkelten Raum, in ein Gefängnis mit Gitterstäben zu stecken?« Die Befürworter dieser Familienbett-Philosophie verweisen auf die Gepflogenheiten von Eltern in nativen Kulturen wie Bali, wo Kinder bis zum dritten Lebensjahr nicht den Boden berühren dürfen (natürlich leben *wir* nicht auf Bali). Manche Kinderexperten empfehlen Müttern sogar, sich mit ihrem Baby ins Bett zu legen, wenn es einen schweren Tag hatte, und es durch zusätzlichen Körperkontakt und Stillen zu beruhigen. Da das alles im Dienst der »Eltern-Kind-Bindung« und der Vermittlung von »Geborgenheit« geschieht, findet offenbar niemand etwas dabei, wenn Mutter und Vater auf Freizeit, Eigenleben und Schlaf verzichten. Damit diese Theorie auch in der Praxis funktioniert, schlagen die Familienbett-Befürworter den frustrierten Eltern vor, ihre Perspektive zu überdenken: »Wenn Sie Ihre innere Einstellung ändern und die Situation akzeptieren (dass Ihr Kind Sie ständig aufweckt), werden Sie die stillen Augenblicke in der Nacht genießen, wo Ihr Baby kuscheln oder gestillt werden möchte oder Ihr Kleinkind einfach nur jemanden braucht, der bei ihm ist.«

Das andere Extrem ist die »Ferber-Methode«, nach Dr. Richard Ferber, dem Leiter des »Zentrums für kindliche Schlafstörungen« an einer Kinderklinik in Boston. Er ist der Meinung, dass man Kindern negative Schlafgewohnheiten wieder »abgewöhnen« sollte. Deshalb empfiehlt er Eltern, ihr Baby ins Bettchen zu legen, wenn es noch wach ist, damit es lernt, allein einzuschlafen (in diesem Punkt stimme ich ihm zu). Wenn es weint, schlägt Dr. Ferber den Eltern eine »verzögerte Reaktionszeit« vor, was bedeutet, es zunehmend länger weinen zu lassen: fünf Minuten in der ersten Nacht, zehn in der nächsten, dann fünfzehn, usw. (Hier scheiden sich unsere Geister!) Dr. Ferber erklärte dazu in der Zeitschrift *Child*: »Wenn ein Kind tagsüber mit etwas spielen will, das gefährlich ist, sagen wir Nein und setzen Grenzen, vor denen es vielleicht zurückscheut … Ihm beizubringen, dass es auch in der Nacht bestimmte Regeln gibt, bedeutet das Gleiche.«

Beide Theorien haben ihre Verdienste; die Experten, die sie vertreten, sind kompetent und angesehen. Die Themen, die sie aufwerfen, werden kontrovers diskutiert, auch in der Presse. Die Familienbett-Gegner behaupten, das Kind liefe Gefahr, erstickt oder stranguliert zu werden, während die Befürworter die »Verzögerungstaktik« anprangern und es unsensibel oder grausam finden, die Bedürfnisse der Kinder zu ignorieren.

Wenn sich eine dieser Methoden für Sie, für Ihr Kind und für Ihre Lebensumstände bewährt hat, sollten Sie dabei bleiben. Viele Eltern haben beide ausprobiert und sind gleichwohl mit ihrem Latein am Ende. Ein typisches Szenario sieht folgendermaßen aus: Anfangs fühlt sich ein Elternteil zur Familienbett-Theorie hingezogen und überzeugt den Partner davon. Sie erinnert an die guten alten Zeiten, als das Leben noch einfacher war, und versöhnt mit dem Gedanken, das Baby mitten in der Nacht füttern zu müssen. Man wartet noch mit dem Kauf des Kinderbetts. Doch ein paar Monate später, oder auch früher, ist es vorbei mit der anheimelnden Idylle. Vater und Mutter, die ständig Angst haben, ihr Kind im Schlaf zu erdrücken, machen kaum noch ein Auge zu oder schrecken bei jedem Laut hoch, den ihr Kind von sich gibt.

Das Kind wacht unter Umständen alle zwei Stunden auf und entwickelt nach und nach die Erwartung, dass immer jemand da ist, der sich mit ihm befasst. Manche Babys schlafen wieder ein, wenn man ihnen beruhigend auf den Rücken klopft oder sie streichelt, andere aber wollen spielen. Die Eltern wechseln sich ab – eine Nacht im Bett, eine Nacht im Gästezimmer –, um den verlorenen Schlaf nachzuholen. Beide sind nicht mehr restlos überzeugt, ob die Idee wirklich so gut war, und der skeptische Partner entwickelt unter Umständen einen heimlichen Groll. In dieser Phase erscheint die ferbersche Theorie verlockend. Also kaufen Vater und Mutter doch ein Kinderbett und beschließen, dass es für das Baby an der Zeit sei, umzuziehen. Für das Kind ist das eine gewaltige Umstellung: Zuerst war es monatelang ein gern gesehener Gast im Bett der Eltern, nun wird es in einen kleinen Raum am Ende des Flurs verbannt, der ihm fremd ist und in dem es sich verloren fühlt. Wenn es weint, dauert es eine Weile, bis jemand kommt, ihm auf den Rücken klopft und sagt, es solle brav sein und wieder einschlafen. Aber niemand hat ihm beigebracht, wie man das ohne Hilfe macht.

Um solche Extreme und den damit verbundenen Stress zu vermeiden, sollten Eltern von Anfang an einen Mittelweg wählen, der dem gesunden Menschenverstand und der elterlichen Einfühlsamkeit Rechnung trägt.

Goldene Regeln **für gesunden Schlaf**

Diese Methode wendet sich gegen jede extremistische Sichtweise. Sie enthält Aspekte beider Theorien und wird den Bedürfnissen aller Familienmitglieder gerecht. Babys müssen meiner Ansicht nach lernen, allein einzuschlafen und sich in ihrem eigenen Bett sicher und geborgen zu fühlen. Sie brauchen aber auch Trost und Zuwendung, wenn es nicht auf Anhieb klappt.

Das erste Ziel erreichen wir nicht ohne das zweite. Eltern haben ebenfalls Bedürfnisse: Sie brauchen genug Ruhe, Zeit für sich selbst und den Partner und ein Eigenleben, das nicht ständig von Gedanken an das Kind beherrscht wird. Gleichzeitig müssen sie ihrem Kind Zeit, Energie und uneingeschränkte Aufmerksamkeit zuteil werden lassen. Diese Ziele müssen sich nicht gegenseitig ausschließen. Um alle Bedürfnisse auf einen Nenner zu bringen, gilt es bestimmte Voraussetzungen zu schaffen, die das Gerüst für unproblematisches Einschlafen darstellen. In diesem Kapitel werde ich erklären, wie sich das »S« in E.A.S.I. mithilfe dieser Grundregeln praktisch umsetzen lässt.

◆ *Führen Sie nur solche Schlafgewohnheiten ein, die Sie längerfristig beibehalten wollen.* Wenn beide Partner die Betreuung des Kindes im Wechsel übernehmen wollen, sollten Sie sich fragen: Soll es in drei Monaten noch genauso sein? Und in sechs Monaten? Auf lange Sicht? Denken Sie daran, dass Ihr Baby aus allem, was Sie tun, etwas lernt. Egal, ob Sie es in sein Bett legen, auf Ihrer Brust einschlafen lassen oder wiegen – Sie schaffen damit eine Gewohnheit, die besagt: »So wirst du einschlafen.« Sobald Sie diesen Weg beschritten haben, gibt es kein Zurück mehr, und Sie sollten damit rechnen, dass Sie Ihr Kind lange Zeit nur auf diese Weise zum Schlafen bringen.

◆ *Unabhängigkeit ist nicht Vernachlässigung.* Wenn ich Eltern vorschlage, die Unabhängigkeit ihres Kindes zu fördern, schauen mich viele verständnislos an. »Aber es ist doch erst ein paar Stunden alt!« Meine Gegenfrage lautet: »Und *wann* wollen Sie damit anfangen?« Diese Frage können weder sie noch die Wissenschaftler beantworten, denn niemand weiß mit absoluter Sicherheit, wann ein Kind die Fähigkeit entwickelt, die Welt zu begreifen und den Anforderungen seiner Umwelt gerecht zu werden. Deshalb rate ich: Fangen Sie gleich damit an! Unabhängigkeit fördern heißt nicht, Ihr Kind endlos weinen zu lassen. Nehmen Sie es hoch, wenn es weint, denn es signalisiert damit ein

Einschlafmuster

Der Ablauf, der zum Einschlafen führt, ist dreistufig und relativ berechenbar; trotzdem sollten Sie durch Beobachtung herausfinden, wie er bei Ihrem Baby verläuft.

Wenn der Zyklus nicht durch das Eingreifen eines Erwachsenen unterbrochen wird, schlafen *Engel* und *Bilderbuch-Baby* problemlos und eigenständig ein.

Bei einem *Sensibelchen*, das nah am Wasser gebaut hat, müssen Sie besonders aufmerksam sein, um die ersten Anzeichen von Müdigkeit wahrzunehmen. Wenn Sie den richtigen Augenblick verpassen, ist es überdreht und sehr schwer zum Abschalten zu bewegen.

Das *Dickköpfchen* ist zappelig; unter Umständen müssen Sie visuelle Reize ausschalten. Dass es müde wird, erkennen Sie an den Augen: Sie sind groß und starr, als würden die Lider von einem Streichholz offen gehalten.

Das *Muffelchen* ist anfangs noch ein wenig unruhig, aber meistens schläft es friedlich von allein ein.

Bedürfnis. Aber das bedeutet auch, es wieder hinzulegen, sobald dieses Bedürfnis erfüllt ist.

◆ *Beobachten Sie, ohne gleich einzugreifen.* Das gilt nicht nur, wenn Ihr Kind spielt, sondern auch für das Einschlafen. Sie werden feststellen, dass es dabei einen Zyklus nach vorhersehbarem Muster durchläuft. Statt den natürlichen Ablauf zu unterbrechen, sollten Eltern sich zurücknehmen und ihrem Baby die Chance geben, ohne Hilfe einzuschlafen.

◆ *Machen Sie Ihr Kind nicht von Einschlafhilfen abhängig.* Damit sind alle technischen Hilfsmittel oder Eingriffe der Eltern gemeint, die Stress verursachen, wenn sie dem Kind entzogen werden. Sie können nicht erwarten, dass ein Baby von allein einschläft, wenn Sie es bisher in dem Glauben erzogen haben, dass es vorher immer eine halbe Stunde herumgetragen wird, auf Papas Bauch liegen darf oder Mamas Brustwarzen immer verfügbar sind. Ich bin für Schnuller, wie ich bereits sagte, aber nicht, um ein Kind zum Schweigen zu bringen. Wenn es herumgetragen, gewiegt und endlos geknuddelt wird, damit es Ruhe gibt, nehmen wir ihm die Möglichkeit, Entspannungsstrategien zu entwickeln und zu lernen, wie man ohne solche »Krücken« einschläft. Solche Einschlafhilfen haben nichts mit bestimmten Gegenständen zu tun, die Ihr Kind zeitweilig in seinem Bettchen braucht, zum Beispiel ein Kuscheltier oder eine -decke. Diese Phase beginnt erst mit sieben oder acht Monaten; vorher »klammern« sich die meisten Kinder an die Eltern. Natürlich sollten Sie Ihrem Kind erlauben, sein Lieblingstier mit ins Bett zu nehmen. Sie sollten es ihm nur nicht deshalb geben, damit es endlich ruhig ist. Lassen Sie ihm die Chance, seine eigenen Einschlafhilfen zu entdecken.

◆ *Entwickeln Sie abends und tagsüber Rituale vor dem Einschlafen.* Die Schlafenszeiten am Abend und tagsüber sollten immer gleich ablaufen. Der Mensch ist bekanntlich ein »Gewohnheitstier«, Babys nicht ausgenommen. Sie wollen wissen, womit sie zu rechnen haben: Wissenschaftliche Untersuchungen haben gezeigt, dass sogar Säuglinge, die an einen bestimmten Reiz gewohnt waren, diesen voraussehen konnten.

Die drei Phasen vor dem Einschlafen

Babys durchlaufen vor dem Einschlafen drei Phasen. Der gesamte Prozess dauert ungefähr zwanzig Minuten und erfordert nichts weiter als ein wenig »Augenmaß«.

Phase 1: Signalisieren. Ihr Kind kann nicht sagen »Ich bin müde«, sondern zeigt es Ihnen durch Gähnen oder andere Anzeichen der Erschöpfung. Beim dritten Gähnen sollten Sie es ins Bett bringen. Wenn Sie den Moment verpassen, beginnt es zu weinen, statt in die nächste Phase überzuwechseln.

Phase 2: Abdriften. Ihr Kind hat die Augen nun weit geöffnet; der Blick ist starr und auf einen Punkt in weiter Ferne fixiert.

Phase 3: Loslassen. Jetzt gleicht Ihr Kind einem Menschen, der in der Trambahn einnickt: Die Augen fallen ihm zu, der Kopf kippt nach vorne oder zur Seite. Doch just in dem Moment, wo es einschläft, reißt es die Augen wieder auf, der Kopf schnellt zurück und ein Ruck geht durch den Körper. Dann fallen ihm die Augen wieder zu, und der Prozess wiederholt sich noch drei bis fünf Mal, bevor es sich endgültig im Land der Träume befindet.

◆ *Beobachten Sie die ganz individuellen Einschlafgewohnheiten Ihres Kindes.* Ein Nachteil bei »Geheimtipps« besteht darin, dass sie nicht bei allen Kindern funktionieren. Deshalb empfehle ich Eltern immer, die Einschlafgewohnheiten ihres Kindes zu erforschen.

Dabei hilft Ihnen ein so genanntes Schlafjournal. Beginnen Sie morgens und notieren Sie, wann Ihr Kind tagsüber schläft und wann es wach ist, wann es abends zu Bett geht und wann es mitten in der Nacht aufwacht. Beobachten Sie diese Schlafgewohnheiten vier Tage lang, um ein Muster zu entdecken.

Der mühsame Weg ins Land der Träume

In *Der Zauberer von Oz* geht Dorothy die gelbe Ziegelstraße entlang, um jemandem zu begegnen, der ihr den Heimweg zeigt. Was sie am Ende, nach einer Reihe von Unbilden und Gefahren findet, ist ihr eigenes inneres Wissen.

Eltern sollten es ganz ähnlich halten und sich daran erinnern, dass das Geheimnis positiver Schlafgewohnheiten bei ihnen selbst liegt. Einschlafen ist ein erlernter Vorgang, der von den Eltern gefördert werden kann. Deshalb gilt es, Kindern das Einschlafen *beizubringen*. Folgende »Regeln« sind für den Weg ins Land der Träume hilfreich:

Achten Sie auf die »Wegweiser«. Auch Babys gähnen, wenn sie müde werden. Das ist ein Zeichen dafür, dass der Körper erschöpft und nicht mehr voll leistungsfähig ist; die Sauerstoffzufuhr, die Lunge, Herz und Blutkreislauf normalerweise bewältigen, wird gedrosselt. Gähnen bietet dem Körper die Möglichkeit, zusätzlich Sauerstoff zu tanken. Eltern sollten bereits beim ersten Gähnen reagieren, spätestens beim dritten. Wenn sie die Anzeichen verpassen, brechen manche Babys, zum Beispiel die *Sensibelchen,* in Tränen aus.

Ebnen Sie Ihrem Kind den Weg in den Schlaf. Da Kinder aus vorhersehbaren Abläufen ein Gefühl der Sicherheit beziehen und durch Wiederholung lernen, sollten Sie zur Schlafenszeit bestimmte Rituale einführen und beibehalten, die Ihr Kind mit dem Schlafen in Verbindung bringt. Wenn Sie es in sein Zimmer bringen, sollten Sie immer leise und verhalten sein. Prüfen Sie jedes Mal, ob Sie die Windel wechseln müssen. Schließen Sie die Jalousien oder Vorhänge. Und sagen Sie: »Schlaf schön, mein Schatz. Bis später.« Lassen Sie Ihr Kind nicht im Wohnzimmer oder in der Küche schlafen; das zeugt in meinen Augen von mangelndem Respekt. Würde es Ihnen gefallen, wenn Ihr Bett mitten in einem Kaufhaus stünde, wo Trubel herrscht?

Tipp

Betonen Sie die positiven Aspekte der Ruhe. Wenn ein Kind zu hören bekommt: »Jetzt machst du aber einen Mittagsschlaf!«, in einem Tonfall, der besagt: »Abmarsch nach Sibirien!«, wächst es in dem Glauben auf, dass Schlafen eine Strafe ist oder dass es in der Zwischenzeit etwas verpasst.

Anzeichen, die auf Müdigkeit hindeuten

Babys gähnen genau wie Erwachsene, wenn sie müde und unkonzentriert sind. Mit zunehmendem Alter findet der Körper andere Wege, seine Schlafbereitschaft zu signalisieren:

Wenn Ihr Kind mehr Kontrolle über den Kopf hat: Es dreht das Gesicht von Gegenständen oder Menschen weg, als wollte es die Welt ausschließen. Wenn es auf dem Arm getragen wird, vergräbt es den Kopf an Ihrer Brust. Die Bewegungen der Arme und Beine werden unkoordiniert. Der Klammer- und Greifreflex tritt ein, der bei Primaten verhindert, dass ein Junges der Mutter vom Arm gleitet. Menschenkinder greifen in das Haar der Mutter oder in ihr eigenes Gesicht.

Wenn Ihr Kind mehr Kontrolle über seine Gliedmaßen hat: Es reibt sich die Augen, zupft an seinen Ohren, kratzt sich im Gesicht.

Wenn Ihr Kind mobiler ist: Die Koordinationsfähigkeit und das Interesse an Spielsachen sind beeinträchtigt. Auf dem Arm lehnt es sich hintenüber. Im Bettchen rollt es sich auf die Seite, schafft es aber nicht mehr zurück.

Wenn es krabbelt und/oder läuft: Wenn ein älteres Kind müde wird, ist als Erstes die Koordination beeinträchtigt. Es fällt um bei dem Versuch, sich hochzuziehen, stolpert beim Gehen oder stößt sich fortwährend. Es klammert sich an Erwachsene, wenn es auf dem Arm ist und abgesetzt werden soll. Es kann im Bettchen aufstehen, weiß aber nicht, wie es sich wieder hinlegen soll, und fällt um.

Schalten Sie einen Gang herunter, wenn Sie sich dem Ziel nähern. Erwachsene lesen oder sehen fern, wenn sie nach einem anstrengenden Tag abschalten wollen. Babys haben das gleiche Bedürfnis. Ein Bad oder eine Massage (wenn es drei Monate und älter ist) bereitet Ihr Kind optimal auf die Schlafenszeit vor. Spielen Sie ihm auch vor dem Mittagsschlaf ein Wiegenlied vor oder setzen Sie sich fünf Minuten in einen Schaukelstuhl oder auf den Fußboden, um mit ihm zu kuscheln. Sie können ihm auch eine Geschichte erzählen oder ihm Koseworte ins Ohr flüstern. Der Zweck ist, Ihr Kind zu beruhigen, damit es einschlafen kann. Bringen Sie es ins Bett, sobald der Blick starr wird – Phase 2 – oder spätestens dann, wenn ihm die Augen zufallen. Bücher sollten Sie generell erst um den sechsten Monat einführen, wenn Kinder sich besser konzentrieren und sitzen können.

Tipp

Laden Sie niemanden zu der Zeit ein, wenn Sie Ihr Kind ins Bett bringen. Das ist nicht fair. Es möchte dabei sein. Es weiß, dass Sie Gäste haben, die den neuen Erdenbürger gerne sehen würden, und es freut sich auf neue Gesichter zum Anschauen und Zurücklächeln. Wundern Sie sich nicht, wenn es sonst ungnädig wird: »Was soll ich, schlafen? Dann verpasse ich ja das Beste! Kommt nicht infrage!«

Bringen Sie Ihr Kind ins Bett, bevor es im Land der Träume angekommen ist. Manche Leute bringen ihr Kind erst dann zu Bett, wenn es fest schläft. Dadurch überspringen sie die dritte

Phase und nehmen dem Kind die Möglichkeit, zu lernen, wie man allein einschläft. Hinzu kommt: Wenn es auf dem Arm oder in der Wippe einschläft und beim Aufwachen in seinem Bett liegt, ist es ähnlich desorientiert wie Sie, wenn jemand Ihr Bett in den Garten schiebt, während Sie schlafen. Das kann zur Folge haben, dass es sich in seinem Bett nicht mehr geborgen fühlt.

Wenn ich ein Baby ins Bett bringe, sage ich stets: »Jetzt lege ich dich ins Bett, damit du schlafen kannst. Nachher fühlst du dich wie neugeboren.« Ich beobachte die Reaktion genau. Manche Kinder sind anfangs noch unruhig, vor allem, wenn sie sich schon in der dritten Phase des Einschlafprozesses befinden. Viele Eltern greifen an diesem Punkt ein, statt abzuwarten, ob sich das Kind von allein beruhigt. Wenn es anfängt zu weinen, reicht ein sanftes, rhythmisches Klopfen auf den Rücken als Versicherung aus, dass es nicht allein ist. Sie können damit aufhören, sobald es ruhig ist, sonst kann es von dieser Einschlafhilfe abhängig werden.

Tipp

Ich lege ein Baby meistens auf den Rücken. Sie können aber auch die Seitenlage wählen und sie mit zwei zusammengerollten Handtüchern, jeweils hinten und vorne, stabilisieren. Achten Sie darauf, dass es nicht immer auf derselben Seite schläft.

Ist der Weg ins Land der Träume holprig, benutzen Sie den Schnuller als Einschlafhilfe. In den ersten drei Monaten, bis sich Gewohnheiten herausgebildet haben, benutze ich notfalls den Schnuller. Er sollte aber nicht so oft zum Einsatz kommen, dass Ihr Kind ihn ständig braucht. Bei richtiger Verwendung nuckelt es sechs oder sieben Minuten kräftig, dann wird es langsamer, und schließlich spuckt es den Schnuller aus. Die Energie, die für den Saugreflex benötigt wird, ist »verpufft«, und Ihr Kind befindet sich auf dem Weg ins Land der Träume. Schieben Sie ihm den Schnuller nicht wieder in den Mund! Wenn es ihn zum Schlafen braucht, macht es Sie durch gurgelnde Geräusche und Unruhe darauf aufmerksam.

Gebrauch und Missbrauch des Schnullers

Die Grenze ist oft sehr fein. Mit sechs oder sieben Wochen sollte man den Schnuller nach dem Einschlafen herausnehmen, falls er nicht automatisch ausgespuckt wird. Wenn Kinder, die drei Monate und älter sind, mitten in der Nacht aufwachen und weinen, weil ihnen der Schnuller fehlt, ist das ein Zeichen dafür, dass sein Gebrauch nicht richtig dosiert wurde.

Bei vielen Kindern reicht eine positive Assoziation mit dem Schlaf aus, wenn Sie dem E.A.S.I.-Weg ins Land der Träume folgen. Durch die stetige Wiederholung der »Traumreise« entsteht ein Gefühl der Sicherheit und Vorhersehbarkeit. Ihr Kind lernt binnen kürzester Zeit die Fähigkeiten, die es braucht, um von allein ein- und durchzuschlafen. Es wird sich außerdem auf die erholsame, positive Erfahrung freuen. Natürlich kann es einmal Probleme geben, weil es übermüdet ist, Fieber oder Schmerzen hat oder weil es zahnt. Aber das ist die Ausnahme, nicht die Regel.

Denken Sie daran, dass es etwa zwanzig Minuten dauert, bis Ihr Kind eingeschlafen ist; also hat es keinen Sinn, Druck zu machen. Sie würden nur Unruhe in den natürlichen Einschlafprozess mit seinen drei Phasen bringen. Wenn Ihr Kind beispielsweise in der dritten Phase durch einen lauten Knall oder Hundegebell aufgeschreckt wird, ist es schlagartig wieder wach und der gesamte Prozess beginnt von vorn. Genauso ergeht es einem Erwachsenen, wenn er eingeschlafen ist und das Telefon klingelt. Wenn jemand gestresst oder überreizt ist, schläft er nur schwer wieder ein. Das Gleiche gilt für ein Baby. Wenn Sie es stören, beginnt der Zyklus von vorn, und es dauert weitere zwanzig Minuten, bis es wieder einschläft.

Wenn Sie die ersten Signale **verpassen**

Am Anfang, wenn Sie mit der Bedeutung des Weinens und der Körpersprache Ihres Kindes noch nicht so vertraut sind, verpassen Sie möglicherweise das dritte Gähnen. Bei einem *Engel* oder *Bilderbuch-Baby* ist das nicht weiter schlimm: Eine kurze Beruhigung genügt, und schon ist alles wieder im Lot. Beim *Dickköpfchen, Muffelchen* und vor allem beim *Sensibelchen* sollten Sie ein paar Tricks im Ärmel haben, falls Ihnen Phase I entgeht, denn sie sind bereits zu diesem Zeitpunkt übermüdet oder gestresst. Zuerst sage ich Ihnen, was Sie in dieser Situation nicht tun sollten: Stimulieren Sie Ihr Kind nicht noch mehr, zum Beispiel durch

Schaukeln oder Herumtragen, denn es ist schon ziemlich überreizt. Es weint, weil es genug hat und Licht und Ton »ausschalten« möchte. Helfen Sie Ihrem Kind, dass es zur Ruhe kommen kann:

Ein Nestchen bauen. Babys sind noch nicht an weite, offene Räume gewöhnt. Bauen Sie ihm mit kuscheligen Decken ein Nestchen, so dass es sich ähnlich geborgen fühlt wie im Mutterleib.

Beruhigen. Lassen Sie Ihr Kind wissen, dass Sie da sind. Klopfen Sie ihm sanft auf den Rücken, in gleichmäßigem Rhythmus, wodurch Sie den mütterlichen Herzschlag nachahmen. Sie können auch ein leises »Sch … sch … sch … sch« hinzufügen, das dem Rauschen des Fruchtwassers ähnelt. Sprechen Sie mit leiser, besänftigender Stimme oder flüstern Sie ihm ins Ohr: »Ist gut, ist gut. Schlaf nur.« Sie können damit schon beginnen, wenn Sie es ins Bett bringen; das erleichtert den nahtlosen Übergang.

Schalten Sie visuelle Reize aus. Visuelle Reize – Licht, Gegenstände, die sich bewegen – empfinden übermüdete Babys als Angriff auf ihre Sinneswahrnehmung, besonders die sensiblen. Deshalb sollten Sie den Raum abdunkeln, bevor Sie Ihr Kind zu Bett bringen, aber bei manchen reicht das nicht aus. Wenn Ihr Kind liegt, können Sie zusätzlich die Hand über – nicht auf – seine Augen legen. Wenn Sie es auf dem Arm haben, stellen Sie sich in einen Teil des Raumes, in dem das Licht gedämpft oder ganz ausgeschaltet ist.

Geben Sie nicht klein bei. Wenn Kinder übermüdet sind, haben die Eltern es schwer. Sie zum Einschlafen zu bringen erfordert viel Geduld und Entschlossenheit, vor allem, wenn sich schlechte Gewohnheiten eingeschlichen haben. Ihr Kind weint, Sie klopfen ihm den Rücken, das Weinen wird lauter und schriller, bis es den Höhepunkt erreicht, dann hört es einen Moment auf, um Luft zu schöpfen, bevor das Ganze wieder von vorn beginnt. Normalerweise wiederholt sich dieser Ablauf insgesamt dreimal, bis sich das Baby endlich beruhigt. Beim zweiten Mal verlieren die meisten Eltern die Nerven. In ihrer Verzweiflung kehren sie zu den alten Gewohnheiten zurück: Herumtragen, Anlegen, Schaukeln.

Die meisten Schlafprobleme treten auf, weil …

- das Kind gefüttert wird
- das Kind herumgetragen wird
- das Kind gewiegt oder geschaukelt wird
- das Kind auf der Brust eines Erwachsenen einschläft

oder …

… die Eltern beim ersten Mucks schon springen. Es wäre vielleicht auch so von allein wieder eingeschlafen. Es dauert nicht lange, bis es sich an diese Reaktion der Eltern gewöhnt hat.

Das Problem ist, wenn Sie immer klein beigeben, wird Ihr Kind auch weiterhin Ihre Hilfe brauchen, um einzuschlafen. Es dauert nicht lange, bis es von solchen »Krücken« abhängig ist. Wenn sich negative Gewohnheiten eingeschlichen haben, bekräftigen Sie diese jeden Tag mit Ihrem Verhalten. Oft werden sie erst dann zum Problem, wenn das Kind acht Kilo und mehr wiegt und nicht mehr so leicht herumzutragen ist. Sie treten aber meistens schon zwischen der sechsten und achten Lebenswoche auf und sollten so früh wie möglich beseitigt werden. Der erste Schritt besteht für die Eltern darin, sich klarzumachen, in welchem Maß sie diese negativen Gewohnheiten gefördert haben. Und dann steht ihnen ein hartes Stück Arbeit bevor: Sie müssen die Entschlossenheit aufbringen, etwas zu verändern und dem Kind zu helfen, bessere Problemlösungen zu finden (mehr darüber im neunten Kapitel).

Halten Sie sich immer wieder vor Augen ...
Unabhängigkeit hat nichts mit Vernachlässigen zu tun!

Sie sollen Ihr Baby nicht schreien lassen. Es hat ein Bedürfnis, das es damit zum Ausdruck bringen will. Wenn Sie es nicht erfüllen, wer dann? Aber anschließend, sobald Ruhe eingekehrt ist, sollten Sie es wieder in sein Bett legen. Auf diese Weise helfen Sie ihm dabei, sich abzunabeln und immer mehr Unabhängigkeit zu gewinnen.

Nachts **durchschlafen**

In einem Kapitel über den Schlaf darf die Frage »Wann« nicht fehlen. Auf Seite 211 finden Sie eine Übersicht über die *Schlafzyklen* Ihres Kindes und wie sie in etwa verlaufen. Dabei handelt es sich jedoch um *grobe Orientierungshilfen*, die auf Statistiken beruhen. Sie treffen nur auf *Bilderbuch-Babys* hundertprozentig zu; bei anderen können die Schlafgewohnheiten variieren.

Denken Sie daran, dass der »Tag« Ihres Babys vierundzwanzig Stunden hat. Es kennt den Unterschied zwischen Tag und Nacht noch nicht, genauso wenig wie die Bedeutung des Begriffs »durchschlafen«. Die Fähigkeit, zwischen Tag und Nacht zu unterscheiden, ist nicht angeboren – Sie müssen sie Ihrem Kind beibringen.

Bedenken Sie dabei Folgendes:

Schlafzyklus

Kinder durchlaufen wie Erwachsene einen Schlafzyklus, der ungefähr fünfundvierzig Minuten dauert. Zuerst gelangen sie in die Tiefschlaf- und danach in die REM-Phase, einen leichten, traumerfüllten Schlaf, bevor sie langsam aufwachen.

Diese Zyklen sind für die meisten Erwachsenen nur schwer erkennbar (es sei denn, ein lebhafter Traum weckt uns). Normalerweise drehen wir uns auf die andere Seite und schlafen von selber wieder ein, ohne überhaupt zu bemerken, dass wir aufgewacht sind.

Bei manchen Babys verhält es sich ähnlich. Sie geben leise Geräusche von sich, die ich »Phantomgeräusche« nenne. Solange man sie nicht stört, kehren sie von allein ins Land der Träume zurück.

Andere Kinder, die aus der REM-Phase gerissen werden, schlafen nicht so leicht wieder ein, weil die Eltern von Anfang an zu schnell eingegriffen haben. Sie hatten nie Gelegenheit zu lernen, sich an einen natürlichen Schlafzyklus zu gewöhnen.

Wer am Tag viel schläft, findet nachts wenig Ruhe. E.A.S.I. fördert den Einschlafprozess am Abend, weil diese Methode klar strukturiert, aber gleichzeitig flexibel ist. Wenn Sie die Fütter- und Schlafzeiten im Blick behalten, können Sie auch seine Bedürfnisse besser verstehen. Wenn Ihr Kind beispielsweise einen turbulenten Vormittag hatte und die nächste Mahlzeit um eine halbe Stunde verschläft, macht das nichts (beim Füttern nach Plan würden Sie es aufwecken). Bei E.A.S.I. benutzen Sie Ihren gesunden Menschenverstand. Als Faustregel gilt: Während des Tages sollte Ihr Kind nie länger als drei Stunden – die Zeit zwischen den Mahlzeiten – schlafen, sonst geht diese Zeit von seinem Nachtschlaf ab. Wenn es tagsüber sechs Stunden schläft, garantiere ich Ihnen, dass es nachts nicht länger als drei Stunden schlafen wird. Es macht den »Tag« zur »Nacht«. Sie können das Blatt nur wenden, indem Sie es wecken und die Zeit verringern, in der es tagsüber schläft, um diese Stunden nachts hinzuzufügen.

»Traummahlzeit«. Ein Baby, das rundum satt ist, schläft einfach besser. Deshalb schlage ich bei Babys ab der sechsten Woche »geballte Mahlzeiten« vor – das heißt, im Rhythmus von zwei Stunden vor dem Schlafengehen – und eine zusätzliche »Traummahlzeit«, bevor Sie selbst zu Bett gehen.

Geben Sie ihm beispielsweise um sechs Uhr und um acht Uhr abends die Brust (oder die Flasche), und die Traummahlzeit um halb elf oder elf. Die Traummahlzeit sollte Ihr Kind mehr oder weniger im Schlaf zu sich nehmen. Heben Sie es vorsichtig aus dem Bettchen, legen Sie es an oder halten Sie vorsichtig die Flasche an seine Unterlippe, sodass es automatisch saugt und trinkt; achten Sie darauf, dass es dabei nicht wach wird. Danach legen Sie es wieder hin. Es muss nicht aufstoßen: Babys sind bei diesen Traummahlzeiten in der Regel so entspannt, dass sie keine Luft schlucken. Sie sollten dabei nicht reden und auch nicht die Windel wechseln, um es nicht zu wecken, es sei denn, sie ist schmutzig oder nass. Die Kinder schlafen auf diese Weise eher durch, weil sie genug Kalorien zu sich genommen haben, um fünf oder sechs Stunden ohne weitere Mahlzeit auszukommen.

Tipp

Lassen Sie den Vater die »Traummahlzeiten« übernehmen. Die meisten Männer sind um diese Zeit zu Hause und freuen sich darauf.

Geben Sie Ihrem Kind den Schnuller. Er sollte keine »Krücke« werden, aber er kann dazu beitragen, das Kind von der Nachtmahlzeit zu entwöhnen. Wenn es fünf Kilo wiegt und tagsüber genug trinkt (bei vier oder fünf Mahlzeiten am Tag und zwei oder drei geballten am Abend) braucht es nachts nichts mehr. Sollte es dennoch aufwachen, wird es sich im Lauf der Zeit mit dem Schnuller beruhigen lassen: Hier zahlt er sich aus, wenn er zuvor vernünftig eingesetzt wurde. Wenn Ihr Kind nach der letzten Abendmahlzeit später wieder aufwacht, um weinend nach der Brust oder Flasche zu verlangen, geben Sie ihm stattdessen den Schnuller.

Am ersten Abend könnte es zwanzig Minuten dauern, bis es damit wieder einschläft, das nächste Mal vielleicht noch zehn Minuten, und in der dritten Nacht wälzt es sich vielleicht nur noch kurz hin und her. Wenn es aufwacht, geben Sie ihm den Schnuller – als vorübergehenden Ersatz für die Flasche oder Brust. Schließlich wird es nichts mehr brauchen und durchschlafen.

Greifen Sie nicht übereilt ein. Babys schlafen oft unruhig. Deshalb ist es unklug, beim kleinsten Muckser schon zu springen. Manchmal ist es besser, das Babyphon auszuschalten, das jeden Laut überträgt. Es versetzt viele Eltern unnötig in Angst und Schrecken. Ein Kind, auf dessen Bedürfnisse Sie empfindsam reagieren, fühlt sich sicher und hat keine Angst, seine Umgebung zu erforschen. Ein Kind, dessen Eltern aber ständig auf dem Sprung sind, beginnt an seiner eigenen Kompetenz zu zweifeln und entwickelt nie die Stärken und Fähigkeiten, die es braucht, um seine Welt zu erobern.

Normale **Schlafstörungen**

Schlafstörungen sind zeitweise unvermeidlich. Auch Kinder, die einen gesunden Schlaf haben, sind nicht vor Einschlafproblemen gefeit. Sie können sich in folgenden Situationen einstellen:

- *Wenn auf feste Nahrung umgestellt wird.* Sobald Kinder feste Nahrung zu sich nehmen, können sie mit Blähungen aufwachen. Sprechen Sie mit dem Kinderarzt ab, welche Nahrung wann gegeben werden soll. Erkundigen Sie sich, ob bestimmte Lebensmittel Blähungen oder Allergien verursachen. Behalten Sie jedes Einzelne, das Sie eingeführt haben, im Auge, sodass der Kinderarzt die medizinische Vorgeschichte kennt, falls Probleme auftreten.

- *Wenn Kinder mobil werden.* Bei Kindern, die mobil werden, macht sich nachts oft ein Kribbeln in den Gliedmaßen und Gelenken bemerkbar, genau wie bei Erwachsenen, die nach langer Zeit zum ersten Mal wieder Sport getrieben haben. Das liegt daran, dass der Energieverbrauch und die Durchblutung auch nach Ende der Bewegung noch eine Weile erhöht sind. Bei Babys ist es genauso. Sobald sie aktiver werden, bringen sie sich manchmal in Stellungen, aus denen sie ohne Hilfe nicht mehr herauskönnen, und wachen auf. Oder sie wachen verstört auf, weil sie sich in einer anderen Position befinden als beim Einschlafen. Es reicht, wenn Sie Ihr Kind mit einem rhythmischen Flüstern beruhigen: »Sch … sch … sch … sch … ist ja gut.«

- *Wenn ein Wachstumssprung stattfindet.* Während der Wachstumsphasen wachen Babys manchmal auf, weil sie Hunger haben. Geben Sie Ihrem

Kind nur in der ersten Nacht eine zusätzliche Mahlzeit und am nächsten Tag einfach mehr. Der Wachstumssprung kann zwei Tage andauern, aber wenn es tagsüber mehr Kalorien erhält, ist die nächtliche Schlafstörung in der Regel behoben.

- *Wenn Kinder zahnen.* Wenn kein zusätzliches Problem vorliegt, speicheln sie lediglich vermehrt, der Gaumen ist rot und geschwollen und manchmal haben sie Fieber. Feuchten Sie einen Waschlappen an einer Ecke an, legen Sie ihn in die Gefriertruhe und geben Sie ihn dem Kind zum Nuckeln – ein ebenso einfaches wie wirksames Hausmittel. Ich persönlich mag keine Beißringe, die man kaufen kann, weil nirgendwo ersichtlich ist, womit sie gefüllt sind. Gut sind harte Kinderkekse, oder Tropfen (wie Dentinox), mit denen Sie das Zahnfleisch einreiben.

- *Wenn die Windel schmutzig ist.* Viele Kinder wachen auf, wenn sie Stuhlgang haben. Wechseln Sie die Windel bei gedämpftem Licht, um zu verhindern, dass Ihr Baby munter wird. Beruhigen Sie es und legen Sie es wieder ins Bett.

Tipp

Wenn Ihr Kind mitten in der Nacht aufwacht, sollten Sie seinem Bedürfnis nachkommen, es aber nicht auf den Gedanken bringen, es sei an der Zeit, zu spielen oder zu scherzen. Sonst hält es Sie in der nächsten Nacht wieder auf Trab.

Was Kinder brauchen – was Sie erwartet

Alter/Meilensteine	Schlafbedarf pro Tag	Typische Schlafmuster
Neugeborene – sie haben nur über ihre Augen Kontrolle	16 – 20 Stunden	Schlafen alle drei Stunden etwa 1 Stunde lang tief, ca. 5 – 6 Stunden pro Nacht
1 – 3 Monate – sie sind aktiver und nehmen die Umgebung bewusster wahr; können den Kopf bewegen	15-18 Stunden, bis zum 18. Monat	Drei Schlafphasen, je 1,5 Stunden; 8 Stunden in der Nacht
4 – 6 Monate – sie werden mobiler		2 Schlafphasen, je 2 – 3 Stunden; 10 – 12 Stunden in der Nacht
6 – 8 Monate – sie können sitzen und krabbeln		2 Schlafphasen, je 1 – 2 Stunden; 12 Stunden in der Nacht
8 – 18 Monate – sie sind immer in Bewegung		2 Schlafphasen, je 1 – 2 Stunden, oder ein Mittagsschlaf über 3 Stunden; 12 Stunden in der Nacht

Machen Sie sich keine allzu großen Sorgen, wenn solche Schlafstörungen auftreten, denn sie halten nicht ewig an. Im Gesamtzusammenhang betrachtet, werden Sie sehen, dass kein Grund besteht, ein paar schlaflose Nächte zu dramatisieren. Ganz sicher haben einige Eltern mehr Glück als andere und Kinder, die vielleicht besser schlafen.

Wichtig ist nur, dass Sie selbst genug Schlaf und/oder Ruhe bekommen, um für den Ansturm gerüstet zu sein. Wie Sie das bewerkstelligen, erfahren Sie im nächsten Kapitel.

Kapitel 7

Das »I«: Individuelle Freizeitgestaltung

Geschwind! Legt euch hin, und zwar jedes Mal, wenn ihr dieses Buch in die Hand nehmt. Der beste Rat, den wir euch heute geben können, lautet: Steht nicht, wenn ihr sitzen könnt, sitzt nicht, wenn ihr liegen könnt, und bleibt nicht wach, wenn ihr schlafen könnt.

Vicki Iovine
in: *The Girlfriends' Guide to Surviving the First Year of Motherhood*

Denkt gelegentlich auch an euch. Verausgabt euch nicht völlig für eure Kinder. Ihr müsst wissen, wer ihr selber seid; ihr müsst euch kennen lernen, euch zuhören und euch auch beim Wachsen zuschauen.

Eine von 1100 Müttern, die an einer Umfrage der »National Family Opinion« teilnahmen;
aus: *The Motherhood Report: How Women Feel About Being Mothers*

Mein **erstes Kind**

Da ich selber Mutter bin, erinnere mich noch gut an die Ängste, Enttäuschungen und Unsicherheiten nach der Geburt meiner ältesten Tochter. Ich erhielt zum Glück Unterstützung von vielen Menschen: von meiner Großmutter, die mich mehr oder weniger großgezogen hat, von meiner Mutter und zahllosen Verwandten, Freunden und Nachbarn, die mir mit Rat und Tat zur Seite standen. Trotzdem erlebte ich einen kleinen Schock, als der lang ersehnte Tag der Entbindung endlich da war.

Meine Mutter und meine Großmutter sagten natürlich immer wieder, wie niedlich Sara sei, aber ich war mir da nicht so sicher. Ich weiß noch, wie ich sie betrachtete und insgeheim dachte: *Meine Güte, ist dein Kind rot und schrumpelig!* So hatte ich mir meine Tochter nicht vorgestellt. Noch heute, achtzehn Jahre später, kann ich mich wieder in die Situation hineinversetzen und die Enttäuschung spüren, die ich empfand, weil Saras Oberlippe nicht meinem Idealbild entsprach. Ich weiß auch noch, dass sie wie ein Lamm blökte und beharrlich mein Gesicht anstarrte. Meine Großmutter sagte damals zu mir: »Tracy, jetzt beginnt die Arbeit des Liebens. Du bist Mutter und wirst es bis zu deinem letzten Atemzug bleiben.« Ihre Worte wirkten wie eine kalte Dusche. Ich war *Mutter*. Plötzlich hatte ich das Bedürfnis, wegzulaufen oder die ganze Sache zumindest abzublasen.

Der folgende Tag war das reinste Chaos, angefüllt mit Tränen und Schmerzen. Mir taten die Beine weh, von der Frosch-Stellung, die ich während der Wehen eingenommen hatte. Meine Schultern waren völlig verspannt, weil mir die Hebamme den Kopf auf die Brust gepresst hatte. Meine Augenhöhlen schmerzten vom Druck während der Presswehen, und meine Brüste fühlten sich so prall an, als würden sie jeden Moment explodieren. Meine Mutter hatte mir gesagt, es sei besser, das Kind sofort anzulegen, aber allein der Gedanke machte mir Angst. Meine Großmutter half mir zwar, eine einigermaßen bequeme Position zu finden, aber letztendlich war ich auf mich allein gestellt. Ich wusste nicht mehr, wo mir der Kopf stand: Sara wickeln, beruhigen, mich wirklich voll auf sie konzentrieren und nebenbei auch noch ein paar Minuten für mich finden, das alles dauerte anfangs fast den ganzen Tag.

Die meisten Mütter machen beim ersten Kind ähnliche Erfahrungen, auch heute noch. Sie müssen nicht nur das physische Trauma der Geburt verarbeiten, das an sich schon ausreichen würde, sondern auch noch mit der seelischen Anspannung, den widersprüchlichsten Empfindungen und dem Gefühl der eigenen Unzulänglichkeit fertig werden. Das ist *normal*. Ich spreche nicht von einer Wochenbettdepression (davon wird später die Rede sein), sondern von der natürlichen »Schonzeit« nach der Geburt, in der wir uns überwiegend zu Hause aufhalten sollten, um uns zu erholen und unser Baby kennen zu lernen. Das Problem ist, dass sich manche Frauen nicht einmal die Zeit nehmen, anständig zu essen, sobald das Kind da ist, was nicht nur auf die Stimmung schlägt, sondern auch die Gesundheit gefährdet.

Viele Mütter leugnen ihre Bedürfnisse; dazu gehören vor allem Frauen, die beruflich erfolgreich oder sehr gut organisiert waren. Nach der Geburt gerät ihr Leben aus dem Takt, auch wenn sie sich einreden, dass alles beim Alten geblieben sei. Statt den Gefühlen und Empfindungen auf den Grund zu gehen, die über sie hereinbrechen, oder zu ihren Ängsten zu stehen, bagatellisieren sie die Erfahrung. Powerfrauen sagen während der Schwangerschaft oft: »Was ist schon dabei, ein Kind zu kriegen! Das mache ich doch mit links!« oder: »Was

Faule Ausreden!

Sobald Ihr Kind geboren ist, sollten Sie sich jeden Tag fragen: »Was habe ich heute für **mich** *getan?«*

Nachfolgend finden Sie Begründungen von Frauen, die sich keine Zeit für sich selbst nehmen, und mit welchen Mitteln man solchen faulen Ausreden beikommen kann:

»Ich kann das Baby nicht allein lassen.« Bitten Sie eine Verwandte oder Freundin, eine Stunde zum Hüten zu kommen.

»Meine Freundinnen kennen sich nicht mit Säuglingen aus.« Laden Sie sie ein und zeigen Sie ihnen, was zu tun ist.

»Ich habe keine Zeit.« Schaffen Sie sich Zeit, indem Sie meine Tipps beherzigen. Sie setzen vermutlich keine klaren Prioritäten. Schalten Sie den Anrufbeantworter ein, statt ans Telefon zu gehen, wenn es läutet.

»Niemand kann die Mutter ersetzen.« Sie können nicht loslassen! Abgesehen davon muss sowieso jemand für Sie einspringen, wenn Sie so weitermachen und bald völlig am Ende sind.

ist schon dabei, zu stillen!« Wenn sie entbunden haben und aus der Klinik kommen, müssen sie feststellen, dass sie zwar millionenschwere Unternehmen leiten und komplexe Programme durch die Genehmigungsausschüsse navigieren können, aber die Mutterschaft sie vor ungeahnte Herausforderungen stellt. Ein Teil des Leugnens ist das Bedürfnis, wieder das zu tun, was sie bereits gut können. Geschäfte oder Mittagessen mit Kollegen sind ein Kinderspiel verglichen mit allem, was sie tun und lernen müssen, wenn sie mit dem ersten Kind nach Hause kommen.

Am anderen Ende der Skala stehen die Mütter, die *alles* allein machen und sich nicht helfen lassen wollen, auch nicht von ihrem Partner. Es ist nicht nur schwierig, alles unter einen Hut zu bringen, sondern auch mehr Arbeit, als viele erwartet hatten.

Sich eine Atempause gönnen

Der wichtigste Rat, den ich Ihnen geben kann, lautet: Vergessen Sie nie, dass Sie bessere Eltern sind, als Sie denken. Die meisten erkennen nicht, dass Kindererziehung eine Kunst ist, die man lernen kann. Sie kennen alle einschlägigen Bücher und Fernsehsendungen und denken, sie wüssten genau, was auf sie zukommt. Dann ist das Baby da, und der Lernprozess beginnt. Er wird dadurch erschwert, dass sie sich am Anfang der Lernkurve körperlich schlechter fühlen als je zuvor. Deshalb sollten sich alle frisch gebackenen Mütter eine Schonzeit gönnen, vor allem, wenn sie stillen. Sie müssen sich nicht nur vom körperlichen Trauma der Entbindung erholen, sondern werden auch von tausend Kleinigkeiten in Anspruch genommen, sind erschöpft und von ihren eigenen Gefühlen überwältigt. Beim Stillen kommen erschwerend das Erlernen der richtigen Technik und die Probleme hinzu, die dabei auftreten können.

»Ohne mich geht es nicht.« Sie meinen, Sie müssten in jeder Situation die Kontrolle haben und sind schockiert, wenn der Haushalt auch ohne Sie läuft.

»Ich nehme mir Zeit, wenn mein Kind älter ist.« Wenn Sie sich jetzt keine Zeit nehmen, messen Sie sich selbst nicht genug Wert bei. Damit laufen Sie Gefahr, Ihre eigene Identität zu verlieren (die sich nicht nur über die Mutterrolle definiert).

Eine gute Methode, die Batterien wieder aufzuladen, ist der Schlaf. Mütter sollten sich in der Anfangszeit jeden Tag zwischen zwei und fünf Uhr hinlegen. Wenn das nicht geht, wenigstens dreimal täglich eine Stunde während der ersten sechs Wochen. Diese Ruhezeit ist kostbar und sollte nicht damit vergeudet werden, zu telefonieren, liegen gebliebene Hausarbeiten zu erledigen oder Einkaufslisten zu schreiben. Sie können nicht hundert Prozent Leistung bringen, wenn Sie mit fünfzig Prozent des Schlafes auskommen müssen, den Sie brauchen. Selbst wenn Sie Hilfe haben oder sich nicht müde fühlen, brauchen Sie Schonung. Sonst garantiere ich Ihnen, dass Sie sich sechs Wochen später fühlen werden, als wären Sie unter eine Dampfwalze geraten.

Merkzettel für Ihre Schonzeit

Die folgenden Punkte mögen Ihnen selbstverständlich erscheinen, aber viele Mütter vergessen diese wichtigen Dinge. Deshalb ein kleiner Merkzettel zum Abhaken:

- ☐ **Essen:** Eine ausgewogene Kost, mindestens 1500 Kalorien am Tag, 500 zusätzlich, wenn Sie stillen. Stellen Sie sich nicht jeden Tag auf die Waage. Machen Sie sich das Leben leichter mit Tiefkühlkost oder Fertiggerichten.
- ☐ **Schlafen:** Legen Sie sich jeden Nachmittag hin, wenn möglich öfter. Geben Sie Ihrem Partner die Gelegenheit, sich aktiv einzubringen.
- ☐ **Körperliche Bewegung:** Kein Gerätesport oder Fitness-Training in den nächsten sechs Wochen. Machen Sie stattdessen lange Spaziergänge.
- ☐ **Zeit für sich selbst finden:** Bitten Sie Ihren Partner, Verwandte oder Freunde, für ein paar Stunden einzuspringen, sodass Sie einmal »frei« haben.
- ☐ **Nichts versprechen, was Sie nicht halten können:** Lassen Sie andere wissen, dass Sie einen Monat oder zwei nicht verfügbar sind. Falls Sie bereits zugesagt haben, sagen Sie ab: »Tut mir Leid. Ich wusste nicht, wie viel Arbeit ein Baby macht.«
- ☐ **Prioritäten setzen:** Streichen Sie alles, was in dieser Zeit nicht unbedingt erforderlich ist, von der Liste.
- ☐ **Planen:** Stellen Sie Listen mit möglichen Babysittern zusammen; planen Sie Ihre Mahlzeiten; machen Sie einmal in der Woche einen Großeinkauf. Um Ihre Hobbys und Aktivitäten vor der Schwangerschaft wieder aufzunehmen, stimmen Sie sich mit Ihrem Partner ab.
- ☐ **Grenzen erkennen:** Legen Sie sich hin, wenn Sie müde sind, essen Sie, wenn Sie Hunger haben, und verlassen Sie den Raum, wenn Sie wütend sind.

- ☐ Um Hilfe bitten: Niemand kann die Aufgaben, die auf Sie zukommen, im Alleingang bewältigen.
- ☐ Zeit für den Partner oder Freunde erübrigen: Es wäre unrealistisch, wenn Sie glauben, Sie könnten sich Ihrem Baby ständig rund um die Uhr widmen.
- ☐ Sich verwöhnen: So regelmäßig wie Sie können. Gönnen Sie sich eine Ganzkörpermassage, eine Gesichtsmassage oder eine Behandlung bei der Kosmetikerin, Maniküre oder Pediküre.

Den meisten Frauen tut es außerdem gut, sich mit Freundinnen auszutauschen, die selber Kinder haben, oder mit der eigenen Mutter. Wenn Sie eine gute Beziehung zu ihr haben, kann sie eine hervorragende Stütze sein und Sie außerdem daran erinnern, dass der Prozess, den Sie gerade durchmachen, völlig natürlich ist.

Ein Gespräch unter Männern ist für die Väter oft weniger befriedigend. Gerade beim ersten Kind haben sie den Hang, sich gegenseitig mit Erzählungen zu überbieten, wie *schrecklich* alles ist. »Der Kleine hat mich die halbe Nacht auf Trab gehalten«, sagt er eine. »Wirklich?«, erwidert der Freund. »Was soll ich da erst sagen! Meiner war die ganze Nacht wach. Ich habe überhaupt kein Auge zugetan.«

Für beide Partner ist es wichtig, sich Zeit zu lassen und Fehler und Schwierigkeiten zu akzeptieren. Es hilft auch, die Hausarbeit häppchenweise zu erledigen. Wenn ein Berg Wäsche auf Sie wartet, müssen Sie nicht alles auf einmal waschen oder bügeln. Und wenn Sie viele Geschenke erhalten haben, werden die Leute Verständnis haben, wenn Sie sich nicht auf der Stelle schriftlich bei allen bedanken.

Wenn Sie ein Baby haben, ändert sich alles: Ihre Zeiteinteilung, Ihre Prioritäten und Ihre Beziehungen. Bei Frauen (und Männern), die diese Realität nicht akzeptieren, sind die Probleme geradezu vorprogrammiert. Sie müssen alles in die richtige Perspektive rücken, darauf läuft die Schonphase nach der Geburt letztlich hinaus. Sie haben eine Aufgabe übernommen, mit der Sie noch lange Jahre beschäftigt sind. Sie werden gute und schlechte Zeiten erleben; seien Sie auf beides vorbereitet.

Stimmungs**wechsel**

Das Stimmungsbarometer lässt sich bei frisch gebackenen Müttern oft auf den ersten Blick ablesen. Wenn mich jemand bei einem Hausbesuch im verknitterten T-Shirt mit Milchflecken an der Tür empfängt, weiß ich, dass es hier nicht nur um Stillprobleme geht.

Francine erklärte: »Ich fühle mich gespalten, wie Dr. Jekyll und Mr. Hyde. In der einen Minute bin ich die liebevollste Mutter der Welt, in der nächsten würde ich am liebsten auf Nimmerwiedersehen verschwinden, weil mir alles zu viel wird.«

Fast alle Mütter erleben in den ersten sechs Wochen nach der Entbindung eine emotionale Achterbahnfahrt; dagegen man kann nichts weiter tun als sich anschnallen und mental darauf vorbereiten. Angesichts der Höhen und Tiefen ist es kein Wunder, wenn Sie wie die meisten jungen Mütter plötzlich das Gefühl haben, unter einer Persönlichkeitsspaltung zu leiden. Im Zuge dieser Stimmungsschwankungen hören Sie im Verlauf des Tages oder einer Woche eine innere Stimme, die einer dieser »Persönlichkeiten« gehört und Ihnen zuflüstert:

»Ist doch ganz einfach.« In solchen Augenblicken fühlen Sie sich wie die »geborene Mutter«: Alles scheint Ihnen schnell und leicht von der Hand zu gehen. Sie verlassen sich auf Ihr eigenes Urteil, sind zuversichtlich, voller Selbstvertrauen und nicht übermäßig empfänglich für die wechselnden Trends in der Kindererziehung. Sie können über sich selbst lachen und wissen, dass Sie als Mutter nicht immer perfekt sein können. Sie scheuen sich nicht, Fragen zu stellen, und erhalten Antworten, die Sie problemlos umsetzen oder an Ihre persönliche Situation anpassen können. Sie fühlen sich ausgeglichen.

»Mache ich es richtig?« Das sind die angstbesetzten Augenblicke, in denen Sie sich unzulänglich fühlen, pessimistisch und verunsichert sind. Sie gehen schnell an die Decke und zerbrechen sich sogar den Kopf über Ereignisse, die noch gar nicht eingetreten sind. Im Extremfall, wenn die Hormone verrückt spielen, malen Sie sich das Schlimmste aus.

»Furchtbar, grauenhaft, nicht zum Aushalten …« In solchen Momenten jammern Sie über das Grauen der Entbindung, halten die Freuden der Mutterschaft für ein Ammenmärchen und sind überzeugt, dass es keiner Frau so schlecht ergangen ist wie Ihnen. Sie fühlen sich besser, wenn Sie jedem erzählen, wie furchtbar der Kaiserschnitt war, dass Ihr Kind Sie jede Nacht auf Trab hält und Ihr Mann keinen Handschlag rührt. Wenn man Ihnen Hilfe anbietet, spielen Sie die Märtyrerin: »Danke, nicht nötig. Ich komme schon allein zurecht.«

»Kein Problem – ich mach das schon.« Frauen, die vor der Schwangerschaft in ihrem Beruf erfolgreich waren, erleben oft solche Augenblicke. Sie denken, dass sie mit ihrer Führungskompetenz alles in den Griff bekommen, und sind überrascht, enttäuscht oder frustriert, wenn das Baby nicht mitspielt. Sie verdrängen die Realität und reden sich ein, dass ihr Leben trotz Kind so weitergeht wie bisher.

»Aber im Buch steht ...« In Augenblicken der Verwirrung und des Zweifels lesen Sie alles, was Ihnen in die Finger gerät, und versuchen, es bei Ihrem Baby anzuwenden. Um das Chaos unter Kontrolle zu bringen, greifen Sie zu endlosen Listen und dem Terminplaner. Struktur und Ordnung sind lobenswert, aber man sollte sich nicht davon versklaven lassen.

Natürlich wäre es schön, wenn die »Ist doch ganz einfach«-Stimme immer die Oberhand hätte, aber das bleibt für die meisten Frauen ein Wunschtraum. Nehmen Sie diese inneren Stimmen zur Kenntnis, führen Sie Buch über Ihre Stimmungen und lernen Sie, mit den Veränderungen umzugehen. Wenn eine Stimme Ihnen ständig sagt, dass Sie als Mutter eine Niete sind, ist es an der Zeit, die Maßstäbe zu überprüfen, die Sie sich selber setzen.

Wochenbettdepression oder **schwere klinische Depression?**

Ich möchte noch einmal betonen, dass ein gewisses Maß an Niedergeschlagenheit für die Zeit nach der Entbindung typisch ist. Viele Frauen leiden unter Hitzewallungen, Kopfschmerzen, Schwindelgefühl, sind lethargisch, brechen leicht in Tränen aus und neigen zu Selbstzweifeln und Ängsten. Wodurch wird diese so genannte Wochenbettdepression verursacht? Zum einen geht sowohl die Produktion der »weiblichen Hormone« wie Östrogen und Progesteron als auch der Endorphine, die zum Gefühl von Glück und Wohlbefinden während der Schwangerschaft beigetragen haben, wenige Stunden nach der Geburt drastisch zurück. Der Stress, der beim ersten Kind dazukommt, spielt ebenfalls eine Rolle. Und falls Sie anfällig für das so genannte prämenstruelle Syndrom sind – Nervosität und Anspannung vor der Monatsblutung –, machen Ihnen die Hormone ohnehin zu schaffen, was sich auch nach der Entbindung nicht ändert.

Die Wochenbettdepression verläuft normalerweise in Wellen und löst eine »innere Springflut« aus. Sie kann den gesunden Menschenverstand und das Gefühl des Wohlbefindens unter sich begraben, meist zwar nur einen oder zwei Tage lang, aber manchmal sogar drei Monate oder ein ganzes Jahr. Diese Depressionen färben auf sämtliche Empfindungen ab, auch gegenüber Ihrem Kind. Die Stimmen in Ihrem Kopf flüstern Ihnen zu: »Worauf habe ich mich da bloß eingelassen!« oder »Das schaffe ich nicht!« – ganz gleich, ob es darum geht, die Windeln zu wechseln, zu stillen oder mitten in der Nacht aufzustehen.

Tipp

Wenn Sie mit Ihrem Kind allein sind, sich überfordert fühlen oder merken, wie Wut in Ihnen aufsteigt, legen Sie es ins Bett und verlassen Sie den Raum. Kein Kind stirbt, weil es schreit. Atmen Sie ein paar Mal tief durch, bevor Sie zurückkehren. Wenn Sie Ihre Fassung immer noch nicht wiedergewonnen haben, rufen Sie eine Verwandte, Freundin oder Nachbarin an und bitten Sie um Hilfe.

Wenn die innere Springflut der Gefühle aufsteigt und gegen das Ufer Ihrer Psyche anbrandet, konzentrieren Sie sich auf das Wesentliche. Was mit Ihnen geschieht, ist völlig normal – lassen Sie es zu. Bleiben Sie im Bett, wenn Sie sich danach besser fühlen. Weinen Sie. Brüllen Sie Ihren Partner an, wenn es Ihnen hilft. Es geht alles vorbei.

Aber woran merken Sie, dass das normale Maß an Angst oder Unsicherheit überschritten wird?

Die Wochenbettdepression ist eine psychische Störung, eine nachweisbare Erkrankung. Sie beginnt oft am dritten Tag nach der Geburt und dauert bis zur vierten Woche an. Ich bin wie viele Psychiater, die mit dem Krankheitsbild vertraut sind, der Meinung, dass diese Zeitspanne zu kurz bemessen ist.

Eine klinische Depression kann vorliegen, wenn die Symptome anhalten und sich verstärken. Typisch sind: tiefe Traurigkeit, ständiges Weinen, Gefühl der Hoffnungslosigkeit, Schlaflosigkeit, Antriebslosigkeit, Angst- und Panikattacken, erhöhte Reizbarkeit, zwanghaftes Verhalten, Zwangsvorstellungen, Appetitmangel, geringes Selbstwertgefühl, Mangel an Begeisterung, emotionale Distanz zum Partner und Kind sowie das Gefühl, sich selbst und dem Kind zu schaden. Diese Symptome sollten in jedem Fall ernst genommen werden.

Schätzungen zufolge leiden zehn bis fünfzehn Prozent aller frisch gebackenen Mütter unter einer Wochenbettdepression und eine Frau von tausend unter einem vollständigen Bruch mit der Wirklichkeit, der so genannten Postpartal-Psychose. Anders als bei hormonellen Veränderungen und Stress nach der Entbindung sind sich die Wissenschaftler noch nicht im Klaren darüber, warum manche Frauen nach der Geburt in eine schwere klinische Depression verfallen. Ein Risikofaktor ist ein chemisches Ungleichgewicht im Körper mit längerer medizinischer Vorgeschichte. Bei einem Drittel der Frauen, die schon vor der Geburt ihres Kindes unter Depressionen gelitten haben, setzen sich diese auch nachher fort; die Hälfte der Frauen, bei denen nach der Geburt des ersten Kindes Depressionen auftreten, müssen auch nach weiteren Geburten damit rechnen.

Bedauerlicherweise sind sich nicht einmal alle Ärzte dieses Risikos bewusst. Infolgedessen haben viele Frauen keine Ahnung, was mit ihnen geschieht, wenn eine Depression eintritt – ein Problem, das sich vermeiden ließe, wenn es mehr Informationen und Aufklärung dazu gäbe. Wenn Sie den Verdacht haben, dass Sie an einer Wochenbettdepression leiden könnten, sollten Sie unbedingt einen Arzt aufsuchen. Eine Depression ist eine Krankheit, genauso wie eine schwere Grippe auch. Sie sind deswegen keine schlechte Mutter, sondern sollten professionelle Hilfe und Unterstützung von anderen Frauen in Anspruch nehmen, die den Zustand aus eigener Erfahrung kennen.

Die Reaktion **des Vaters**

Väter werden während der Postpartum-Periode oft stiefmütterlich behandelt, weil sich alles um Mutter und Kind dreht. So sollte es natürlich auch sein, aber Männer sind auch nur Menschen. Studien haben gezeigt, dass einige Väter in dieser Zeit unter Stress und Depressionen leiden. Der Vater sieht sich ebenfalls einer völlig neuen Situation gegenüber, die er bewältigen muss: das Baby und die Aufmerksamkeit, die ihm zuteil wird, die Stimmungsschwankungen der Mutter, die Besucher und Fremden wie Kinderärzte und Hebammen, die plötzlich eine Rolle spielen. Genauso wie die Mütter von Stimmungswechseln heimgesucht werden, beschleichen auch die Männer ganz unterschiedliche »Vatergefühle«, wenn das Kind erst einmal auf der Welt ist. Sie äußern sich in den folgenden Verhaltensmustern:

»Lass mich das machen.« Manchmal, vor allem in den ersten Wochen, ist der Vater wirklich eine große Hilfe. Er war stets engagiert – von der Schwangerschaft bis zur Geburt, und möchte sich auch bei der Betreuung seines Kindes voll einbringen. Er ist aufgeschlossen, bereit dazuzulernen und freut sich über ein Lob. Er hat einen natürlichen Instinkt im Umgang mit seinem Kind, und Sie sehen an seinem Gesicht, dass er gern mit ihm zusammen ist. In diesem Fall sollten Sie sich glücklich schätzen. Wenn Sie großes Glück haben, dauert dieses Engagement an, bis Ihr Kind flügge ist und das elterliche Nest verlässt.

»Dafür bin ich nicht zuständig.« Diese Reaktion ist bei einem Vater vom »alten Schlag« zu erwarten, der sich tunlichst aus allem heraushält, was Haushalt und Kinder betrifft. Er liebt sein Kind, aber

Windeln wechseln oder Baden sind nicht seine Aufgaben. Dafür ist die Frau zuständig. Er stürzt sich unmittelbar nach der Geburt in seine Arbeit, benutzt sie als bequeme Ausflucht oder weil er sich ernsthaft Sorgen macht, ob er die Familie mit seinem Gehalt »versorgen« kann. Wie dem auch sei, er hat eine legitime Entschuldigung, sich einer aktiven Beteiligung an der Kinderbetreuung zu entziehen, die für ihn zu den langweiligen, »niederen« Arbeiten gehört. Im Lauf der Zeit weicht die harte Schale oft auf, vor allem, wenn er mehr mit dem Kind »anfangen« kann. Er wird mit Sicherheit auch dann nicht kooperieren, wenn Sie ihm ständig mit seinen Versäumnissen oder Vergleichen mit anderen Vätern in den Ohren liegen.

»Oje – da stimmt was nicht.« Ein solcher Vater ist völlig verkrampft, wenn er sein Baby zum ersten Mal im Arm hält. Er hat oft gemeinsam mit seiner Frau Geburtsvorbereitungs- und Säuglingspflegekurse absolviert und sich viele Gedanken über die Eltern-Kind-Beziehung gemacht, aber trotzdem hat er ständig Angst, etwas falsch zu machen. Wenn er sein Kind badet, fürchtet er, es zu verbrühen, wenn er es schlafen legt, fürchtet er, es könnte am plötzlichen Kindstod sterben. Und kaum ist an der häuslichen Front einmal alles ruhig, macht er sich Sorgen, ob sein Kind später einen Arbeitsplatz findet. Doch Erfolgserlebnisse stärken mit der Zeit sein Selbstvertrauen und zerstreuen seine Ängste. Ein wenig Ermutigung und Lob vonseiten der Mutter kann auch nicht schaden.

»Schau dir dieses Kind an!« Der Vater ist stolz wie Oskar. Er möchte, dass jeder weiß, was für ein Prachtkind er gezeugt hat und wie sehr er sich engagiert. Besuchern erzählt er: »Die Nachtschicht übernehme ich, damit meine Frau ihre Ruhe hat.« Die Frau, die seine Sprüche kennt, verdreht hinter seinem Rücken die Augen. Wenn er schon einmal verheiratet war, ist er »der Experte«, selbst wenn er in der ersten Runde keinen Finger krumm gemacht hat, und weist seine Frau ständig mit dem niederschmetternden Kommentar zurecht: »So macht man das aber nicht!« Lassen Sie ihn gewähren, vor allem, wenn er zu wissen scheint, was er tut, aber lassen Sie sich nicht beirren, wenn Ihnen Ihre Intuition etwas anderes sagt.

»Was für ein Baby?« Wie bereits erwähnt, verlegen sich auch einige Mütter aufs Verdrängen, wenn das Kind kommt. Väter entwickeln ihre eigene Spielart dieser Taktik, die Wirklichkeit zu leugnen. Manche begreifen nicht, dass sie nun ein Kind haben und ihr Leben sich von Grund auf ändern wird. Und falls ihnen die Veränderung bewusst ist, flüchten sie sich in Aktivitäten, die sie bereits kennen und beherrschen, zum Beispiel Gartenarbeit, statt sich im Haushalt und bei der Kinderbetreuung einzubringen. Was ein solcher Vater braucht, ist eine Dosis Realität und Ermutigung. Falls er sich jedoch dagegen sperrt oder sie ihm keine Möglichkeit bietet, sich zu engagieren, wird er zu einer Witzfigur – so wie der Vater, der im Wohnzimmer vor dem Fernseher hockt, blind für das Chaos, das ringsum herrscht, während die Mutter, völlig überfordert, weil sie versucht, zu telefonieren und gleichzeitig das Abendessen zu machen, entnervt fragt: »Schatz, könntest du mal das Baby nehmen?« Und er erwidert: »Was für ein Baby?«

Männer sind gleichwohl in der Lage, sich zu verändern, obwohl oft in einer Weise, die ihren Frauen nicht gefällt. Wenn Mütter mich fragen: »Was mache ich nur, damit er sich mehr einbringt?«, sind sie enttäuscht, weil es keine Patentlösung gibt. Männer entwickeln erfahrungsgemäß mehr Interesse, sich an der Kinderbetreuung zu beteiligen, wenn sie die Aufgaben und die Zeit selber bestimmen können. Bei einem Vater, der zunächst mit Feuereifer dabei war, flaut das Engagement im Lauf der Zeit vielleicht ab, während es einem anderen plötzlich Spaß macht, sein Kind zu füttern, sich mit ihm hinzusetzen, mit ihm spazieren zu gehen oder mit ihm zu reden. Die meisten Väter tun ihr Bestes, wenn man ihnen konkrete Aufgaben zuweist, die zu bewältigen sie sich zutrauen. Das Geheimnis besteht in dem kleinen Zauberwort, das sich wie ein roter Faden durch das gesamte Buch zieht: Respekt. Wenn ein Mann das Gefühl hat, dass seine Bedürfnisse respektiert werden, ist die Wahrscheinlichkeit größer, dass er auch Ihre respektiert. Doch am Anfang sollten Sie damit rechnen, dass es ein Balanceakt sein wird, bis Sie einen festen Stand gefunden haben.

Und was ist **mit uns?**

Wenn ein Baby der Dritte im Bunde ist, beginnt sich auch die Beziehung zu verändern. In vielen Fällen entspricht die Realität nicht den Wunschvorstellungen. Probleme, die unausgesprochen bleiben oder unter der Oberfläche verborgen liegen, können den Kontakt der Partner zueinander belasten. Zu den häufigsten Schwierigkeiten gehören:

Nervosität am Anfang. Die Mutter fühlt sich überlastet. Der Vater weiß nicht genau, wie er ihr helfen kann. Wenn er ihr nicht zur Hand geht, ist die Mutter ungeduldig und hackt auf ihm herum. Vermutlich wehrt er sich. »Er zieht dem Kind die Windel falsch an«, beschwert sich eine Mutter hinter dem Rücken ihres Partners.

Er hat gesagt/Sie hat gesagt

Jeder Elternteil hat in einer Partnerschaft seine eigene Perspektive. Oft komme ich mir wie ein Dolmetscher bei den Vereinten Nationen vor, der versucht, dem einen Partner das zu »übersetzen«, was ihm der andere sagen will.

Sie möchte, dass ich ihm erkläre …

- wie schmerzhaft die Entbindung war
- wie müde und ausgelaugt sie ist
- wie anstrengend und schmerzhaft das Stillen ist
- dass sie nicht seinetwegen weint oder schreit, sondern weil ihre Hormone verrückt spielen
- dass sie nicht erklären kann, warum sie weint

Geben Sie ihm eine Chance. Fakt ist, dass beide Partner Neulinge sind und sich am Anfang der Lernkurve befinden. Wie war es denn beim ersten Rendezvous? Mussten Sie sich nicht auch erst kennen lernen, damit sich aus der zunehmenden Vertrautheit ein tieferes Verständnis entwickeln konnte? Genauso ist es mit Ihnen beiden und dem Baby.

Väter können einkaufen, das Baby baden und das letzte Füttern am Abend übernehmen, damit sie sich stärker in den Prozess einbezogen fühlen. Schließlich braucht eine Mutter jede Hilfe, die sie bekommen kann. Außerdem hören vier Ohren mehr als zwei, und da Mütter eine Fülle von Informationen verarbeiten müssen, sollten Väter ihren Partnerinnen außerdem eine Gedächtnisstütze sein. Es gibt unendlich viele Möglichkeiten, sich nützlich zu machen, zum Beispiel in der Anfangszeit beim Anlegen des Kindes helfen oder darauf achten, dass die Mutter, wenn sie stillt, die empfohlenen sechzehn Gläser Wasser am Tag trinkt.

Geschlechtsspezifische Unterschiede. Welche Konflikte in den ersten Wochen auch auftreten mögen, beide Partner haben sich gemeinsam auf die bevorstehende Aufgabe eingelassen, auch wenn sie die Situation aus einer unterschiedlichen Perspektive betrachten. Der Vater ist auf Problemlösungen abonniert, während die Mutter oft nur ein offenes Ohr, eine Schulter zum Anlehnen oder eine liebevolle Umarmung braucht. Oft wurzeln Probleme, die nach der Geburt eines Kindes in der Partnerschaft auftreten, in solchen geschlechtsspezifischen Unterschieden, und es bedarf eines Dolmetschers, um Venus zu erklären, was Mars meint, und umgekehrt (siehe *Er hat gesagt/Sie hat gesagt*). Paare sollten daher lernen, die Sprache des anderen zu verstehen und es nicht persönlich zu nehmen, wenn der Partner die Dinge aus einer anderen Warte sieht. Solche Gegensätze lassen sich sogar in eine Stärke verwandeln, weil sie Ihnen ermöglichen, auf ein breiter gefächertes Repertoire an Denk- und Handlungsmustern zurückzugreifen.

Er möchte, dass ich ihr erkläre …

- dass sie aufhören soll, ihn ständig zu kritisieren
- dass ein Baby nicht aus Porzellan ist
- dass er sein Bestes tut
- dass es ihn verletzt, wenn sie seine Ideen und Vorstellungen in puncto Babybetreuung sofort abschmettert
- dass er sich »unter Druck gesetzt« fühlt, weil er nun eine Familie zu versorgen hat
- dass auch er sich manchmal deprimiert und überfordert fühlt

Veränderungen im Lebensstil. Bei manchen Paaren besteht der größte Stolperstein darin, dass sie ihre Lebensplanung ändern müssen. Sie haben Verwandte, die einspringen oder eine bezahlte Tagesmutter, aber es gelingt ihnen nicht, ihre Zeit auf das dritte, von ihnen abhängige Familienmitglied abzustimmen, weil sie das bisher nie tun mussten.

Michael und Denise, Mitte dreißig und vier Jahre verheiratet, bevor sie eine Familie gründeten, waren beide sehr dynamisch und erfolgreich in ihrem Beruf. Er war Topmanager in einem großen Unternehmen, spielte dreimal in der Woche Tennis und am Wochenende Fußball. Sie war leitende Angestellte in einem Filmstudio und arbeitete oft von acht Uhr morgens bis neun Uhr abends; an vier Tagen in der Woche hielt sie sich sportlich fit. Kein Wunder, dass sie überwiegend in Restaurants aßen, gemeinsam oder getrennt. Denise lernte ich kennen, als sie im neunten Monat schwanger war. Ich wies sie darauf hin, dass sie in Zukunft auf einige Dinge verzichten müsse, und riet ihr, sich einen groben Plan für die Zeit nach der Geburt des Babys zu machen. Michael und Denise setzten sich zusammen und schrieben eine Liste mit ihren Wünschen und Bedürfnissen. Worauf konnten sie in den ersten Monaten verzichten, bis sie sich an ihre neue Rolle gewöhnt hatten? Was war für ihr emotionales Gleichgewicht unerlässlich? Denise beschloss, beruflich kürzer zu treten, obwohl sie sich nur einen Monat Schonzeit nach der Entbindung zugestand. Auch Michael versprach, sich mehr Freizeit zu nehmen. Beide muteten sich mit ihrer Planung immer noch sehr viel zu, aber es ist schwer für manche Paare, eingeschliffene Verhaltensweisen auf einen Schlag zu ändern. Als Denise merkte, dass die Geburt ihren Tribut gefordert hatte und eine Verlängerung des Mutterschaftsurlaubs ihr gut tun würde, ließ sie sich einen weiteren Monat Zeit, bis sie wieder ins Berufsleben zurückkehrte.

Appell an alle Partner

Dieser Appell richtet sich an denjenigen Partner, der das Kind **nicht** *geboren hat und* **nicht** *den ganzen Tag mit ihm daheim verbringt:*

Versuchen Sie ...

- sich eine Woche oder länger freizunehmen; falls das nicht geht, versuchen Sie zu sparen, um jemanden zu engagieren, der in dieser Zeit die Hausarbeit übernimmt
- zuzuhören, ohne eine Patentlösung anzubieten
- liebevoll und ohne Kommentar zu unterstützen
- ein Nein als Antwort zu akzeptieren, wenn sie sagt, dass sie keine Hilfe braucht
- einzukaufen, zu putzen, zu waschen und staubzusaugen, ohne dass sie darum bitten muss
- zu erkennen, dass sie einen guten Grund hat zu sagen: »Ich bin nicht mehr die Alte«

Konkurrenzdenken. Das ist ein schwer wiegendes Problem bei vielen Paaren. George und Phyllis waren beide Anfang vierzig, als sie ein Kind adoptierten. Sie machten sich gegenseitig Konkurrenz, bei wem sie mehr trank oder wer sie besser beruhigen konnte. Beide lasen Bücher über Säuglingspflege und zitierten daraus, nicht um sich gegenseitig zu informieren, sondern um dem anderen unter die Nase zu reiben: »Siehst du! Ich hatte Recht!«

Solche Eltern sind damit beschäftigt, sich gegenseitig zu übertrumpfen, und ihr Kind hat das Nachsehen. Sie sollten lernen, einen Gang herunterzuschalten und ihrem Baby mehr Aufmerksamkeit zu schenken. Außerdem hilft es, die Aufgaben zu verteilen, sodass jeder seine eigene Domäne hat, ohne dem anderen auf die Finger zu schauen oder ihn zu kritisieren.

Falls die Probleme zwischen den Partnern anhalten, können sie auch auf alle anderen Lebensbereiche übergreifen. Sie streiten sich dann über die Aufgabenverteilung und sind nicht mehr bereit zu kooperieren. Dazu kommt, dass ihr Sexualleben – nach der Geburt des Kindes für ein paar Wochen auf Eis gelegt – ebenfalls für Spannungen sorgt.

Versuchen Sie nicht …

- Ihre emotionalen oder physischen Probleme auf die Schnelle zu lösen; Sie wissen ja, gut Ding will Weile haben
- Ihre Partnerin anzufeuern oder gönnerhaft zu behandeln, indem Sie ihr z. B. auf die Schulter klopfen und »gut gemacht« sagen, als wäre sie ein braves Hündchen
- sich selbst ein Armutszeugnis auszustellen, indem Sie in Ihrer eigenen Küche herumirren und sich laut fragen, wo Sie was finden
- den Besserwisser zu spielen und sie ständig zu kritisieren
- beim Einkaufen zu Hause anzurufen, weil es keinen Räucherlachs mehr gibt, und zu fragen: »Was soll ich stattdessen mitbringen?« Überlegen Sie sich selbst etwas

Sex und Stress **in der Partnerschaft**

Sex ist Thema Nummer eins für jeden frisch gebackenen Vater, während es bei den meisten Müttern auf der Wunschliste ganz unten steht. Die erste Frage, die viele Männer nach der Postpartum-Periode und der Untersuchung des Gynäkologen stellen, lautet: »Was hat er gesagt? Können wir wieder?«

Bei dieser Frage kocht sie innerlich: Statt zu fragen, ob sie sich danach fühlt oder ihr mit Blumen den Hof zu machen, braucht er die Meinung einer dritten Partei über ihr Sexualleben, als ob sie sich dadurch erweichen ließe. Wenn sie bereits vor der Frage keine große Lust auf Sex hatte, dann ist sie ihr jetzt erst recht vergangen.

Also holt sie tief Luft und tischt ihm eine Lüge auf. »Noch nicht.« Der Arzt hat zwar gesagt, dass sie sich noch Zeit lassen sollen, aber natürlich ist das letztlich ihre Entscheidung. Einige Frauen benutzen als Ausrede, dass das Baby mit im Ehebett schläft. Andere holen das uralte »Ich habe Kopfweh«, »Ich bin völlig erledigt«, »Ich habe Schmerzen« oder »Ich will nicht, dass du meinen Körper so siehst« aus der Mottenkiste hervor. Solche Aussagen enthalten ein Körnchen Wahrheit, aber für manche Frauen mit einer wahren »Sexphobie« nach der Geburt sind sie wie ein Schutzpanzer.

Partnerpflege

- Planen Sie Zeit ein, die Sie gemeinsam mit Ihrem Partner/Ihrer Partnerin verbringen – Spaziergänge, eine Verabredung am Abend, ein Besuch in der Eisdiele
- Planen Sie einen Urlaub ohne Kind ein, selbst wenn es bis dahin noch eine Weile dauern wird
- Verstecken Sie Zettel mit ein paar lieben Worten für Ihren Partner/Ihre Partnerin
- Überraschen Sie Ihren Partner/Ihre Partnerin mit einem Geschenk
- Schicken Sie Ihrem Partner einen Liebesbrief ins Büro, in dem Sie ihm für seine Unterstützung danken
- Behandeln Sie einander immer liebevoll und mit Respekt

In meinen Gruppen und bei Hausbesuchen bitten mich viele verzweifelte Väter um Hilfe. »Was mache ich bloß? Ich habe Angst, dass sie überhaupt nicht mehr mit mir schlafen will!« oder »Bitte, reden *Sie* mit ihr«. Ich versuche ihnen zu erklären, dass die erste gynäkologische Untersuchung etwa sechs Wochen nach der Geburt des Kindes fällig ist. So lange dauert es normalerweise, bis ein Dammschnitt oder Kaiserschnitt verheilt ist. Das bedeutet aber nicht, dass sich alle Frauen nach sechs Wochen erholt haben oder emotional bereit sind für Sex.

Die sexuellen Aktivitäten erhalten nun eine neue Dimension. Männer, die sofort wieder mit ihrer Frau schlafen wollen, sind sich oft nicht bewusst, in welchem Ausmaß sich der weibliche Körper durch die Geburt des Kindes verändert. Die Brüste sind wund, die Vagina wurde gedehnt, die Schamlippen geweitet, und durch den niedrigen Hormonspiegel ist die Scheide trocken. Das Stillen kann die Situation noch erschweren. Wenn eine Frau die Stimulation der Brustwarzen früher genossen hat, findet sie diese nun schmerzhaft oder abstoßend – ihre Brüste gehören plötzlich

Rückbildungsgymnastik

Diese Übung können Sie schon in der dritten Woche nach der Entbindung machen:

Beckenbodenmuskeln anspannen und halten – eins, zwei, drei!
Die Beckenbodengymnastik stärkt die Muskeln, die Harnröhre, Blase, Gebärmutter und das Rektum; sie kräftigt außerdem die Vaginalmuskulatur. Beim Anspannen sollten Sie das gleiche Gefühl haben, als würden Sie den Urin verhalten: Dieselben Muskeln werden trainiert. Führen Sie diese Übung dreimal am Tag durch.

Zuerst haben Sie vielleicht das Gefühl, als befänden sich dort gar keine Muskeln oder als wären Sie wund. Fangen Sie langsam an, mit zusammengepressten Knien. Um zu testen, ob Sie die richtigen Muskeln trainieren, führen Sie einen Finger in die Scheide ein; dann müssten Sie spüren, ob sie angespannt sind. Wenn Sie die Übung beherrschen, trainieren Sie mit gespreizten Knien.

dem Baby. Kein Wunder, dass angesichts all dieser Veränderungen auch die sexuellen Empfindungen nicht mehr die gleichen sind. Die Angst spielt ebenfalls eine Rolle. Manche Frauen meinen, sie wären ganz »ausgeleiert« und könnten keine Lust mehr empfinden oder bereiten. Andere befürchten, dass es wehtun könnte, und verkrampfen sich schon bei dem Gedanken daran, mit ihrem Partner zu schlafen. Wenn beim Orgasmus Milch aus den Brüsten läuft, ist das vielen Frauen peinlich oder sie haben Angst, dass ihr Partner das abstoßend finden könnte – was bei manchen Männern auch der Fall ist.

Unter Umständen fällt es ihnen schwer, ihre Partnerin in ihrer neuen Rolle als Mutter oder beim Stillen zu sehen, oder sie fühlen sich nach dem Erlebnis im Kreißsaal sexuell abgestoßen. Was kann ein Paar dagegen tun? Es gibt keine Patentlösungen, aber Möglichkeiten, den Druck zu verringern, unter dem beide Partner stehen:

◆ *Reden Sie offen miteinander.* Statt zuzulassen, dass sich die Emotionen hochschaukeln, gestehen Sie offen ein, was Sie empfinden. Ein Mann sollte ehrlich sein, was seine Bedürfnisse angeht, aber auch den Standpunkt der Frau verstehen. Es besteht ein großer Unterschied zwischen physischer und emotionaler Bereitschaft zum Sex. Was hilft, sind gegenseitiges Verständnis, Akzeptanz der Gefühle und ein einfaches Rezept: eine Einladung zum Essen mit Wein und Kerzenlicht, nicht als Mittel zum Zweck, sondern um ihr zu zeigen, dass er sie liebt und gerne mit ihr zusammen ist. Fürsorge und Zärtlichkeit finden Frauen oft erotischer als alle »Überredungskünste«.

◆ *Werfen Sie einen objektiven Blick auf Ihr Sexualleben vor der Schwangerschaft.* Wenn das Sexualleben schon vorher nicht stimmte, wird es nach der

Tipp

Wenn Sie mit Ihrem Partner ausgehen, sollte das Thema Kind tabu sein. Sie haben Ihr Baby zu Hause gelassen. Wenn Sie vermeiden wollen, dass sich aufseiten des Vaters ein heimlicher Groll entwickelt, sollten auch Sie an diesem Abend versuchen, das Thema einmal auszuklammern.

Geburt mit Sicherheit nicht besser. Das erinnert mich an einen Witz: Ein Mann geht zum Doktor und fragt, ob er nach der Operation Klavier spielen könne. »Natürlich«, erwidert der Arzt. »Prima«, meint der Mann. »Das konnte ich vorher nämlich nicht.« Es leuchtet ein, dass die mangelnden sexuellen Aktivitäten problematischer sind, wenn ein Paar vor der Geburt des Kindes dreimal in der Woche miteinander geschlafen hat, als wenn es sich auf einmal in der Woche oder einmal im Monat beschränkt hat.

- *Setzen Sie klare Prioritäten.* Entscheiden Sie gemeinsam, was wichtig für Sie ist, und überprüfen Sie Ihre Liste in ein paar Monaten noch einmal. Wenn Sie beide zu der Schlussfolgerung gelangen, dass es Ihnen wichtig ist, miteinander zu schlafen, sollten Sie Zeit und Raum dafür schaffen. Planen Sie einmal in der Woche einen romantischen Abend ein. Besorgen Sie sich einen Babysitter und gehen Sie aus.

Die Vorstellung einer Frau von Romantik hat nicht immer etwas mit Sex zu tun. Männer wollen oft nur das eine, während Frauen Wert auf eine angeregte Unterhaltung, Kerzenlicht, Blumen und einen Partner legen, der behutsam mit ihren Gefühlen umgeht und ihnen zur Seite steht. Falls sie physisch und emotional noch nicht bereit ist, mit ihm zu schlafen, sollte er von sich aus einen Rückzieher machen. Druck ist kein Aphrodisiakum!

◆ *Schrauben Sie Ihre Erwartungen herunter.* Sex bedeutet Nähe und Intimität, aber nicht jede Intimität hat eine sexuelle Komponente. Falls Sie noch nicht bereit sind, mit Ihrem Partner zu schlafen, sollten Sie andere Möglichkeit für Intimität und Nähe schaffen. Besuchen Sie miteinander ein Konzert und halten Sie Händchen. Oder versuchen Sie es mit einem »Kussmarathon«. Frauen brauchen Zeit. Männer sollten deshalb Geduld haben und die mangelnde Bereitschaft oder Unschlüssigkeit nicht persönlich nehmen, sondern sich stattdessen vor Augen führen, welche Anforderungen Schwangerschaft und Geburt an eine Frau stellen. Vermutlich hätten sie selbst unter diesen Umständen auch nicht gleich wieder Lust auf Sex!

Sex nach der Geburt

Was Frauen empfinden

- *Erschöpfung:* »Noch eine Pflicht mehr.«
- *Überforderung:* »Alle wollen etwas von mir.«
- *Schuldgefühle:* »Entweder vernachlässige ich mein Kind oder meinen Partner.«
- *Scham:* »Ich mag die Heimlichtuerei nicht, wenn das Baby nebenan liegt.«
- *Mangelndes Interesse:* »Das ist das Letzte, woran ich jetzt denke.«
- *Hemmungen:* »Meine Figur und meine Brüste sind auch nicht mehr das, was sie einmal waren.«
- *Misstrauen:* »Wenn er mich auf die Wange küsst und mir sagt, dass er mich liebt oder mir den Arm um die Taille legt, habe ich sofort das Gefühl, dass er mehr von mir will.«

Was Männer empfinden

- *Frustration:* »Wie lange soll ich noch warten?«
- *Zurückweisung:* »Warum will sie mich nicht?«
- *Eifersucht:* »Das Kind ist ihr wichtiger als ich.«
- *Wut:* »Wann ist sie wieder wie früher?«
- *Unsicherheit:* »Soll ich sie fragen, ob sie mit mir schläft?«
- *Das Gefühl, der Betrogene zu sein:* »Der Arzt hat doch schon vor Wochen grünes Licht gegeben, und es rührt sich immer noch nichts!«

Zurück in den Beruf – **ohne Schuldgefühle**

Wenn Frauen eine viel versprechende berufliche Laufbahn, einen Arbeitsplatz, an dem sie sich wohl gefühlt oder ein heiß geliebtes Hobby aufgegeben haben, weil sie ein Kind wollten, kommt meistens irgendwann der Zeitpunkt, wo ihnen die Frage »Und wo bleibe ich?« nicht mehr aus dem Kopf geht. Manche Frauen haben bereits während der Schwangerschaft eine ungefähre Vorstellung, wie lange die Babypause dauern soll. Andere lassen es auf sich zukommen. In jedem Fall müssen sie sich zwei Fragen beantworten, wenn sie in den Beruf zurück wollen:

- »Wie gelingt mir das ohne schlechtes Gewissen?«
- »Wer kümmert sich in meiner Abwesenheit um das Kind?«

Beginnen wir mit der ersten Frage, die oft einfacher zu beantworten ist. Fast alle Mütter leiden unter Schuldgefühlen – sie grassieren bei ihnen wie eine Epidemie. Vielleicht liegt das an unserem Perfektionsstreben, aber egal wie wir uns entscheiden, es ist immer »falsch«. Manche Frauen fühlen sich minderwertig, weil sie »nur« Hausfrau und Mutter sind. Auf der anderen Seite haben auch Frauen mit beeindruckender Karriere ein genauso schlechtes Selbstwertgefühl, wenn auch aus anderen Gründen: »Meine Mutter kann nicht verstehen, dass ich arbeite, und reibt mir immer wieder unter die Nase, dass ich die schönsten Jahre im Leben meines Kindes verpasse.«

Frauen, die beschließen, einer bezahlten Tätigkeit außer Haus nachzugehen, müssen vorab vieles überdenken, unter anderem, wie sie ihre Liebe zum Kind mit den beruflichen Interessen vereinbaren können. Oft geht es dabei nicht nur um das Geld, sondern auch um die emotionale Zufriedenheit und das Selbstwertgefühl.

Manchen Müttern würde mit Sicherheit die Decke auf den Kopf fallen, wenn sie keinen Bereich hätten, der ihnen allein gehört, mit oder ohne Bezahlung. Die Liebe zum Kind und die Fürsorge, die man ihm angedeihen lässt, schließen nicht aus, dass Mütter gleichzeitig an der Verwirklichung *ihrer eigenen* Träume arbeiten. Sie sind keine schlechte Mutter, wenn Sie sich für diese Option entscheiden, sondern eine Frau, die innerlich stark genug ist zu sagen: »So soll es sein.«

Einige Frauen haben aus finanziellen Gründen keine andere Wahl, als arbeiten zu gehen. Oder sie arbeiten, weil es ihnen ein Bedürfnis ist. Ob mit oder ohne Bezahlung, der Punkt ist, dass diese Frauen etwas für sich selbst tun und ein Maß an Zufriedenheit schaffen, das letztlich allen zugute kommt. Sie sind erwachsen und müssen sich nicht entschuldigen, genauso wenig wie die Mutter, die glücklich damit ist, ihren Haushalt zu »managen«. Obwohl viele Väter nach besten Kräften mithelfen, schultern die Mütter trotzdem den größten Teil der Kinderbetreuung, vor allem allein erziehende, die keinen Partner haben, der sie nach Feierabend entlastet. Der Wunsch, einmal in Ruhe zu telefonieren, mit Freunden essen zu gehen und zu spüren, dass sie noch etwas anderes sind als eine *Mutter*, ist verständlich.

Doch da sie mit guten Ratschlägen bombardiert werden, sich von der Verantwortung überwältigt fühlen und obendrein noch verunsichert sind, haben viele ein schlechtes Gewissen. Sie sind überfordert und schwanken zwischen zwei Extremen hin und her – Gluckenverhalten und Laissez-faire. »Ich liebe mein Kind und möchte eine gute Mutter sein«, sagen viele. »Aber muss ich deshalb auf mein eigenes Leben verzichten?«

Tipp

Sagen Sie dieses Mantra auf, sobald Sie Schuldgefühle haben: »Wenn ich mir Zeit für mich nehme und zufrieden bin, kommt das auch meinem Kind zugute.«

Wenn Sie sich keine Zeit für die Dinge nehmen, die Ihrer Seele gut tun, gibt es bald nur noch ein Thema in Ihrem Leben: das Kind. Aber ein Kind kann nicht alle Bedürfnisse erfüllen. Statt Schuldgefühle zu entwickeln, sollten Sie Ihre Energie auf die Suche nach Lösungen konzentrieren, die Ihre spezifische Situation verbessern. Wenn Sie arbeiten gehen wollen oder müssen, sollten Sie die Zeit, die Sie zu Hause bei Ihrem Kind verbringen, intensiv nutzen. Gehen Sie nicht ans Telefon; legen Sie den Hörer daneben oder schalten Sie den Anrufbeantworter ein. Seien Sie mit Ihrer Aufmerksamkeit zu Hause und nicht im Büro, wenn Sie frei haben. Sogar Säuglinge merken, wenn Sie mit Ihren Gedanken anderswo sind.

Auf die zweite Frage – wer kümmert sich in Ihrer Abwesenheit um das Kind? – lautet die Antwort: unbezahlte oder bezahlte Hilfskräfte.

Nachbarn, Freunde und Verwandte: **Der Aufbau eines** unterstützenden Netzwerks

Als ich entbunden hatte, waren vierzig Tage »Wochenbett« die Norm, sodass niemand in den ersten sechs Wochen nach Saras Geburt etwas anderes von mir erwartete, als für mein Baby da zu sein. Dank meiner Großmutter, meiner Mutter, einer ganzen Schar von Nachbarinnen und weiblichen Verwandten war mein Haushalt in guten Händen und für meine Mahlzeiten gesorgt. Ich fühlte mich nie unter Druck gesetzt, alles auf einmal in den Griff zu bekommen. Als Sophie zur Welt kam, nahm dasselbe unterstützende Netzwerk die inzwischen zweijährige Sara in seine Obhut, sodass ich mich dem Neuankömmling widmen konnte. Dieses Verhalten ist in England typisch. Jeder packt nach der Geburt eines Kindes im Haushalt mit an, von den Großmüttern bis zu den Tanten und Nachbarinnen. Es gibt auch Hausbesuche von Hebammen, aber es ist dieses unterstützende Netzwerk aus »ehrenamtlichen« Helfern, Verwandten und Freundinnen, das der frisch gebackenen Mutter am meisten mit Rat und Tat zur Seite steht.

In vielen Kulturen gibt es Rituale, die den Frauen Schwangerschaft und Geburt erleichtern, und Traditionen, die ihrer Verletzlichkeit beim

Eintritt in die neue, wichtige Lebensphase als Mutter Rechnung tragen. Sowohl in ursprünglichen als auch in den so genannten hochentwickelten Gesellschaften sind unterstützende Netzwerke gang und gäbe. Hier werden Wöchnerinnen physisch und emotional aufgepäppelt, bekocht, umsorgt und von den normalen Pflichten im Haushalt befreit, damit sie die Muße haben, sich mit ihrem Kind vertraut zu machen und sich von den Strapazen der Geburt zu erholen. In den arabischen Ländern obliegt es beispielsweise der Schwiegermutter, die Wöchnerin zu verköstigen und dafür zu sorgen, dass sie alles hat, was sie braucht.

Leider leben nicht alle Frauen in solchen Gemeinschaften. Manche kennen ihre Nachbarn kaum, und Verwandte leben oft weit entfernt. Wenn eine Frau Glück hat, kommen wenigstens ein paar enge Verwandte zu Besuch, oder Freundinnen bringen Kuchen oder eine warme Mahlzeit vorbei. Einige Mütter gehören einer Religionsgemeinschaft oder Nachbarschaftsinitiative an, deren Mitglieder in Zeiten der Not zusammenstehen. Wie dem auch sei, wichtig ist, ein unterstützendes Netzwerk aufzubauen, das mindestens aus einer Per-

Wie Sie Ihr unterstützendes Netzwerk aufrechterhalten

Auf diese Weise machen Sie das Beste aus Ihren »ehrenamtlichen« Helfern:

- Gehen Sie nicht davon aus, dass andere Gedanken lesen können – bitten Sie um Hilfe.
- Bitten Sie jemanden, vor allem in den ersten sechs Wochen, für Sie einzukaufen, zu kochen, zu putzen und Wäsche zu waschen, sodass Sie Zeit haben, Ihr Baby kennen zu lernen.
- Seien Sie realistisch: Schicken Sie den vergesslichen Ehemann nicht ohne Liste zum Einkaufen; bitten Sie Ihre Mutter nicht, das Kind zu einer Zeit zu hüten, in der sie normalerweise Tennis spielen geht.
- Schreiben Sie den Tagesablauf Ihres Kindes auf, sodass Ihre Helfer wissen, was ansteht.
- Entschuldigen Sie sich, wenn Sie die Krallen ausfahren …, weil das unweigerlich passieren wird.

son, besser noch aus mehreren besteht, die Sie aufmuntern und Ihnen die Möglichkeit geben, es langsam angehen zu lassen.

Nehmen Sie Ihre Beziehungen zur Verwandtschaft unter die Lupe. Haben Sie ein gutes Verhältnis zu Ihrer Mutter? Wenn ja, gibt es niemanden, der Sie besser kennt. Sie liebt ihr Enkelkind und sein Wohl liegt ihr am Herzen. Außerdem hat sie Erfahrung. Großeltern, die sich im Haushalt einbringen, sind nicht mit Gold aufzuwiegen. Sie können alle möglichen Aufgaben übernehmen, vom Staubsaugen bis zum Aufkleben der Briefmarken auf die Umschläge mit den Dankschreiben, um die Mutter zu entlasten.

Dieses idyllische Bild ändert sich drastisch, wenn die Familienbeziehungen nicht harmonisch sind, wenn die Eltern des jungen Paares sich ständig einmischen oder Kritik üben. Manchmal sind die Großmütter genauso unerfahren wie die jungen Mütter, wenn es ums Stillen geht. Ihre Kritik erfolgt oft unterschwellig, wie: »Zu meiner Zeit hat man das ganz anders gemacht!« Unter solchen Umständen um Hilfe zu bitten hat wenig Sinn. Sie haben auch so schon mehr Stress als Ihnen gut tut. Ich sage nicht, dass Sie Ihrer Mutter Hausverbot erteilen sollen, aber in einem solchen Fall ist es gut, sich nicht auf sie zu verlassen und ihre Grenzen zu erkennen.

Viele Mütter wissen nicht, wie sie mit ungebetenen Ratschlägen umgehen sollen, vor allem, wenn die familiären Beziehungen gespannt sind und sie versuchen, ihren eigenen Weg zu finden. Sie empfinden jeden Vorschlag als Einmischung oder Kritik, selbst wenn er als Hilfe gemeint war. In dieser Zeit sind Frauen extrem empfindlich. Am besten hören Sie sich die Ratschläge Ihrer Mutter, Schwester, Tante, Großmutter, anderer Frauen und Ihres Kinderarztes ruhig an, und dann treffen Sie die Entscheidung, die Sie für richtig halten. Denken Sie daran:

Über Kindererziehung lässt sich nicht streiten. Sie müssen sich nicht rechtfertigen! Jeder hat das Recht, nach seiner eigenen Façon selig zu werden; das gilt auch für die Kindererziehung.

Tipp

Reagieren Sie auf ungebetene Ratschläge mit den Worten: »Interessant – das klingt so, als wäre es für deine Familie genau das Richtige«, selbst wenn Sie sich insgeheim sagen: »Ich mache es auf meine Weise.«

Kindermädchen und Aupairmädchen: Wie man die **Spreu vom Weizen trennt**

Die Suche nach einer bezahlten Kraft, sei es ein Kindermädchen oder Aupairmädchen, ist eine Frage des Vertrauens, denn eine langwierige Ausbildung ist dafür nicht erforderlich und folglich befinden sich auch etliche »schwarze Schafe« darunter.

Tipp

Lassen Sie sich zwei oder drei Monate Zeit für die Suche nach einer Betreuung für Ihr Kind. Wenn Sie sich mit dem Gedanken tragen, ein Kindermädchen oder Aupairmädchen ins Haus zu holen, können Sie schon während der Schwangerschaft die Fühler ausstrecken.

Warnsignale bei Kindermädchen

- **Sie hat häufig den Arbeitsplatz gewechselt.**
  Entweder arbeitet sie immer nur kurzfristig oder ist mit ihren Arbeitgebern nicht zurechtgekommen. Ein langfristiges Beschäftigungsverhältnis oder zwei (in welchem Zeitraum?) ist in der Regel ein Hinweis auf Kompetenz und Engagement.
- **Sie ist seit einiger Zeit arbeitslos.**
  Der Grund könnte sein, dass sie krank oder nicht vermittelbar war.
- **Sie spricht schlecht über ihre frühere Arbeitgeberin.**
  Ein Kindermädchen, mit dem ich ein Vorstellungsgespräch führte, erzählte mir, ihre ehemalige Arbeitgeberin sei eine schlechte Mutter gewesen, weil sie ständig Überstunden gemacht habe. Warum sie das nicht mit ihr selbst besprochen hatte, ist mir ein Rätsel.
- **Sie hat selbst kleine Kinder.**
  Sie schleppt die Krankheiten ihrer Kinder ein und ist im Notfall zu Hause gefordert, sodass Sie in der Klemme sitzen.

Die richtige Betreuerin zu finden kann sich als langwieriger Prozess erweisen. Aber ein Kind ist kostbar und unersetzlich, und deshalb sollte das Allerwichtigste sein, jemanden zu finden, dem Sie hundertprozentig vertrauen.

Folgende Punkte sollten Sie bei der Suche bedenken:

Was brauchen Sie? Der erste Schritt liegt auf der Hand und besteht darin, Ihre spezifische Situation zu analysieren. Brauchen Sie eine vollzeitige Betreuerin, die im Haus lebt, wie Kindermädchen oder Aupairmädchen, oder reicht eine Tagesmutter, bei der Sie das Kind tagsüber oder stundenweise abgeben?

Denken Sie bei Ersteren auch an Ihre eigenen Grenzen. Gibt es bestimmte Bereiche in Ihrem Haus, die tabu sein sollen, falls jemand bei Ihnen einzieht? Welche Arbeiten soll sie übernehmen? Hat sie frei, wenn das Kind schläft? Haben Sie sich bei Aupairmädchen über die gesetzlichen Auflagen informiert? Gibt es einen Fernseher in ihrem Zimmer? Darf sie uneingeschränkt vom Telefon und von der Küche

Gebrauch machen? Ist die Hausarbeit Teil ihrer Arbeitsplatzbeschreibung? Wenn ja, wie groß ist das anfallende Volumen? Welche Sprachkenntnisse setzen Sie voraus (vor allem bei einem Aupairmädchen?) Sollte sie in der Lage sein, Ihre Anweisungen zu lesen, Telefonate entgegenzunehmen und das Betreuungs-Tagebuch (siehe Seite 252) auszufüllen? Mit dem Computer umgehen können? Einen Führerschein besitzen? Muss sie für Notfälle einen eigenen Wagen haben oder kann sie Ihren benutzen? Sollte sie einen Erste-Hilfe-Kurs absolviert haben? Etwas von gesunder Ernährung verstehen?

- **Sie ist Ausländerin und braucht eine Arbeitserlaubnis.** Das muss kein unüberwindliches Problem darstellen, wenn Sie bereit sind, alles für sie zu regeln. Andernfalls riskiert Ihr Kindermädchen, abgeschoben zu werden.
- **Sie haben kein gutes Gefühl.** Vertrauen Sie Ihrer Intuition und stellen Sie keine Betreuerin ein, bei der Sie Zweifel haben.

Listen Sie die Einzelheiten des Anforderungsprofils auf, je genauer, desto besser, bevor Sie sich auf die Suche begeben, damit Sie optimal für Vorstellungsgespräche gerüstet sind oder den Vermittlungsstellen bessere Angaben zu Ihrer spezifischen Situation machen können.

Tipp

Entwickeln Sie eine Arbeitsplatzbeschreibung, die das gesamte Anforderungsprofil enthält. Auf diese Weise ist von vornherein klar, welche Pflichten gegenüber dem Kind und in Ihrem Haushalt anfallen und wie Entgelt, Freizeit, Urlaub und Überstunden geregelt sind.

Agenturen sind nicht immer hilfreich. Es gibt renommierte Agenturen, die Ihnen die Arbeit abnehmen, die Spreu vom Weizen zu trennen. Manche prüfen indessen die Referenzen nicht besonders gründlich oder erteilen falsche Auskünfte über die Qualifikation und Berufserfahrung der Kandidatinnen.

Am besten ist die Vermittlung durch Mund-zu-Mund-Propaganda. Fragen Sie Freunde, die Erfahrungen auf diesem Gebiet haben, schlagen Sie in den Elternzeitschriften und Gelben Seiten nach. Ziehen Sie Erkundigungen über die Agenturen ein:

Wichtig ist die Anzahl der Vermittlungen pro Jahr, die Höhe der Vermittlungsgebühren und die Frage, ob der Lebenslauf der Bewerberinnen gründlich überprüft wurde. Was passiert, wenn sich herausstellt, dass ein Aupairmädchen sich als ungeeignet erweist? Gibt es Garantieleistungen aufseiten der Agentur? Werden Sie auch dann zur Kasse gebeten, wenn Ihnen niemand vermittelt werden kann?

Passen Sie beim Vorstellungsgespräch genau auf. Finden Sie heraus, worauf jede einzelne Kandidatin Wert legt. Stimmen ihre Vorstellungen mit der Arbeitsplatzbeschreibung überein? Wenn nicht, sprechen Sie die Abweichungen an.

Was für eine theoretische und praktische Ausbildung kann sie vorweisen? Lassen Sie sie etwas über ihre früheren Stellungen erzählen und achten Sie auf Warnsignale (siehe Kasten auf Seite 247). Wie steht sie zu Themen wie Zuneigung, Disziplin, Besucher?

Versuchen Sie herauszufinden, ob sie gerne das Regiment führt oder sich lieber an Ihnen orientiert. Beides ist in Ordnung, je nachdem, was Sie von ihr erwarten. Hat die Anwärterin noch andere Qualifikationen, die über die berufsbezogenen hinausgehen, zum Beispiel

Führerschein oder persönliche Eigenschaften, die für eine gute Arbeitsbeziehung sprechen? Stellen Sie fest, wie es um ihre Gesundheit bestellt ist, ob beispielsweise Allergien vorliegen, falls Sie Haustiere haben.

Ist sie die Richtige für Sie? Die Chemie sollte stimmen. Deshalb kann ein Kindermädchen, mit dem Ihre Freundin wunderbar zurechtkam, für Sie nicht geeignet sein. Fragen Sie sich: »Stelle ich mir jemanden mit bestimmten Eigenschaften vor?« Denken Sie aber auch daran, dass niemand perfekt ist.

Zu den Faktoren, die Sie berücksichtigen sollten, gehören Alter und körperliche Kondition. Wenn Sie in einem Haus mit mehreren Treppen leben oder in einer Wohnung im vierten Stock, brauchen Sie eine jüngere und agile Frau, was auch bei einem Kleinkind ratsam ist, nach dem man sich ständig bücken muss. Vielleicht ziehen Sie aber auch eine ältere, reifere Person vor. Aupairmädchen und ausländische Kindermädchen bringen ihre eigenen kulturellen Sitten und Gebräuche mit: Ihre Ansichten über Ernährung, Disziplin und die Art, Zuwendung zu zeigen, decken sich unter Umständen nicht mit Ihren eigenen.

Überprüfen Sie in eigener Regie den Lebenslauf. Bitten Sie die Bewerberinnen, mindestens vier Referenzen und ein polizeiliches Führungszeugnis beizubringen. Setzen Sie sich mit allen ehemaligen Arbeitgeberinnen telefonisch in Verbindung und treffen Sie sich mindestens mit zwei von ihnen zu einem persönlichen Gespräch. Wenn jemand die Bewerberin mit Lob überschüttet, sollten sie auch dieser Arbeitgeberin auf den Zahn fühlen.

Machen Sie einen Hausbesuch. Sobald Bewerberinnen in der engeren Wahl sind, sollten Sie einen Hausbesuch machen und gegebenenfalls auch ihre eigenen Kinder kennen lernen. Obwohl sich daraus nicht mit Sicherheit ableiten lässt, wie sie mit Ihrem Kind umgehen wird, können Sie sich ein besseres Bild machen.

Denken Sie auch an Ihre eigenen Pflichten. Was Sie anstreben, ist eine Art Partnerschaft; Sie suchen keine Sklavin. Die Arbeitsplatzbeschreibung sollte keine Einbahnstraße sein, also bürden Sie ihr keine zusätzlichen Pflichten auf. Wenn die Hausarbeit nicht dazu gehört, erwarten Sie später auch nicht von ihr, dass Sie Ihnen zur Hand geht.

Sorgen Sie dafür, dass sie alles hat, was sie braucht, um gute Arbeit zu leisten – klare Anweisungen, Geld und Telefonnummern von Ihnen und für Notfälle. Denken Sie auch daran, dass sie eigene Bedürfnisse hat, dass sie freie Tage und Zeit für die eigene Familie und Freunde braucht. Wenn Sie ein Aupairmädchen aufnehmen, helfen Sie ihr, Kontakte zu knüpfen, indem Sie ihr Informationen über kirchliche Einrichtungen, Freizeitzentren, Sportmöglichkeiten usw. besorgen. Sie wollen ja nicht, dass sie sich einsam fühlt. Sie braucht die Abwechslung und den Kontakt mit anderen Menschen genauso wie Sie.

Überprüfen Sie die Leistungen regelmäßig und sprechen Sie Fehler sofort an. Der beste Weg zu einer guten Beziehung ist eine offene Kommunikation. Bitten Sie das Kinder- oder Aupairmädchen, regelmäßig ein kurzes Betreuungs-Journal auszufüllen (siehe Seite 252), damit Sie wissen, was in Ihrer Abwesenheit vor sich geht. Nachstehend finden Sie ein Muster, das Sie auf Ihre eigenen

Lebensumstände abstimmen können. Speichern Sie Ihre Vorlage im Computer; auf diese Weise lässt sie sich leicht den altersspezifischen Veränderungen Ihres Kindes anpassen. Falls Ihr Kind sich nachts anders als sonst verhält oder eine allergische Reaktion erkennen lässt, sind Sie besser in der Lage, den Ursachen auf den Grund zu gehen. Seien Sie ehrlich und direkt, wenn Sie darum bitten, künftig etwas anders zu machen. Führen Sie solche Gespräche unter vier Augen. Statt zu sagen »Ich habe Ihnen doch schon x-mal erklärt, wie Sie das Kind wickeln sollen«, formulieren Sie die Botschaft positiver: »Ich zeige Ihnen noch einmal, wie Sie das Kind wickeln sollen.«

Beobachten Sie Ihre eigenen emotionalen Reaktionen. Unausgesprochene Ängste, dass Ihr Kind sich Ihnen entfremden könnte, weil Sie es nicht selber betreuen, können die Meinung über das Verhalten eines Kindermädchens oder Aupairmädchens trüben. Eifersucht ist eine normale und weit verbreitete Reaktion.

Ich war manchmal sogar ein wenig auf die Beziehung zwischen meiner Tochter Sara und ihrer Großmutter eifersüchtig. Viele berufstätige Mütter sind auf der einen Seite überglücklich, dass sie eine kompetente und vertrauenswürdige Betreuerin gefunden haben, aber es tut ihnen auf der anderen Seite auch weh, daran zu denken, dass sie das erste Lächeln oder den ersten Schritt des Kindes erlebt.

Sprechen Sie über solche Gefühle mit Ihrem Partner oder einer Freundin. Halten Sie sich vor Augen, dass Sie sich deswegen nicht schämen müssen. Keine Mutter ist frei von Eifersucht. Denken Sie einfach daran, dass Sie die Mutter sind, und dafür gibt es keinen Ersatz.

Betreuungs-Journal

Essen

Flaschen (Uhrzeit) ....

Neue Nahrungsmittel, heute eingeführt:

....

Reaktion des Kindes:

☐ Blähungen? ☐ Schluckauf? ☐ Erbrechen? ☐ Durchfall?

Aktivitäten

Drinnen: ☐ Gymnastik .... Minuten ☐ Laufställchen

Andere ....

Draußen:

☐ Spaziergang im Park? ☐ Gymnastik-/Schwimmkurs ☐ Schwimmen?

Neue Entwicklungsschritte

☐ gelächelt ☐ Kopf gehoben ☐ herumgerollt ☐ aufgesetzt

☐ sich auf die Füße gestellt ☐ erster Schritt

Andere ....

Termine

Arzt ....

Spielen mit anderen Kindern ....

Außergewöhnliche Vorfälle

Unfälle? ....

Tobsuchtsanfälle? ....

Andere ....

Kapitel 8

Große Erwartungen: Besondere Umstände und unvorhergesehene Ereignisse

Notfälle und Krisen zeigen uns, dass unsere lebenswichtigen Ressourcen viel größer sind, als wir angenommen hatten.

William James

Und wenn wir noch so gut planen ...

Im Zuge der Familienplanung wünschen wir uns alle eine Konzeption auf Knopfdruck, eine problemlose Schwangerschaft, eine Geburt mit links und ein gesundes Baby. Aber das alles hält Mutter Natur nicht immer für uns bereit.

Manche Paare sind unfruchtbar und müssen ein Kind adoptieren oder mithilfe der Reproduktionsmedizin – ein Sammelbegriff für eine Reihe von Möglichkeiten, die der herkömmlichen Befruchtung auf die Sprünge helfen – eine Schwangerschaft herbeiführen. Sobald Sie schwanger sind, können auch hier unvorhergesehene Umstände eintreten. Vielleicht erfahren Sie, dass Zwillinge oder Drillinge unterwegs sind, für die einen ein Segen, für die anderen eine erschreckende Aussicht. Während der Schwangerschaft können gesundheitliche Probleme auftreten und strikte Bettruhe erfordern. Wenn Sie älter als 35 sind und/oder Medikamente zur Verbesserung der Fruchtbarkeit eingenommen haben, müssen Sie vorsichtiger sein als jüngere Frauen. Bei bestehenden Erkrankungen wie Diabetes wird man Sie vermutlich ebenfalls der Gruppe der Risiko-Schwangerschaften zurechnen. Auch bei der Entbindung kann es Komplikationen geben. Ihr Kind kann eine Frühgeburt sein, oder es können andere Gründe einen verlängerten Klinikaufenthalt erforderlich machen. Es ist hart, wenn man das Baby nicht gleich in den Arm oder mit nach Hause nehmen darf. Über Themen wie Unfruchtbarkeit, Adoption, Mehrlingsgeburten und Probleme bei der Entbindung wurde viel geschrieben. Im Vordergrund dieses Buches stehen jedoch Konzepte wie E.A.S.I. und H.A.L.T., die sich bei jedem Kind umsetzen lassen, ungeachtet der Empfängnisart, der Umstände bei der Geburt und der Probleme, die dabei auftreten können.

Der Umgang **mit Problemen**

Obwohl jede der oben genannten Situationen mit einem anderen Szenario einhergeht, gibt es ein wichtiges Kriterium für die Bewältigung all dieser Probleme: Ihre Reaktion darauf. Sie wird sich auf Ihre weiteren Entscheidungen auswirken, wird die optische und akustische Wahrnehmung Ihres Babys beeinflussen und maßgeblich darüber entscheiden, ob es Ihnen gelingt, Ihren Tagesablauf dennoch klar zu strukturieren.

Ungeachtet der persönlichen Situation und des Problems, dem Sie sich gegenübersehen, müssen Sie *in der Regel* mit widerstreitenden Gefühlen und Empfindungen rechnen. Wenn Sie wissen, was Sie erwartet, können Sie sich leichter darauf einstellen oder negative Folgen sogar vermeiden.

Sie sind erschöpft, emotional überfordert und deshalb in jeder Hinsicht verunsichert. Wenn Sie eine schwierige Schwangerschaft oder Risikogeburt hatten, haben Sie sich möglicherweise emotional verausgabt, wenn das Kind endlich da ist, umso mehr, wenn es Zwillinge oder Drillinge sind. Sollten während der Entbindung Komplikationen eintreten, spüren Sie die Schockwellen noch Tage und Wochen danach. Jede Frau ist nach der Geburt erschöpft, doch angesichts der unvorhergesehenen Umstände fühlen Sie sich völlig ausgelaugt. Der anhaltende Stress beeinträchtigt nicht nur das Urteilsvermögen hinsichtlich Ihrer Fähigkeiten als Mutter, sondern auch die Beziehung zu Ihrem Partner.

Es gibt kein Kraut, das gegen solche Ängste gewachsen ist, denn in jeder Krisensituation schlagen die Gefühle hohe Wellen. Am besten

Wann Sorgen berechtigt sind

Falls Sie eines der nachfolgenden Symptome bei Ihrem Baby feststellen, sollten Sie den Kinderarzt aufsuchen:

- Trockener Mund, Mangel an Tränenflüssigkeit oder dunkler Urin können eine Dehydration (Austrocknung) anzeigen
- Schleim oder Blut im Stuhl oder mehrmals hintereinander grün gefärbter Stuhlgang
- Durchfall über mehr als acht Stunden, unter Umständen mit Erbrechen
- Hohes Fieber
- Starke Leibschmerzen

gönnen Sie sich so viel Ruhe wie möglich und nehmen alle Hilfe an, die Sie bekommen können. Nehmen Sie Ihre Gefühle zur Kenntnis und halten Sie sich vor Augen, dass sie vorübergehen.

Sie haben auch nach der Geburt noch Angst, Ihr Baby zu verlieren. Wenn Sie sechs oder sieben Jahre auf ein Kind gewartet haben und Schwangerschaft oder Entbindung schwierig waren, ist die Angst, Ihr Baby nach der Geburt zu verlieren, unter Umständen noch größer als am Anfang. Das gilt auch für eine Adoption, sodass Sie überall Unheil wittern. Sie geraten bei jedem Geräusch aus dem Babyphon in Panik und springen, sobald Ihr Kind einen Laut von sich gibt.

Das Heilmittel besteht darin, sich diese Überreaktion bewusst zu machen. Halten Sie sich vor Augen, dass die Nervosität Ihren Blick trübt. Statt übereilt Schlussfolgerungen zu ziehen, überprüfen Sie die Realität. Rufen Sie den Kinderarzt, die Hebamme oder Freundinnen mit älteren Kindern an, um sich zu informieren, was »normal« ist. Ein wenig Sinn für Humor schadet auch nicht.

Sie fragen sich: »War die Entscheidung richtig?« Ein Kind zu bekommen war unter Umständen ein hartes Stück Arbeit. Wenn Sie jahrelang vergeblich versucht haben, schwanger zu werden oder den Adoptionsprozess durchzustehen, und dabei viele Enttäuschungen verkraften mussten, fragen Sie sich am Ende vielleicht, ob es die Mühe wirklich wert war oder ob Sie sich nicht übernommen haben, wenn Zwillinge oder Drillinge unterwegs sind, eine häufige Nebenwirkung der Fertilitätsbehandlung.

Viele Mütter schämen sich solcher Zweifel und zögern daher, offen darüber zu sprechen. Infolgedessen merken sie nicht, dass solche Empfindungen normal sind. Sie möchten ihr Kind keinesfalls missen, aber sie fühlen sich im Moment emotional überfordert. Da diese Mauer des Schweigens Frauen isoliert, fällt es ihnen schwer zu glauben, dass solche negativen Gedanken und Ängste vorübergehen.

Fassen Sie Mut. Sie können diese Gefühle überwinden, wenn Sie sich klarmachen, dass sie nicht ewig währen. Andernfalls zögern Sie nicht, sich an einen Therapeuten, eine Selbsthilfegruppe oder Eltern zu wenden, die Ihre Situation aus eigener Erfahrung kennen. Egal ob es um Adoption, Mehrlinge, eine schwierige Geburt oder ein Kind geht, dessen Bedürfnisse nicht der Norm zu entsprechen scheinen – es gibt Menschen, die Ihnen helfen können.

Sie verlassen sich auf andere statt auf Ihr eigenes Urteil. Falls Sie eine Fertilitätsbehandlung hinter sich haben oder wegen einer Frühgeburt länger im Krankenhaus bleiben mussten, kennen Sie vermutlich einen großen Teil des Praxis- oder Klinikpersonals und sollten ausgiebig von dem Angebot Gebrauch machen, sich jederzeit dorthin zu wenden. Das gilt auch für die Schwestern und Hebammen in der Entbindungsklinik.

Doch Vorsicht: Sobald Sie mit dem Baby zu Hause sind, sollten Sie sich nicht zum Sklaven der Uhr und der Waage machen oder sich nach jedem Anlegen fragen: »Bekommt mein Kind genug Milch und alle Nährstoffe, die es braucht?« Es kann sein, dass Sie durch den langen Klinikaufenthalt daran gewöhnt sind, sich ständig auf andere zu verlassen, und nun fühlen Sie sich hilflos und völlig verunsichert, wenn es gilt, eigene Entscheidungen zu treffen.

Ich behaupte nicht, dass Informationen von Fachleuten und messbare Ergebnisse überflüssig sind: Am Anfang ist es wichtig, dafür zu sorgen, dass Sie Ihr Baby auf den richtigen Weg bringen. Aber viele Eltern machen sich von solchen Hilfen abhängig: sie verlassen sich auch dann noch darauf, wenn ihr Kind schon lange aus dem Gröbsten heraus ist, und verlieren das Vertrauen in ihre eigene Urteilsfähigkeit. Sobald Ihr Kind zunimmt, sollten Sie es beispielsweise nur noch einmal in der Woche statt jeden Tag wiegen.

Sie müssen auch nicht auf professionelle Beratung verzichten, aber bevor Sie zum Hörer greifen, sollten Sie sich einen Moment allein überlegen, wo das Problem liegen könnte und welche Lösungen sich anbieten. Wenn Sie sich dann an einen Experten wenden, um eine zweite Meinung zu hören, statt ihn in jeder Situation als Rettungsanker zu benutzen, lernen Sie, Ihrem eigenen Urteil mehr Gewicht beizumessen.

Es fällt Ihnen schwer, Ihr Kind als eigenständige Persönlichkeit zu betrachten. Manchmal legen Eltern Scheuklappen an, indem sie sich unbewusst nur noch als Eltern eines Problemkindes definieren. Angst und Sorge überschatten ihre Sicht: Sie blicken nicht mehr über ihre eigenen Gefühle und die verfrühte oder komplizierte Geburt hinaus. Falls Sie sich dabei ertappen, dass Sie Ihr Kind insgeheim »das Kind« nennen, gelingt es Ihnen anscheinend nur schwer, die eigenständige Persönlichkeit in ihm zu sehen, die es trotz allem ist – auch wenn es darum kämpfen musste, auf die Welt zu kommen oder nur drei oder vier Pfund wiegt und an Schläuche angeschlossen im Brutkasten liegt. Nehmen Sie trotzdem den Dialog auf: Sprechen Sie mit Ihrem Kind, achten Sie auf seine Reaktionen und lernen Sie es durch diesen Austausch besser kennen.

Ein ganz ähnliches Phänomen tritt häufig bei Mehrlingsgeburten auf: Sie werden pauschal »die Kinder« genannt. Studien haben gezeigt, dass Eltern von Zwillingen ihre Kinder oft nicht direkt anschauen, sondern den Blick zwischen die beiden richten. Denken Sie also daran, dass Ihre Kinder kleine Persönlichkeiten mit charakteristischen Merkmalen und Bedürfnissen sind, und suchen Sie den Blickkontakt mit jedem einzeln.

Sie wehren sich gegen einen strukturierten Tagesablauf. Wenn Ihr Kind zu früh oder mit extrem niedrigem Geburtsgewicht zur Welt gekommen ist, muss es häufiger gefüttert werden und mehr schlafen als andere Babys.

Manchmal sind auch Medikamente unumgänglich. Auch unter diesen Umständen ist es nicht nur möglich, sondern im Gegenteil besonders wichtig, E.A.S.I. einzuführen, in der Regel, sobald es etwa 2 750 Gramm wiegt. Auf diese Weise verhindern Sie, dass Sie Ihr Kind weiterhin als untergewichtig betrachten und rund um die Uhr nach Bedarf füttern, weil Sie nicht bemerken, dass es den Entwicklungsrückstand aufgeholt hat.

Auch bei einer Adoption wehren sich viele Eltern gegen einen strukturierten Tagesablauf, weil sie ihrem Baby nicht zu viele Veränderungen auf einmal zumuten wollen. Sie richten sich stattdessen nach dem Kind, was im Chaos enden muss, da jedes Kind in diesem Alter eine gewisse Vorhersehbarkeit, Ordnung und Führung braucht, um sich sicher und geborgen zu fühlen. Manche Kinder werden so behütet und verhätschelt, dass sie das Regiment übernehmen. Das heißt nicht, dass Eltern ihre Kinder nicht verwöhnen sollen; ganz im Gegenteil: Es geht darum, ein Gleichgewicht zu finden.

Solche Fallen finden sich in jedem Haushalt und jeder Konstellation, aber wenn die ersten Tage im Leben ihres Kindes durch außergewöhnliche Umstände geprägt sind, stolpern die Eltern leichter hinein. Einige Konstellationen werden wir nun unter die Lupe nehmen.

»Sonderzustellung«: Adoption und Leihmutterschaft

Es ist etwas Besonderes, wenn Eltern ihr Kind durch Vermittlung einer Klinik, einer Adoptionsstelle, eines Anwalts oder einer Kontaktperson im Ausland erhalten. Oft erreichen sie dieses Ziel erst am Ende eines langen, beschwerlichen Weges, mit zahllosen Anträgen und persönlichen Gesprächen, Inspektionen des häuslichen Umfelds durch das Jugendamt, endlosen Telefonaten und einer Prüfung auf Herz und Nieren, die sie über sich ergehen lassen müssen. Oft werden die Erwartungen bitter enttäuscht, wenn sie am Schluss doch nicht als Adoptiveltern infrage kommen oder ein Arrangement sich in letzter Minute zerschlägt.

Wenn eine Frau schwanger ist, hat sie neun Monate Zeit, sich auf das Kind vorzubereiten und sich an den Gedanken zu gewöhnen, Mutter zu sein. Bei einer Adoption kann die Nachricht, dass man ein Kind

»bekommt«, wie der Blitz aus heiterem Himmel erfolgen, und die Erfahrung, es zum ersten Mal im Arm zu halten, kann mit Angst befrachtet sein. Zusätzlicher Stress entsteht dadurch, dass viele Adoptiveltern gleich im Anschluss an die Übergabe eine mehr oder weniger lange Reise mit ihrem Baby vor sich haben.

Das Thema Leihmutterschaft wird von Land zu Land ganz unterschiedlich gehandhabt. Auf der einen Seite stehen Länder, in denen sie gesetzlich verboten ist, und eine Bezahlung der so genannten Tragemutter als rechts- und sittenwidrig gilt. Das andere Extrem sind Länder, in denen sich die Leihmutterschaft inzwischen zu einem blühenden Geschäft entwickelt hat. Doch auch hier ist die Überlassung des Kindes an den genetischen Vater nur durch Adoption möglich.

Bei diesen »besonderen Umständen« gibt es zwei Gemeinsamkeiten: Eine andere Frau trägt das Kind aus, und es muss adoptiert werden. Abgesehen davon bestehen jedoch wichtige Unterschiede zwischen den beiden Arrangements: Zum einen können bei der Leihmutterschaft die gesetzlichen Bestimmungen noch komplizierter sein als bei einer Adoption, wofür es zahlreiche Präzedenzfälle gibt. Hinzu kommt, dass die Frauen, die sich ein Kind von einer Leihmutter wünschen, buchstäblich alles auf eine Karte setzen, denn sie verlassen sich ganz auf sie, obgleich laut Statistik bei jeder zehnten die Schwangerschaft mit einer Fehlgeburt endet. Obwohl auch die Adoption einige Kosten verursachen kann, ist die Leihmutter-Option in den meisten Fällen mit Sicherheit noch teurer, vor allem, wenn die Schwangerschaft durch künstliche Befruchtung zustande kommt.

Die Beweggründe der leiblichen Mütter, einer anderen Frau ihr Kind zu überlassen, können ebenfalls unterschiedlich sein und die Situation beeinflussen. Manche tragen ein Kind ganz bewusst für ein unfruchtbares Paar aus. Sie sind oft im gleichen Maß in die Entscheidungsprozesse einbezogen, und es können sogar verwandtschaftliche Beziehungen bestehen, wenn beispielsweise eine Schwester oder Tante sich als Leihmutter zur Verfügung stellt. Andere Frauen verzichten mit der Adoption auf ihr Kind, weil sie sich zu jung oder zu alt fühlen oder aufgrund ihrer finanziellen oder emotionalen Notlage nicht für ihr Kind sorgen können. Manchmal haben sie Kontakt zu den Adoptiveltern, den sie aufrechterhalten möchten, oder aber der gesamte Prozess wird anonym abgewickelt. Viele Leihmütter beziehen die Adoptiveltern bereits in die Schwangerschaft mit ein und gehören am Ende nicht selten »zur Familie«.

Sofern das Leihmutter-Arrangement glatt verläuft, kann der gesamte Prozess realer und vorhersehbarer sein als eine Adoption nach klassischem Muster, wo die Eltern nicht wissen, wann sie mit ihrem Kind rechnen können. Tammy hatte beispielsweise überhaupt keine Zeit, sich seelisch auf den großen Augenblick vorzubereiten! Sie musste Hals über Kopf aufbrechen und zweieinhalbtausend Kilometer weit fliegen, um ihr Baby aus der Klinik abzuholen. Bevor sie es mitnehmen durfte, wurde eine Reihe langwieriger medizinischer Untersuchungen durchgeführt, um Gesundheitsprobleme auszuschließen – wie bei allen zur Adoption freigegebenen Kindern. Sie wusste nichts über die leibliche Mutter und hatte kaum etwas zur Hand, außer dem Gesundheitszeugnis und ihrer Liebe zu dem hilflosen Bündel in ihren Armen.

Wie Sie Ihr **Adoptivkind** kennen lernen

Hier einige Dinge, die Sie beachten sollten, wenn Sie Ihr Kind nach Hause bringen:

Setzen und halten Sie den Dialog in Gang. Reden Sie mit Ihrem Baby: Das ist bei Adoptiveltern besonders wichtig, weil das Kind Ihre Stimme noch nicht kennt. Machen Sie sich mit ihm vertraut. Sagen Sie ihm, wie sehr Sie sich freuen, dass es da ist. Falls Sie ein Kind aus einem anderen Kulturkreis adoptiert haben, kann es länger dauern, bis es sich an Ihre Stimme gewöhnt: Tonhöhe, Sprachmelodie und Sprachmuster klingen anders. Deshalb ist es eine gute Idee, sich für Ihr Baby ein Kindermädchen oder Aupairmädchen mit der gleichen Nationalität zu suchen.

Gehen Sie davon aus, dass die ersten Tage hart werden. Die Ankunft zu Hause ist für jedes Baby, das noch unter dem Trauma der Geburt leidet, eine gewaltige Umstellung, die eine zeitweilige Desorientierung zur Folge haben kann; erschwert wird die Situation noch, wenn es mit fremden/fremdartigen Stimmen bombardiert wird und eine lange, beschwerliche Reise hinter sich hat. Deshalb sind viele Adoptivkinder quengelig, wenn sie zu Hause ankommen.

Beobachten Sie Ihr Baby ein paar Tage, bevor Sie mit E.A.S.I. beginnen. Es ist wichtig, jedes Kind so schnell wie möglich auf einen klar strukturierten Tagesablauf umzustellen, aber Sie sollten Ihr Baby zunächst ein paar Tage genau beobachten. Natürlich hängt es auch davon ab, wie alt es ist, wenn Sie es bekommen, aber bei einer Adoption klafft zwischen Geburt und Übergabe in aller Regel eine Lücke, die zwischen ein paar Tagen und ein paar Monaten rangieren kann. Die Kinder wurden im Waisenhaus, in der Pflegefamilie oder einer anderen Institution, in deren Obhut sie sich bis dahin befanden, nach einem bestimmten Schema gefüttert und schlafen gelegt. Geben Sie dem kleinen Neuankömmling also Zeit, sich einzugewöhnen. Das Wichtigste ist, dass Sie *aufmerksam zuhören*. Ihr Kind wird Ihnen in seiner eigenen Sprache sagen, was es braucht.

Jedes Adoptivkind ist anders. Bedenken Sie aber immer, was es bereits durchgemacht hat. Wenn es besonders desorientiert wirkt, sollten Sie nicht nur ständig mit ihm reden, sondern auch viel Körperkontakt haben. Tragen Sie es herum. Legen Sie es während der ersten vier Tage in ein Tragetuch, sodass es Ihren Herzschlag spürt, ähnlich wie im Mutterleib. Sobald es ruhiger wird und besser auf Ihre Stimme reagiert, sollten Sie E.A.S.I. einführen, sonst handeln Sie sich »hausgemachte« Probleme ein, wie sie im nächsten Kapitel beschrieben sind.

Falls Ihr Adoptivkind älter und an einen anderen »Tagesplan« gewöhnt ist, bei dem es zum Beispiel nach jeder Mahlzeit schlafen gelegt wurde, sollten Sie schrittweise auf E.A.S.I. umstellen. Als Erstes stellen Sie fest, wie viel es isst oder trinkt. Die meisten Babys, die zur Adoption freigegeben werden, erhalten Flaschennahrung. Auf diese Weise können Sie leichter gewährleisten, dass es genug bekommt, um drei Stunden durchzuhalten. Falls es beim Trinken einschläft, liegt es daran, dass es sich daran gewöhnt hat, und Sie dürfen es getrost wecken. Spielen Sie mit ihm nach der Mahlzeit, damit es wach bleibt. Sie werden sehen, dass Sie es innerhalb weniger Tage problemlos auf E.A.S.I. umstellen können, einfach deshalb, weil es dem natürlichen Rhythmus entspricht.

Sie sind nicht weniger Mutter als die Frau, die Ihr Kind geboren hat. Bei der Adoption haben Sie anfangs vielleicht Bedenken, dass Sie das Kind nicht verdienen oder nicht richtig versorgen, aber spätestens nach drei Monaten unterscheiden Sie sich in keiner Weise von der biologischen Mutter. Frauen sollten sich weder rechtfertigen noch Minderwertigkeitskomplexe entwickeln, wenn sie ein Kind adoptiert haben. *Eltern sein* hat nichts mit Worten, sondern mit Taten zu tun. Wenn Sie nachts am Bett Ihres kranken Kindes gesessen haben und in jeder Hinsicht die Rolle der Eltern ausfüllen, braucht es keine Blutsbande, um die Bezeichnung »Mutter« oder »Vater« zu verdienen.

Adoptiveltern geht insgeheim oft die Frage durch den Kopf: »Wird mein Kind seine leibliche Mutter suchen wollen, wenn es älter ist?« Damit sollten Sie rechnen, aber sich deswegen keine grauen Haare wachsen lassen. Respektieren Sie das Recht Ihres Kindes, seine Vergangenheit kennen zu lernen; es sind *seine* Wurzeln, und deshalb sollte *ihm* die Entscheidung überlassen bleiben. Je größer Ihre Angst vor seiner Neugierde, desto mehr Fragen wird es stellen.

Seien Sie offen. Integrieren Sie das Thema Adoption von Anfang an in den Dialog mit Ihrem Kind, dann müssen Sie sich gar nicht erst den Kopf über den richtigen Zeitpunkt zerbrechen, ihm reinen Wein einzuschenken. Sie können den Hergang anhand eines kindgerechten Beispiels veranschaulichen: Sie haben einen Balkon und Ihre Nachbarin einen Garten mit fruchtbarer Erde. Ihre Nachbarin zieht ein kleines Pflänzchen aus einem Samenkorn, und wenn es zu sprießen beginnt, schenkt Sie es Ihnen, für Ihren Balkon. Sie hegen und pflegen es, damit es wächst und gedeiht. Mit »offen« ist nicht unbedingt gemeint, dass Sie mit der leiblichen Mutter in Kontakt treten müssen, wenn Ihr

Kind sie sucht und findet. Das ist eine komplexe und sehr persönliche Entscheidung, die von jedem einzelnen Paar unter Berücksichtigung der spezifischen Lebensumstände getroffen werden sollte. Ungeachtet dessen ist es jedoch wichtig, von Anfang an offen mit Ihrem Kind zu sein.

Seien Sie nicht überrascht, wenn Sie plötzlich schwanger werden. Das ist kein Ammenmärchen, obwohl niemand genau weiß, warum manche Frauen nach der Adoption mit einem Mal schwanger werden.

Regina, die erfahren hatte, dass sie keine eigenen Kinder haben konnte, adoptierte einen Säugling. Ein paar Tage später wurde sie schwanger. Vielleicht lag es daran, dass der Druck nicht mehr auf ihr lastete, ein Kind zu bekommen. Nun hat sie zwei Kinder, mit einem Altersunterschied von neun Monaten. Sie ist ihrem Adoptivsohn sehr dankbar, ihr bei der »wundersamen« Empfängnis geholfen zu haben.

Frühgeburt und Startschwierigkeiten

Da wir gerade von Wundern sprechen: Es gibt für mich kein größeres als ein Kind, das überlebt, obwohl es zu früh oder so krank zur Welt kommt, dass man ihm kaum Chancen einräumt. Ich spreche aus Erfahrung, denn meine jüngste Tochter Sophie kam sieben Wochen zu früh und wog bei der Geburt knapp eineinhalb Kilo. Sie

Die emotionale Achterbahn bei einer Risikogeburt

Die einzelnen Phasen des Sterbeprozesses, von Elizabeth Kübler-Ross erstmals beschrieben, wurden seither oft zitiert, um den Verlauf der Anpassung an jede schwere Lebenskrise zu erklären:

Schock: Sie fühlen sich so benommen, dass Sie die medizinischen musste sechs Wochen in der Klinik bleiben. In den ersten drei Wochen war ich Tag und Nacht bei ihr, in den nächsten zwei Wochen pendelte ich zwischen Sara (nachts) und Sophie (tagsüber) hin und her.

Da ich die emotionale Achterbahn aus eigener Erfahrung kenne, kann ich nachempfinden, was Eltern von Frühgeborenen und anderen Babys im Inkubator durchmachen. An einem Tag ist man voller Hoffnung, am nächsten wie gelähmt vor Angst, weil die Lungen nicht mehr arbeiten. Ich kenne die Besessenheit, mit der man jedes Gramm Gewichtszunahme verfolgt, die Panik beim Gedanken an eine Infektion, die Angst vor körperlichen oder geistigen Entwicklungsstörungen und anderen Problemen, die auftreten können.

Als Eltern sehen Sie Ihr Kind im Inkubator liegen und können ihm nicht helfen, fühlen sich ohnmächtig und nutzlos. Sie sind restlos überfordert: Sie haben die Geburt körperlich und seelisch noch nicht ganz verkraftet, die Hormone spielen verrückt, und Sie müssen sich mit der Möglichkeit auseinander setzen, dass Ihr Kind sterben könnte. Sie hängen an den Lippen des Arztes, aber meistens vergessen Sie, was

Einzelheiten nicht verarbeiten oder auch nur einen klaren Gedanken fassen können. Am besten ist es, wenn Sie Freunde oder Familienangehörige an Ihrer Seite haben, die sich die Informationen merken und Fragen stellen.

Leugnen: Sie wollen die Realität nicht wahrhaben, die Ärzte müssen sich täuschen. Erst wenn Sie Ihr Kind im Inkubator sehen, müssen Sie sich mit der Wirklichkeit auseinander setzen.

Leid: Sie trauern, weil Sie Ihren Traum vom perfekten Kind und der idealen Geburt zu Grabe tragen müssen, und leiden Folterqualen, weil Sie Ihrem Baby nicht helfen können. Sie weinen viel, und die Tränen helfen Ihnen loszulassen.

Wut: Sie fragen sich: »Warum ausgerechnet wir?« Sie haben Schuldgefühle und fragen sich ständig, ob Sie in der Lage gewesen wären, das Problem zu verhindern. Sie lassen Ihre Wut möglicherweise an Ihrem Partner oder der Familie aus, bis die nächste Phase eintritt.

Akzeptanz: Sie erkennen, dass das Leben weitergehen muss. Sie verstehen, was Sie beeinflussen können und was sich Ihrer Kontrolle entzieht.

Wenn Ihr Baby nicht gleich nach Hause darf

Wenn Ihr Kind als Frühgeburt gilt oder in der Klinik Gesundheitsprobleme festgestellt wurden, kommen Sie unter Umständen vor ihm nach Hause. Hier sind einige Tipps, die Ihnen helfen, sich stärker einbezogen und weniger hilflos zu fühlen:

- Pumpen Sie Ihre Milch innerhalb von sechs bis vierundzwanzig Stunden ab und bringen Sie sie in die Klinik. Auch wenn Sie ursprünglich nicht stillen wollten: Die Muttermilch tut Ihrem Baby gut. Falls der Milcheinschuss noch nicht erfolgt ist, wird es natürlich auch mit einem Fertigprodukt gedeihen.
- Besuchen Sie Ihr Kind täglich und versuchen Sie, Körperkontakt herzustellen, aber leben Sie nicht in der Klinik. Auch Sie brauchen Ruhe und müssen Ihre Batterien wieder aufladen, vor allem für die Zeit, wenn Ihr Baby nach Hause kommt.
- Sie werden sich vermutlich niedergeschlagen fühlen. Das ist normal. Es tut manchmal gut, zu weinen und mit jemandem über die eigenen Ängste zu sprechen.

er gesagt hat. Sie greifen nach jedem Strohhalm, der ein Körnchen Hoffnung verspricht, aber Sie fragen sich fortwährend: »Wird mein Kind leben?«

Rund sechzig Prozent der Frühgeburten sterben innerhalb der beiden ersten Lebensjahre an schwerwiegenden Komplikationen oder am »plötzlichen Kindstod«. Die übrigen gedeihen nicht nur, sondern holen den Entwicklungsrückstand oft binnen weniger Monate auf. Doch wenn Eltern mit einem »Frühchen« nach Hause kommen, liegen ihre Nerven blank; selbst wenn man ihnen sagt, dass ihr Kind das Schlimmste überstanden hat, können sie kaum glauben, dass ihr Leben jemals wieder in normalen Bahnen verläuft. Hier einige Tipps, wie Sie sich selbst und Ihrem Baby das Leben erleichtern:

Warten Sie mit der Einführung von E.A.S.I., bis Ihr Baby das normale Geburtsgewicht erreicht hat. Wenn Sie Ihr Kind mit nach Hause nehmen dürfen, bevor es etwa 2750 Gramm wiegt, sollte Ihr Ziel darin bestehen, es zum Trinken und Schlafen zu bringen; es braucht keine Stimulierung, sondern so viel Ruhe wie möglich. Das ist die einzige Situation, in der ich Füttern nach Bedarf empfehle. Da sich das Baby eigentlich noch im Uterus befinden müsste, sollten Sie eine ähnliche Umgebung schaffen: Legen Sie es in Fötusstellung hin und machen Sie ihm ein schützendes Nestchen. Sorgen Sie für eine konstante Raumtemperatur von 23 Grad. Halten Sie das Zimmer dunkel, um die visuelle Stimulierung zu begrenzen. Verzichten Sie auf Schwarz-Weiß-Kontraste: Das Gehirn ist noch nicht voll entwickelt und sollte nicht bombardiert werden. Bei jedem Baby gilt es, darauf zu achten, dass es nicht mit Bakterien in Berührung kommt, aber bei einem frühgeborenen sollten Sie es mit der Hygiene noch genauer nehmen: Eine Lungenentzündung ist ein ernst zu nehmendes Risiko. Sterilisieren Sie alle Flaschen.

- Konzentrieren Sie sich auf das Hier und Jetzt. Es hat keinen Sinn, sich ständig über die Zukunft den Kopf zu zerbrechen, die sich unserem Einfluss entzieht. Richten Sie Ihr Augenmerk darauf, was Sie heute tun können.
- Reden Sie mit anderen Müttern, die ähnliche Erfahrungen gemacht haben. Ihr Kind ist nicht der einzige Mensch, der Hilfe braucht.

Manche Eltern lassen Frühgeborene nachts abwechselnd auf der Brust schlafen. Die »Känguru-Methode« unterstützt die Entwicklung von Herz und Lunge. Im Rahmen einer Studie in London wurde festgestellt, dass Babys mit Hautkontakt zur Mutter, verglichen mit Babys im Inkubator, schneller zunahmen und weniger Gesundheitsprobleme hatten.

Geben Sie die Flasche statt/oder ergänzend zur Brust. Bis Ihr Kind 2750 Gramm wiegt, wird die Ernährung von einem Spezialisten für Frühgeborene bestimmt. Sobald es nach Hause kommt, sind Sie auf sich selbst gestellt, und die Gewichtszunahme wird eine

Ihrer größten Sorgen sein. Besprechen Sie die weitere Ernährung unbedingt mit Ihrem Kinderarzt. Ich persönlich empfehle in solchen Fällen die Flasche, vorzugsweise mit abgepumpter Muttermilch, weil Sie genau sehen, wie viel Ihr Kind zu sich nimmt. Hinzu kommt, dass einige Frühgeborene Probleme an der Brust haben. Bei einigen ist der Saugreflex noch nicht voll ausgebildet, da er sich erst zwischen der 32. und 34. Schwangerschaftswoche entwickelt.

Machen Sie sich Ihre Ängste bewusst und suchen Sie sich ein Ventil. Sie möchten Ihr Baby am liebsten ständig im Arm halten, um das Verpasste nachzuholen. Sie befürchten insgeheim, dass es nicht mehr aufwachen könnte, wenn es einschläft. Solche Gefühle sind verständlich angesichts dessen, was Sie durchgemacht haben. Doch mit Angst helfen Sie Ihrem Kind nicht. Ganz im Gegenteil: Studien haben gezeigt, dass Kleinkinder den emotionalen Stress der Mutter instinktiv spüren und dadurch in ihrer Entwicklung gehemmt werden. Suchen Sie Hilfe und Unterstützung bei anderen Erwachsenen, Menschen, denen Sie Ihre Ängste offenbaren können und die Sie ermutigen, Ihren Tränen freien Lauf zu lassen. Das kann Ihr Partner sein, der Ihre Ängste schon deshalb versteht, weil Sie sich in derselben Lage befinden, oder jemand anderer, dem Sie hundertprozentig vertrauen und auf den Verlass ist.

Physische Bewegung oder Meditation kann ebenfalls als Ventil dienen, um Stress abzubauen. Probieren Sie aus, was gut für Sie ist, und bleiben Sie dabei.

Wenn Ihr Baby aus dem Gröbsten heraus ist, sollten Sie es nicht mehr als Frühgeborenes oder krankes Kind behandeln. Falls Ihr Baby zu früh oder mit einem Gesundheitsproblem geboren wurde, kann die größte Hürde Ihre eigene Unfähigkeit sein, das Gefühl drohenden Unheils zu überwinden, das Sie auf Schritt und Tritt begleitet. Sie haben sich angewöhnt, es als schwach oder krank zu betrachten. Bei Kindern mit Ess- oder Schlafstörungen frage ich die Eltern als Erstes, ob das Kind eine Frühgeburt war oder ob es Komplikationen bei der Entbindung gab. Meistens lautet die Antwort auf eine der Fragen oder in beiden Fällen ja. Auf die Gewichtszunahme fixiert, neigen die Eltern dazu, ihr Kind zu überfüttern und ständig zu wiegen, auch dann noch, wenn es längst sein Normalgewicht erreicht hat. Stellen Sie Ihr Kind auf E.A.S.I. um. Die Einführung eines strukturierten Tagesablaufs kommt dem Kind und Ihnen zugute und zudem Ihrem Kontrollbedürfnis auf natürliche Weise entgegen.

Das doppelte Glück

Dank der Ultraschalltechnologie werden Frauen, die Mehrlinge bekommen, heute selten überrascht. Wenn sich Zwillinge oder Drillinge ankündigen, könnte es sein, dass man Ihnen zumindest im letzten Schwangerschaftsmonat strikte Bettruhe verordnet, unter Umständen sogar während der letzten drei Monate. Dazu kommt, dass Mehrlinge zu 85 Prozent die Neigung haben, zu früh zu kommen. Daher rate ich Eltern, so schnell wie möglich mit den Vorbereitungen im Kinderzimmer zu beginnen. Da die Schwangerschaft anstrengend ist und oft mit einem Kaiserschnitt endet, haben die Mütter nicht nur die doppelte und dreifache Arbeit, sobald die Mehrlinge da sind (von Vierlingen rede ich lieber gar nicht), sondern auch ein größeres Bedürfnis nach Erholung von den Strapazen. Trotzdem sollte man sich mit Kommentaren wie »Oh Gott, wie furchtbar, da kannst du dich ja auf was gefasst machen!« zurückhalten. Sie stammen meist von Frauen, die ihre Kinder nacheinander bekommen haben und nicht daran denken, dass sie mit solchen Bemerkungen niemandem helfen. Ich sage den Müttern lieber: »Freuen Sie sich! Sie haben doppeltes Glück und bekommen obendrein einen Spielgefährten für Ihr Kind mitgeliefert!« Wenn Zwillinge vorzeitig oder mit einem Gewicht unter 2 750 Gramm geboren werden, sollten Sie die gleichen Vorkehrungen treffen wie für Frühgeborene.

Der Unterschied ist natürlich, dass Sie zwei Kinder haben, um die Sie sich Sorgen machen. Zwillinge dürfen nicht immer gemeinsam nach Hause, wenn das eine weniger wiegt oder schwächer ist. Ich lasse sie jedoch nach Möglichkeit in einem Bettchen schlafen. Erst zwischen der achten und zehnten Woche, wenn sie anfangen, ihre Umgebung zu erforschen und zu greifen, auch nach dem Geschwisterchen, beginne ich damit, sie allmählich zu trennen. Im Verlauf von zwei Wochen rücke ich sie räumlich immer weiter auseinander, und schließlich schläft jedes Kind in seinem eigenen Bett. Sobald Ihre Kinder den Punkt überwunden haben, an dem Komplikationen auftreten können, sollten Sie den Tagesablauf gestaffelt strukturieren. Es ist zwar möglich, zwei Babys gleichzeitig zu füttern, aber es ist schwerer, sich auf jedes Kind einzeln zu konzentrieren. Andere Aufgaben, wie Aufstoßen und Windelnwechseln, können Sie ohnehin nur nacheinander bewältigen.

Das größte Problem bei Zwillingen oder Drillingen ist die scheinbar endlose Arbeit für die Mutter und ihr Bedürfnis, sich genug Zeit für jedes Kind zu nehmen. Es überrascht wohl nicht, dass die meisten Mütter von Mehrlingen auf Anhieb für einen strukturierten Tagesablauf empfänglich sind, weil er ihr Leben vereinfacht. E.A.S.I. könnte in diesem Fall aussehen wie in der Tabelle auf Seite 274

Ich mache Müttern oft den Vorschlag, bei Mehrlingen auf die Brusternährung zu verzichten und Fertignahrung zu geben. Pumpen und Stillen ist strapaziös, wenn man sich noch nicht vom Kaiserschnitt erholt oder noch ein älteres Kind zu versorgen hat. Überraschender ist, dass Zwillinge und Drillinge nach anfänglichen Startschwierigkeiten leichter zu betreuen sind, weil sie sich in der Regel miteinander beschäftigen.

Ich möchte dieses Kapitel mit einem wichtigen Gedanken abschließen, den Sie sich hin und wieder ganz bewusst durch den Kopf gehen lassen sollten:

> Was zählt, ist nicht so sehr, was uns im Leben widerfährt, sondern wie wir damit umgehen.

Viele unverhoffte Situationen und Geburtstraumata werden in ein paar Monaten verblasst und nicht mehr als eine vage Erinnerung sein. Der Schlüssel ist die Perspektive, die Sie zurechtrücken sollten, wenn Sie sich als Eltern normalen Anfangsschwierigkeiten und ungewöhnlichen Umständen gegenübersehen. Im nächsten Kapitel werden wir uns mit den »hausgemachten« Problemen beschäftigen, die entstehen, wenn es Eltern nicht gelingt, eine vernünftige, gesunde Perspektive zu entwickeln.

Die E.A.S.I.-Methode bei Zwillingen		
	Monica	**Joseph**
Essen	6 – 6.30: Füttern (wenn die Kinder älter sind, dauert das Füttern nicht mehr so lange; Joseph kann früher geweckt werden und die Mutter hat mehr Zeit für sich selbst) 9 – 9.30 12 – 12.30 15 – 15.30 18 – 18.30 Bis sie nachts durchschläft Mahlzeiten um 21 und 23 Uhr	6.40 – 7.10: Füttern 9.40 – 10.10 12.40 – 13.10 15.40 – 16.10 18.40 – 19.10 »Traummahlzeit« um 21.30 und 23.30
Aktivität	6.30 – 7.30 Windel wechseln (10 Min.) Danach allein spielen, während Joseph gefüttert wird 9.30 – 10.30 12.30 – 13.30 15.30 – 16.30 Nach der 18-Uhr-Mahlzeit spielt Monica, während Joseph gefüttert wird	7.10 – 8.10 Windel wechseln (10 Min.) Danach allein spielen, während Monica ins Bett gebracht wird 10.10 – 11.10 13.10 – 14.10 16.10 – 17.10 Um 19.10 Bad für beide, wenn Joseph mit dem Essen fertig ist
Schlaf	7.30 – 8.45 10.30 – 11.45 13.30 – 14.45 16.30 – 17.45 Nach dem Bad geht es direkt ins Bett.	8.10 – 9.10 11.10 – 12.25 14.10 – 15.25 17.10 – 18.25
Individuelle Freizeitgestaltung	Danach ruht sich die Mutter 35 Minuten aus (oder länger, falls das Füttern weniger Zeit in Anspruch nimmt), bis Monica aufwacht und die nächste Mahlzeit braucht.	

Kapitel 9

3-Tage-Magie: Das Abc zur Lösung hausgemachter Probleme

Wenn es irgendetwas gibt, was wir bei einem Kind ändern möchten, dann sollten wir uns zuerst Klarheit darüber verschaffen, ob wir es nicht besser bei uns selbst ändern sollten.

Carl G. Jung

»Wir haben überhaupt keine **Zeit mehr für uns**«

Wenn Eltern nicht richtig in die Gänge kommen und ihr Leben nicht auf die Reihe bringen, entstehen so genannte »hausgemachte« Probleme. Ein Beispiel sind Melanie und Stan. Ihr Sohn Adam, sechs Wochen zu früh geboren, wurde anfangs rund um die Uhr nach Bedarf gefüttert. Obwohl er sich zu Hause schnell von seinem Geburtstrauma erholte, machte sich Melanie ständig Sorgen um seine Gesundheit. Sie nahm Adam mit in ihr Bett, weil es bequemer war, ihn nachts zu stillen. Tagsüber wechselten sich die Eltern ab, wenn Adam weinte: Sie wiegten ihn in den Schlaf, fuhren ihn im Kinderwagen spazieren oder trugen ihn herum. Schließlich gewöhnten sie sich an, ihn zur Beruhigung in »Känguru-Stellung« auf dem Bauch der Eltern schlafen zu lassen. Melanie stillte Adam jedes Mal, wenn er quengelte oder weinte.

Acht Monate später wurde den Eltern bewusst, dass der Kleine ihr Leben fest im Griff hatte. Adam konnte nur noch einschlafen, wenn Mama oder Papa ihn auf dem Arm herumtrugen, was Schwerarbeit war, denn zu diesem Zeitpunkt wog er nicht mehr drei Kilo, sondern fast fünfzehn! Beim Abendessen wurden sie ständig gestört. Melanie und Stan erwischten nie den »richtigen« Zeitpunkt, um Adam an sein eigenes Bett zu gewöhnen. Sie leisteten abwechselnd »Schichtdienst«: In der einen Nacht schlief Melanie mit Adam im Ehebett, während Stan im Gästezimmer übernachtete, um Ruhe zu haben, in der nächsten Nacht war der Vater an der Reihe. Verständlicherweise konnte von Sexualleben keine Rede sein.

Diese Probleme waren nicht beabsichtigt, aber hausgemacht. Noch schlimmer war, dass sie sich gegenseitig die Schuld daran gaben.

Manchmal hegten sie sogar einen heimlichen Groll gegen ihr Kind, das letztlich aber nur tat, was ihm anerzogen wurde. Im Endeffekt war niemand glücklich, am allerwenigsten der kleine Adam, der nie darum gebeten hatte, den Ton anzugeben!

Die Geschichte von Melanie und Stan ist typisch. Viele Paare beklagen sich: »Er weint, sobald ich ihn hinlege« oder: »Sie trinkt zehn Minuten und dann ist Feierabend«, als würden Kinder bewusst den Aufstand proben. In Wirklichkeit haben die Eltern ihr Kind in seinem negativen Verhalten bestärkt und damit unbeabsichtigt eine schlechte Gewohnheit entwickelt. Sie können die Uhr jedoch zurückdrehen und die unerwünschten Folgen hausgemachter Probleme abstellen. Falls Ihr Kind mit seinem Verhalten den ganzen Haushalt durcheinander bringt, ständig Ihren Schlaf stört oder Sie daran hindert, ein normales Leben zu führen, sollten Sie etwas dagegen unternehmen. Machen Sie sich aber zuerst drei Dinge klar:

1. Ihr Kind will mit seinem Verhalten nicht seinen eigenen Willen durchsetzen oder Ihnen die Stirn bieten; es verhält sich nur so, wie Sie es ihm beigebracht haben. Eltern sind sich oft nicht bewusst, dass sie von Anfang an einen prägenden Einfluss auf ihre Kinder haben und bestimmte Erwartungen hervorrufen, im Guten wie im Schlechten.

2. Sie können Ihrem Kind anerzogene Verhaltensweisen abgewöhnen. Wenn Sie Ihr eigenes Verhalten analysieren – was Sie selbst dazu beitragen, um bestimmte negative Reaktionen bei Ihrem Kind hervorzurufen – dann werden Sie auch herausfinden, wie Sie ihm diese Unarten wieder abgewöhnen können.

3. Gewohnheiten zu ändern erfordert Zeit. Wenn Ihr Kind jünger ist als drei Monate, brauchen Sie dazu maximal drei Tage. Wenn es älter ist und sich ein bestimmtes Verhaltensmuster verfestigt hat, müssen Sie die Veränderung sukzessive einleiten. Normalerweise brauchen Sie für jeden einzelnen Schritt drei Tage und viel Geduld, bis die Gewohnheit »verblasst«, ganz egal ob es sich um Widerstand gegen den Schlaf oder Probleme beim Füttern handelt. Wichtig ist, *konsequent* zu sein. Wenn Sie zu schnell aufgeben oder es jeden Tag mit einer neuen Methode probieren, ermutigen Sie am Ende genau das Verhalten, das Sie zu ändern versuchen.

Das kleine Abc zur Lösung **hausgemachter Probleme**

Viele Eltern, die sich in einer ähnlichen Situation wie Melanie und Stan befinden, sind verzweifelt. Sie wissen nicht, wo sie anfangen sollen. Die nachfolgend beschriebene Lösungsstrategie ermöglicht Eltern, ihren eigenen Beitrag zu hausgemachten Problemen zu analysieren und dabei herauszufinden, wie man negative Verhaltensmuster verändert.

»A« = Analyse: Was haben Sie wann gemacht? Was haben Sie getan oder unterlassen? Welche Vorkommnisse in der Umgebung könnten sonst noch Einfluss auf das Verhalten Ihres Kindes haben?

»B« = Benehmen: Was macht Ihr Kind? Weint oder schreit es? Sieht es wütend aus und hört es sich auch so an? Hat es Angst? Hunger? Benimmt es sich meistens so wie jetzt?

»C« = Chance. Hier geht es um die Konsequenzen, die Sie aus A und B ziehen: Sie stellen eine Veränderungschance dar. Eltern mit hausgemachten Problemen sind sich nicht bewusst, dass sie ihr Kind in seinen negativen Gewohnheiten bestätigen, und verhalten sich wie immer: Sie wiegen es in den Schlaf oder schieben ihm die Brust in den Mund, um es zu beruhigen. Damit setzen sie dem gegenwärtigen Stress zeitweilig ein Ende, aber langfristig wird dieses Verhalten dadurch gefestigt. Der Schlüssel liegt folglich darin, etwas *anders zu machen.*

Nehmen wir Melanie und Stan als Beispiel, ein schwieriger Fall, weil Adam bereits acht Monate alt und daran gewöhnt war, dass ihm die Eltern mitten in der Nacht Beachtung schenkten. Um wieder ein Stück Freiraum für die Eltern zurückgewinnen, mussten sie mehrere Schritte einleiten, um die Folgen ihres hausgemachten Problems zu überwinden. Zunächst galt es, der Situation auf den Grund zu gehen.

Die Analyse ergab, dass sie verständlicherweise ständig Angst um ihr Kind hatten, das zu früh geboren war. Ständiges Wiegen, Körperkontakt und Stillen wurden gang und gäbe. Adams Reaktion war ebenfalls verständlich: Er hatte sich daran gewöhnt und wurde unleidlich und fordernd, wenn die Eltern nicht sprangen, sobald er seine Bedürfnisse anmeldete. Die Folge war, dass Adam mit acht Monaten immer noch nicht allein einschlafen konnte. Um den Teufelskreis zu durchbrechen, mussten die Eltern als Erstes ihr eigenes Verhalten ändern.

Ein kleiner Schritt nach dem anderen

Nach der Analyse der Umstände, die zu Adams Verhalten beigetragen hatten, musste die Problemlösung in kleine Schritte unterteilt werden. Mit anderen Worten, es gilt, sich rückwärts vorzuarbeiten, um das Geschehene ungeschehen zu machen. Dieser Prozess geht folgendermaßen vor sich:

Beobachten Sie Ihr Kind und entwickeln Sie eine Problemlösungsstrategie. Zuerst beobachteten wir Adams Verhalten abends, nach dem Bad, wenn Melanie versuchte, ihn frisch gewickelt und im Schlafanzug in sein Bettchen zu legen. Er klammerte sich an seine Mutter, sobald sie sich dem Bett auch nur näherte, als wollte er sagen: »Was machst du da? Hier schlafe ich doch gar nicht. Da gehe ich nicht rein!«

Bei der Analyse stellte sich heraus, dass Melanie und Stan mit allen Mitteln versucht hatten, ihm das Schlafen im Bett der Eltern abzugewöhnen. Aber er weinte jedes Mal so herzzerreißend und so lange in seinem Bett, dass sie sich erweichen ließen, und als er sich sogar übergeben musste, verzichteten sie auf diese Rosskur. Als Erstes mussten wir versuchen, Adam ein Gefühl der Sicherheit und Geborgenheit in seinem Bett zu geben. Da er nicht daran gewöhnt war und Angst hatte, allein zu schlafen, waren Geduld und Umsicht erforderlich.

Überstürzen Sie nichts. In Adams Fall dauerte es fünfzehn Tage, bis er die Angst vor seinem Bett überwunden hatte. Wir begannen mit dem Mittagsschlaf. Melanie ging in Adams Zimmer, ließ die Jalousien herunter und legte beruhigende Musik auf. Sie setzte sich in den

Schaukelstuhl und hielt Adam auf dem Schoß. Am ersten Tag blickte Adam immer wieder zur Tür, obwohl er nicht einmal in die Nähe des Bettchens kam.

Drei Tage lang wiederholte sich dieser Ablauf, dann stand Melanie mit Adam auf und tastete sich in den folgenden drei Tagen Schritt für Schritt näher an das Bett heran, sodass sie schließlich daneben stehen konnte, ohne dass Adam schrie. Am siebten oder achten Tag legte sie ihn ins Bett, beugte sich aber zu ihm hinab und hielt ihn im Arm.

Das war der Durchbruch. Zehn Tage später konnte sie mit ihm in sein Zimmer gehen, es verdunkeln, den Kassettenrekorder einschalten, sich in den Schaukelstuhl setzen und ihn danach ins Bett legen. Bald darauf war es auch nicht mehr nötig, sich über ihn zu beugen und ihn zu beruhigen. Er drehte sogar sein Gesicht weg und wandte sich für kurze Zeit seinem Kuschelhasen zu.

Wir wiederholten das Ritual und begleiteten ihn jeden Tag beim nächsten kleinen Schritt. Statt ihn im Arm zu halten, blieb Melanie einfach neben dem Bett stehen und konnte sich später hinsetzen. Am fünfzehnten Tag ging Adam freiwillig ins Bett, doch sobald ihm die Augen zufielen, kam er wieder hoch und setzte sich hin. Wir legten ihn jedes Mal wieder hin. Schließlich begann er sich zu entspannen, weinte aber noch kurz, auch in den drei Schlafphasen. Ich bat Melanie, nicht einzugreifen: Dadurch wäre der Einschlafprozess gestört worden, und das Ganze hätte wieder von vorn angefangen. Am Schluss lernte Adam, allein ins Land der Träume zu gelangen.

Nehmen Sie sich ein Problem nach dem anderen vor.

Wir hatten Adam geholfen, seine Angst vor dem eigenen Bett zu überwinden, aber nur tagsüber. Die nächtlichen Probleme hatten wir noch gar nicht in Angriff genommen: Er schlief nachts immer noch bei den Eltern und wachte auf, weil er gefüttert werden wollte. Wenn ein vielschichtiges Problem vorliegt, erfordert die Lösung Zeit und Geduld. Erst als Adam sein Bett nicht mehr als Folterkammer betrachtete, konnten wir das nächste Problem angehen: die nächtlichen Mahlzeiten.

Adam, der bereits die erste feste Nahrung erhielt, war um halb acht gestillt und dann ins Bett seiner Eltern gelegt worden, wo er mit mehreren Unterbrechungen bis ein Uhr nachts schlief; danach wachte er alle zwei Stunden auf, um zu trinken. Die Analyse ergab, dass die Mutter jedes Mal meinte, Adam sei hungrig, obwohl er kaum etwas trank. Sein Benehmen – das ständige Aufwachen – wurde durch Melanies Bereitschaft gefördert, ihn jedes Mal anzulegen. Dadurch weckte sie in Adam die Erwartung, alle zwei Stunden gefüttert zu werden, was für ein Frühgeborenes angemessen ist, nicht aber für ein acht Monate altes Kind.

Wir gingen das Problem wieder etappenweise an. In den ersten drei Nächten lautete die Regel: nicht füttern bis vier Uhr morgens, danach bis sechs, und erst dann erhielt er die Flasche. (Zum Glück hatte er schon vorher Flasche und Brust genommen, sodass er die Veränderung ohne Murren akzeptierte.) Da sich die Eltern konsequent daran hielten, ihm statt der Brust den Schnuller zu geben, wenn er nachts wach wurde und ihm die Sechsuhrmahlzeit mit der Flasche zu verabreichen, kam Adam mit der Umstellung gut zurecht.

Nach einer Woche verbrachte ich eine Nacht bei Melanie und Stan, damit die Eltern einmal durchschlafen konnten und, was noch wichtiger war, Adam lernte, ohne Mutter, Vater oder Flasche in seinem Bettchen wieder einzuschlafen, wenn er nachts aufwachte. Er bekam tagsüber genug feste Nahrung und Milch, sodass er nachts keine zusätzliche Mahlzeit mehr brauchte. Und er hatte seit zehn Tagen tagsüber ohne Probleme geschlafen. Jetzt war es möglich, ihn daran zu gewöhnen, allein einzuschlafen und nachts durchzuschlafen.

Rechnen Sie mit Rückschlägen – alte Gewohnheiten sind zählebig – aber bleiben Sie konsequent. Am ersten Abend, als wir Adam nach dem Baden zu Bett brachten, hielten wir uns an das gleiche Ritual, das wir tagsüber eingeführt hatten. Er sah müde aus, aber sobald er auf der Matratze lag, riss er die Augen auf und zog sich an den Gitterstäben hoch; wir legten ihn wieder hin und setzten uns neben das Bett. Er weinte wieder und stand auf. Wir legten ihn abermals hin. Nach dem fünfunddreißigsten Mal blieb er endlich liegen und schlief ein. In der Nacht wachte er um Punkt ein Uhr auf und weinte. Als ich in sein Zimmer ging, stand er bereits in seinem Bett. Ich legte ihn sanft wieder hin, aber wortlos und ohne Blickkontakt, um ihn nicht zum Spielen zu animieren. Ein paar Minuten später stand er wieder. Nach dem dreiundvierzigsten Mal war er erschöpft und schlief ein. Um vier weinte er wieder. Adam war so an dieses Verhaltensmuster gewöhnt, dass man die Uhr danach stellen konnte. Wieder legte ich ihn hin. Dieses Mal brachte es das kleine Stehaufmännchen nur noch auf einundzwanzig Mal. (Ja, ich habe genau mitgezählt! Mütter fragen mich oft, wie lange es dauert, und damit können sie sich in etwa eine Vorstellung machen.)

Das war die erste Nacht. Am nächsten Morgen versprach ich Melanie und Stan, an den beiden nächsten Abenden wieder zu kommen, und sagte ihnen, das Schlimmste sei nun überstanden.

In der zweiten Nacht schlief Adam nach sechsmaligem Hinlegen ein. Um zwei Uhr morgens, als ich hörte, wie er sich regte, ging ich auf

Das Abc der Veränderung

Negative Programmierungen zu löschen ist eine *Chance* (»C«), Ihr eigenes Verhalten zu *analysieren*, (»A«) das zum *Benehmen* des Kindes (»B«) beigetragen hat. Wenn Sie immer wieder nach dem selben Muster reagieren, festigen Sie genau die Gewohnheiten, die Sie überwinden möchten. Die einzige Lösung besteht darin, Ihr eigenes Verhalten zu ändern.

Zehenspitzen in sein Zimmer und legte ihn leise zurück, als er gerade die Schultern hochheben wollte. Nach fünf Malen war es geschafft, und er schlief zum ersten Mal bis Viertel vor sieben durch. In der dritten Nacht wurde Adam um 4 Uhr morgens unruhig, stand aber nicht auf und schlief bis sieben. Seither schläft er nachts zwölf Stunden hintereinander.

Melanie und Stan haben wieder mehr Raum und Zeit für sich.

»Er will ständig **herumgetragen werden**«

Schauen wir uns ein anderes weit verbreitetes Problem an, auf das sich unsere ABC-Methode anwenden lässt. Teddy, der drei Wochen alte Sohn von Sarah und Ryan, wollte ständig herumgetragen werden. Bei der Analyse stellte sich heraus, dass der Vater, der oft unterwegs war, damit begonnen hatte, sobald er nach Hause kam. Sarah hatte außerdem ein Kindermädchen aus Guatemala eingestellt, wo fortwährender Körperkontakt mit einem Baby üblich ist. Teddys Reaktion war abzusehen. An der Schulter schlief er selig ein, doch kaum versuchte man ihn ins Bett zu legen, fing er an zu weinen. Wenn man ihn wieder aufnahm, war er sofort wieder friedlich. Sarah, die immer klein beigab, bestärkte ihn noch in seinem Verhalten. Die Folge war, dass er nur noch auf den Arm wollte.

Es ist nichts dagegen einzuwenden, Ihr Kind auf den Arm zu nehmen und mit ihm zu schmusen. Und Sie sollten es in jedem Fall beruhigen, wenn es weint. Das Problem ist nur, dass Eltern oft nicht wissen, wann das Bedürfnis nach Streicheleinheiten endet und die negative Gewohnheit beginnt. Das Herumtragen wird spätestens dann zum Problem, wenn das Kind schwerer wird oder Arbeit wartet, die sich nicht mit einer freien Hand bewältigen lässt.

Was nun? Betrachten Sie das Verhalten Ihres Kindes als *Chance*, Ihr eigenes Verhalten zu ändern. Statt es ständig herumzutragen, sollten Sie es hochnehmen, wenn es weint, und es wieder hinlegen, sobald es sich beruhigt hat. Unter Umständen müssen Sie diese Prozedur anfangs zwanzig- bis dreißigmal wiederholen, bis die vorhandene »Programmierung« gelöscht ist. Im Wesentlichen sagen Sie damit aus: »Ich bin ja da. Es ist in Ordnung, eine Weile allein zu sein.« Keine Angst, dieses Spiel geht nicht immer so weiter – es sei denn, Sie fallen wieder in die alte Gewohnheit zurück, Ihr Kind über das ursprüngliche Bedürfnis hinaus herumzutragen.

Das Geheimnis der 3-Tage-Magie

Ich möchte noch einmal betonen, dass ich keine Zauberkräfte besitze, sondern Methoden anwende, die auf dem gesunden Menschenverstand basieren, erlernbar sind und sofort praktisch umgesetzt werden können. Man sollte jedoch ein paar Wochen Übergangszeit einplanen, bis die alten Gewohnheiten endgültig überwunden sind.

Ich verwende die Abc-Strategie, um das Problem zu analysieren und den Lösungsweg zu bestimmen. Oft reichen eine oder zwei Techniken aus, damit die alten Programmierungen verblassen. 3-Tage-Magie bedeutet, dass Sie Ihre bisherige Gewohnheit an drei Tagen stufenweise durch ein Verhalten ersetzen, das die Unabhängigkeit Ihres Kindes fördert. Je älter ein Kind ist, desto schwieriger wird dieses Unterfangen. Die meisten Eltern wenden sich an mich, wenn die Kinder bereits fünf Monate und älter sind.

Bei den »Tipps zur Problemlösung« (Seite 295 ff.) finden Sie eine kurze Übersicht über weit verbreitete negative Gewohnheiten, dazu Hinweise über ihre Entstehung, und wie sie wieder behoben werden können.

Gönnen Sie sich eine Verschnaufpause

Mütter von Babys, die zu Koliken neigen, sind oft völlig am Ende. Sie glauben, sie hätten etwas falsch gemacht. Das ist Unsinn. Koliken sind ein Problem, aber nicht von Ihnen verursacht. Sie können eine Nervenzerreißprobe sein, und deshalb brauchen Sie genauso viel Unterstützung wie Ihr Kind.

Statt Schuldzuweisungen sollten Sie und Ihr Partner sich gegenseitig bei der Betreuung entlasten. Bei vielen Kindern treten die Koliken mit solcher Regelmäßigkeit auf, dass man die Uhr danach stellen könnte, zum Beispiel von drei Uhr nachmittags bis sechs Uhr abends. Wechseln Sie sich ab: einen Tag übernimmt die Mutter, am nächsten Tag der Vater den Dienst.

Schlafprobleme: Ob es um ein Kind geht, das nachts nicht durchschläft (nach drei Monaten) oder nicht von alleine einschläft – wichtig ist immer, es zuerst an das eigene Bett zu gewöhnen und ihm dann beizubringen, ohne Ihre Hilfe einzuschlafen. Im schlimmsten Fall, wenn die hausgemachten Probleme schon seit Monaten bestehen, hat das Kind Angst vor seinem Bett. Als Folge davon hat es nie gelernt, allein einzuschlafen.

Als allein erziehende Mutter können Sie vielleicht die Großeltern, Geschwister oder eine Freundin bitten, in den kritischen Stunden einzuspringen, damit Sie eine Verschnaufpause haben. Nutzen Sie diese Zeit, um Kräfte zu sammeln: Machen Sie einen Spaziergang, fahren Sie Rad oder sorgen Sie irgendwie für einen Tapetenwechsel.

Und vergessen Sie eines nicht: Koliken dauern nicht ewig an, auch wenn es Ihnen im Moment so vorkommen mag, sondern sind auch irgendwann ein für alle Mal vorbei.

Probleme beim Stillen: Schlechte Essgewohnheiten entstehen meist, wenn die Eltern die Signale des Kindes falsch deuten. Joanne brauchte beispielsweise eine Stunde, um ihre Tochter Lily zu stillen, die damals einen Monat alt war, viel zu lange für ein Kind in diesem Alter. Joanne fand das Stillen so entspannend – sie hatte vermutlich einen hohen Oxytozin-Spiegel –, dass sie dabei oft einschlief. Wenn sie nach zehn Minuten wieder aufwachte, nuckelte Lily nur noch.

Obwohl ich Müttern normalerweise empfehle, nicht auf die Uhr zu schauen, sollte Joanne in diesem Fall den Wecker auf eine Dreiviertelstunde stellen und Lily während dieser Zeit beim Trinken beobachten. Sie fand heraus, dass sich die Kleine am Ende jeder Mahlzeit in den Schlaf nuckelte. Die Brust wurde daraufhin durch den Schnuller ersetzt. Innerhalb von drei Tagen konnte sie auf den Wecker verzichten, da sie sich besser in die Bedürfnisse ihres Kindes einfühlen konnte.

Als Lily älter wurde, brauchte sie auch den Schnuller nicht mehr, sondern nahm die eigenen Finger zum Einschlafen.

Was Sie bei Leibschmerzen tun können

Eine Umstellung der Ernährung ist die beste Methode, um Blähungen vorzubeugen, aber trotzdem kann es vorkommen, dass Ihr Kind hin und wieder Leibschmerzen hat. Hier einige wirksame Selbsthilfe-Methoden:

- Lassen Sie Ihr Kind aufstoßen, vor allem, wenn es zu Blähungen neigt, indem Sie von unten nach oben mit dem Handballen über die linke Seite (an der Stelle, wo sich der Magen befindet) reiben. Wenn es nach fünf Minuten nicht aufgestoßen hat, legen Sie es hin. Blähungen erkennen Sie daran, dass Ihr Kind beginnt, hechelnd zu atmen, die Beine an den Bauch zu ziehen, die Augen zu verdrehen und den Mund zu verziehen, als ob es lächeln wollte. Nehmen Sie es hoch, mit den Armen über Ihrer Schulter und geraden Beinen, und versuchen Sie erneut, es aufstoßen zu lassen.
- Ziehen Sie die Beine Ihres Babys behutsam an den Körper und bewegen Sie sie wie beim Radfahren.

Probleme beim Stillen können daher rühren, dass Ihr Kind auch dann noch saugt, wenn es satt ist. Meist lässt es dann öfter die Brustwarze los, als ob es sagen wollte: Ich bin jetzt ein besserer Esser und brauche weniger Zeit, um deine Brust leer zu trinken. Wenn Sie seine Sprache nicht verstehen, legen Sie es unter Umständen wieder an und nötigen es zum Saugen, was bei Babys ein Reflex ist. Oder Ihr Kind wacht nachts mehrmals auf, um gefüttert zu werden, obwohl es die Mahlzeiten nicht mehr braucht. In all diesen Situationen lernt Ihr Baby, die Flasche oder Brust als Einschlafhilfe zu benutzen, was weder Ihnen noch Ihrem Kind dient.

In allen diesen Fällen empfehle ich als Erstes, den Tagesablauf zu strukturieren. Mit E.A.S.I. sind Sie nicht auf Mutmaßungen angewiesen, sondern wissen, wann Ihr Kind Hunger hat und wann andere Gründe für seine Unzufriedenheit vorliegen können. Sie sollten es trotzdem genau beobachten, um festzustellen, ob es wirklich Hunger hat; wenn nicht, gilt es, überflüssige Mahlzeiten allmählich ausklingen zu lassen und dem Kind andere Möglichkeiten beizubringen, sich selbst zu beruhigen. Dann können Sie ihm statt Muttermilch oder Fertignahrung Wasser geben oder in der letzten Phase der Umstellung den Schnuller benutzen. Am Ende erinnert sich Ihr Kind nicht einmal mehr an die alte Gewohnheit, und deshalb hat diese Methode eine fast »magische« Wirkung!

- Legen Sie Ihr Kind quer über Ihren Unterarm, mit dem Gesicht nach unten, und benutzen Sie die Handinnenfläche, um sanften Druck auf den Bauch auszuüben.
- Legen Sie ein Tuch zu einem rund zehn Zentimeter breiten Streifen zusammen; wickeln Sie diesen »Kummerbund« Ihrem Baby fest, aber ohne die Blutzirkulation abzuschnüren, um die Leibesmitte.
- Damit die Winde abgehen, halten Sie das Kind an Ihren Körper und klopfen leicht auf sein Gesäß. Damit hat es einen Punkt, auf den es sich beim Drücken konzentriert.
- Massieren Sie den Bauch, dem Darm folgend, in einer C-förmigen Bewegung, von links nach rechts, dann auf dem gleichen Weg zurück (kein Kreis), anschließend von rechts nach links.

»Aber mein Kind hat Koliken!«

Dieses Problem ist eine Nagelprobe für die 3-Tage-Magie. Ihr Baby weint und zieht die Beine an die Brust, als hätte es Krämpfe. Könnte eine Verstopfung die Ursache sein? Oder Blähungen? Manchmal sind die Krämpfe so schlimm, dass Sie kaum noch mit ansehen können, wie es leidet. Ihr Kinderarzt und andere Mütter, die ähnliche Erfahrungen gemacht haben sagen, das sei eine Kolik und dagegen könne man nichts tun. Das ist nur zum Teil richtig. Es stimmt, dass gegen eine echte Kolik letztendlich kein Kraut gewachsen ist, aber der Begriff wurde ziemlich überstrapaziert – ein Schlagwort, um Problemsituationen gleich welcher Art unbesehen in »einen Topf zu werfen«. Viele dieser Problemsituationen lassen sich bei genauer Beobachtung jedoch verbessern.

Wenn Ihr Kind wirklich zu Koliken neigt, kann das für alle ein Albtraum sein. Schätzungen zufolge leidet jedes zwanzigste Baby unter Koliken, und davon gelten zehn Prozent als schwerwiegende Fälle. Bei einer Kolik zieht sich das Muskelgewebe, das den Verdauungs- und Urogenitaltrakt umgibt, krampfartig zusammen. Die Symptome beginnen meist mit motorischer Unruhe und führen dazu, dass ein Kind während der Krampfanfälle – die oft stundenlang andauern können – von Schmerzen gepeinigt schreit. In der Regel kommen sie immer zur gleichen Tageszeit. Ob eine Kolik vorliegt, lässt sich bisweilen anhand der »Dreierregel« feststellen: Das Baby schreit oft drei Stunden am Tag, an drei Tagen in der Woche, drei Wochen lang und mehr.

Koliken beginnen meist ganz plötzlich in der dritten oder vierten Lebenswoche und verschwinden ungefähr im dritten Monat wie von Zauberhand. Aber Zauberei ist nicht im Spiel: Um diese Zeit ist das Verdauungssystem besser entwickelt und die Krämpfe lassen nach. Die Kinder haben außerdem mehr Kontrolle über ihre Gliedmaßen und finden ihre Finger, um sich selbst zu beruhigen. Nach meiner Erfahrung haben jedoch viele Probleme, die pauschal als »Kolik« bezeichnet werden, in Wirklichkeit keine medizinische, sondern eine hausgemachte Ursache: Mutter (oder Vater) haben sich angewöhnt, den Säugling in den Schlaf zu wiegen oder ihm Brust oder Flasche zu geben, wenn er weint. Das scheint zu »helfen«. Es dauert nicht lange, bis aufseiten des Kindes eine Abhängigkeit von diesem Beruhigungsmittel entstanden ist. Wenn man es ihm entzieht, schreit es, und jeder nimmt an, dass es sich um eine Kolik handelt.

Solchen Eltern rate ich, der Ursache auf den Grund zu gehen und zu beobachten, ob es sich wirklich um eine Kolik handelt. Oft trägt der Mangel an Struktur im Haushalt zur Verschärfung eines körperlichen Problems bei, ganz gleich, was es auch sein mag. Stillen oder füttern Sie das Kind nicht jedes Mal, wenn es weint, weil es sonst von diesem

Beruhigungsmittel abhängig wird. Außerdem nippt es dann nur, was zur Folge hat, dass sein Verdauungssystem nie zur Ruhe kommt.

Achten Sie darauf, ob Ihr Kind genug schläft, tagsüber oder nachts, denn sonst ist es irgendwann völlig übermüdet. Und ein übermüdetes Baby hat nur eine Möglichkeit, die Welt »auszuschließen«: Es schreit. Und beim Schreien schluckt es Luft, was die Blähungen oder Leibschmerzen noch verstärkt. Verzichten Sie vor allem darauf, Ihr Kind im Auto herumzufahren, zu schaukeln oder per Stereoanlage zu »beruhigen«, denn damit bombardieren Sie es nur mit zusätzlichen Reizen.

Die Lösung bei solchen Problemen ist die Einführung von E.A.S.I. Seien Sie konsequent bei der Umsetzung. Füttern Sie Ihr Kind ausgiebig um sechs, acht und zehn Uhr abends, sodass es genug Kalorien zu sich nimmt, um die Nacht durchzustehen. Trösten Sie es, wenn es zunächst noch aufwacht, und geben Sie ihm den Schnuller, damit es wieder einschläft.

Achten Sie auf die Schlafgewohnheiten während des Tages; wenn Sie diese zuerst angehen, verbessert sich der Nachtschlaf oft von selbst. Die Umstellung kann ein paar Wochen dauern, in denen das Kind vermehrt weint. Aber Sie haben nichts zu verlieren: Sie mussten bereits hilflos zusehen, wie es gelitten hat, und nun besteht zumindest die Hoffnung, dass sich die Situation zum Guten wendet.

Das gilt auch, falls es sich wirklich um eine Kolik handelt. Viele Kinderärzte verordnen ein mildes, säureneutralisierendes Mittel, um die Schmerzen zu lindern, aber heilbar sind Koliken nicht. Die Einführung gesunder Ess- und Schlafgewohnheiten mit E.A.S.I. kann jedoch das Gesamtbefinden des Kindes enorm verbessern.

Überfütterung und Schlafmangel verursachen nicht selten ein Verhalten, das man mit einer Kolik verwechseln könnte. Ihr Kind fühlt sich sichtlich unwohl, so viel steht fest. Das erginge einem Erwachsenen, der die ganze Nacht kein Auge zugemacht hat, auch nicht anders: Er wäre unleidlich. Und wenn er dann auch noch alle zwei Stunden Milch trinkt, um endlich einzuschlafen, obwohl er Milchzucker nicht verträgt, sind die Magen-Darm-Probleme vorprogrammiert. Bei Babys ist es keinen Deut anders. Blähungen sind für einen Erwachsenen ein Albtraum und noch schlimmer für ein Kind, das sich nicht den Bauch halten, massieren oder sagen kann, was ihm fehlt. Eltern, die sich an E.A.S.I. halten, können anhand des strukturierten Tagesablaufs leichter Schlussfolgerungen ziehen, was ihr Kind braucht.

»Unser Kind **lässt sich nicht abstillen**«

Diese Beschwerde höre ich oft von Vätern, vor allem, wenn sie der Brusternährung ohnehin nichts abgewinnen konnten oder ihre Frauen länger als ein Jahr stillen. Die Situation kann aus dem Ruder laufen, wenn die Mütter nicht erkennen, dass sie der eigentliche Grund für dieses »Klammerverhalten« sind. Sie möchten die Nähe nicht missen und genießen es insgeheim, dass nur sie die Bedürfnisse des Kindes erfüllen können. Abgesehen davon, dass sie das Stillen als friedvoll oder als persönliche Erfüllung empfinden, spielt auch der Gedanke eine Rolle, dass ihr Kind abhängig von ihnen ist.

Adrianna stillte ihren Sohn Nathaniel, bis er zweieinhalb war, sehr zum Leidwesen ihres Mannes. »Was soll ich bloß machen?«, beklagte sich Richard bei mir. »Immer, wenn Nathaniel quengelt, gibt sie ihm die Brust. Sie behauptet, in ihrer Stillgruppe sei das ganz »normal.«

Als Adrianna merkte, dass ihr Mann kein Verständnis dafür hatte, verheimlichte sie ihm, dass sie den Kleinen weiter stillte. Die Stunde der Wahrheit kam, als sie bei einer Freundin zum Grillen eingeladen waren: Nathaniel zerrte an ihrer Brust und sagte »Tata«, sein Wort für Milch. Richard war wütend und fühlte sich hintergangen.

Ob eine Frau stillen möchte oder nicht, ist meines Erachtens ganz allein ihre Sache. Aber ich riet Adrianna, ihrem Mann gegenüber wenigstens ehrlich zu sein und das Wohl der *ganzen* Familie im Auge zu behalten. Es ging nicht um die Frage, ob sie ihren Sohn abstillen sollte, sondern darum, dass sie ihn hinter dem Rücken ihres Mannes stillte und auch ihren Sohn zur Unehrlichkeit anstiftete.

Adrianna erforschte ihr Gewissen. Sie erkannte, dass sie Nathaniel als Vorwand benutzte, um die Entscheidung über ihre Rückkehr in den Beruf auf die lange Bank zu schieben. Sie hatte allen erzählt, dass sie sich darauf freue, aber in Wirklichkeit wollte sie lieber ein paar Jahre »Auszeit« nehmen, um ganz für Nathaniel da zu sein und vielleicht noch ein zweites Kind zu bekommen. Endlich fasste sie Mut und schenkte Richard reinen Wein ein. »Er war unglaublich kooperativ«, sagte sie. »Er meinte, dass wir mein Einkommen nicht brauchen, und abgesehen davon sei es gut, wenn ein Kind gerade in der ersten Zeit seine Mutter hat. Aber er möchte das Gefühl haben, als Vater einbezogen zu werden, wenn es um so wichtige Entscheidungen geht.« Dieses Mal hielt sie sich an ihr Versprechen, ihren Sohn abzustillen.

Adrianna hörte als Erstes damit auf, Nathaniel tagsüber zu stillen. Sie sagte einfach: »Es gibt keine Tata mehr – nur noch abends, vor dem Schlafengehen.« Wenn er versuchte, ihr Hemd hochzuheben, was er in den ersten Tagen mehrmals tat, sagte sie: »Die Milch ist weg«, und ließ ihn stattdessen aus einer Schnabeltasse trinken. Es dauerte eine Woche, bis er Ruhe gab, aber dann war es geschafft. »Ich bin wirklich überrascht«, meinte Adrianna einen Monat später. »Es kommt mir so vor, als ob er sich gar nicht mehr an das Stillen erinnert. Unglaublich!« Und wichtiger noch: Adrianna hat seither wieder ein Familienleben. »Das ist ein Gefühl, als befänden Richard und ich uns in den zweiten Flitterwochen.«

Adrianna lernte eine wichtige Lektion über Selbstreflexion und gesunden Menschenverstand. Als Eltern brauchen Sie beides. Viele dieser so genannten Probleme kommen zustande, weil Eltern nicht erkennen, wie viel sie von ihren eigenen Wünschen und Bedürfnissen auf das Kind projizieren. Fragen Sie sich immer aufrichtig: »Tue ich das wirklich nur für mein Kind oder auch ein bisschen für mich selbst?« Eltern tragen ihr Kind auf dem Arm herum, obwohl es längst nicht mehr sein müsste, und Mütter stillen auch dann noch, wenn ihr Kind keine Muttermilch mehr braucht. Adrianna schob ihr Kind vor, um sich selbst und ihrem Mann etwas vorzumachen. Sobald sie diesen Schwachpunkt erkannt hatte und beschloss, ehrlich mit sich selbst und ihrem Partner zu sein, wurde ihr auch klar, wie sich die Situation positiv verändern ließ. Dadurch wurde sie nicht nur eine bessere Mutter und Partnerin, sondern gewann auch als Mensch innere Stärke.

Tipps zur Problemlösung

Die folgenden Probleme sind weit verbreitet und sollten, falls Ihr Kind unter mehreren leidet, nacheinander in Angriff genommen werden. Fragen Sie sich: »Was möchte ich zuerst ändern?« und: »Was für ein Verhalten wünsche ich mir stattdessen?« Ess- und Schlafstörungen sind oft miteinander verbunden; entscheiden Sie mithilfe des gesunden Menschenverstandes, welches Sie zuerst angehen sollten. Oft liegt die Lösung auf der Hand.

Reaktion	Wahrscheinliche Ursache	Problemlösung
»Mein Kind will andauernd auf den Arm.«	Das Kind wurde vermutlich von Anfang an herumgetragen. Nun ist es daran gewöhnt.	Wenn Ihr Kind weint, sollten Sie es hochnehmen und beruhigen, aber wieder hinlegen, sobald es aufhört. Sagen Sie: »Keine Angst, ich bin ja hier.« Halten Sie es nicht länger auf dem Arm als nötig.
»Mein Kind braucht fast eine Stunde, um zu trinken.«	Es benutzt die Brust als Schnuller. Kann es sein, dass Sie öfter beim Stillen abgelenkt sind, z. B. durch Telefonieren, Fernsehen oder Gespräche?	Zuerst saugt das Kind heftig und schnell, und Sie hören es schlucken. Sobald es an die fettreiche Milch gelangt, braucht es länger. Wenn es nur noch nuckelt, bewegt sich der Unterkiefer, aber Sie spüren kein Ziehen in der Brust. Achten Sie darauf, wie Ihr Kind trinkt. Begrenzen Sie die Stillzeit auf eine Dreiviertelstunde.

»Mein Kind ist spätestens nach eineinhalb Stunden hungrig.«	Vielleicht deuten Sie die Signale fälschlicherweise als Hunger.	Statt Brust oder Flasche braucht Ihr Kind vielleicht nur eine Abwechslung; oder versuchen Sie es mit einem Schnuller, um das Saugbedürfnis zu befriedigen.
»Mein Kind braucht die Flasche/Brust, um einzuschlafen.«	Vermutlich haben Sie ihm dieses Verhalten antrainiert, und nun ist es an die Brust oder Flasche zum Einschlafen gewöhnt.	Führen Sie E.A.S.I. ein, sodass Ihr Kind Brust oder Flasche nicht mehr mit dem Schlafen in Verbindung bringt. Bringen Sie ihm bei, alleine einzuschlafen.
»Mein Kind ist fünf Monate alt und schläft immer noch nicht durch.«	Ihr Kind verwechselt vielleicht Tag und Nacht. Wenn es während der Schwangerschaft nachts aktiv und tagsüber ruhig war, hat es diesen Biorhythmus vermutlich beibehalten. Oder es hat von Anfang an tagsüber zu lange geschlafen, und nun ist es daran gewöhnt.	Wecken Sie Ihr Kind tagsüber alle drei Stunden. Am ersten Tag wird es noch ziemlich müde sein, am zweiten wacher und am dritten ist der Biorhythmus umgestellt.
»Mein Kind schläft nicht ein, ohne dass ich es schaukle.«	Vielleicht verpassen Sie seine Signale und es ist übermüdet. Um es zu beruhigen, haben Sie es von Anfang an geschaukelt und es hat nicht gelernt, allein einzuschlafen.	Reagieren Sie bereits auf das erste oder zweite Gähnen. Um das Schaukeln ausklingen zu lassen, müssen Sie es durch ein anderes Verhalten ersetzen. Entweder stehen Sie still, wenn Sie es im Arm halten, oder Sie sitzen, ohne zu

		schaukeln. Benutzen Sie Ihre Stimme und sanftes Rückenklopfen zur Beruhigung.
»Mein Kind weint den ganzen Tag.«	Es könnte eine Kolik sein, aber wahrscheinlicher ist, dass Ihr Kind überfüttert, erschöpft und/oder überreizt ist.	Sie sollten genau zurückverfolgen, was Sie an diesem Tag gemacht haben. Führen Sie E.A.S.I. ein, was auch bei einer Kolik Erleichterung bringt, und fördern Sie einen gesunden Schlaf.
»Mein Kind ist nach dem Aufwachen immer quengelig.«	Manche Kinder sind, abgesehen von ihrem Persönlichkeitsprofil, deshalb quengelig, weil sie nicht genug geschlafen haben.	Stürzen Sie nicht beim ersten Laut ins Kinderzimmer: Warten Sie einen Moment, ob es von allein wieder einschläft. Dehnen Sie die Schlafenszeiten am Tag aus. Dadurch schläft Ihr Kind auch nachts besser, weil es nicht so übermüdet ist.

Gedanken zum Abschluss

Erwägt jeden Schritt und geht ihn mit Bedacht
Denn Leben ist Balance und Schicksalsmacht
Gehört zu den Klugen, Behänden und Flinken
Verwechselt den rechten Fuß nie mit dem linken.
Ob dieser Weg wohl zum erhofften Erfolg euch führt?
Ja! In 98 von hundert Fällen garantiert.

Dr. Seuss
aus: *Oh, the Places You'll Go!*

Ich möchte dieses Buch mit einem wichtigen Gedanken schließen: Genießen Sie, was Sie haben. Alle Tipps und Empfehlungen einer Babyflüsterin sind umsonst, wenn die Freude an der Elternrolle fehlt. Ich weiß, dass es mitunter schwer ist, sich darauf zu besinnen, vor allem am Anfang, wenn Sie noch keine Routine haben und erschöpft sind. Aber Sie sollten nicht vergessen, dass ein Kind ein Geschenk des Himmels ist.

Es großzuziehen ist eine lebenslange Aufgabe, die Ihnen mehr abverlangt als jedes andere langfristige Ziel, das Sie sich je gesetzt haben. Sie tragen die Verantwortung für die Entwicklung eines menschlichen Wesens, und es gibt keine größere.

Wenn es besonders schwierig wird, versuchen Sie, die Situation in die richtige Perspektive zu rücken. Das Babyalter geht viel zu schnell vorüber, auch wenn es Ihnen manchmal Angst und Sorge bereitet. Eines Tages werden Sie zurückblicken und feststellen: Es war nicht mehr als ein winziger Leuchtpunkt auf dem Radarschirm meines Lebens – gestochen scharf und leider unwiederbringlich. Deshalb sollten Sie jeden Augenblick genießen, selbst die weniger angenehmen.

Ich hoffe, dass ich Ihnen in diesem Buch nicht nur mit Tipps zur Seite stehen, sondern Ihnen etwas noch Wichtigeres mit auf den Weg geben konnte: Vertrauen in sich selbst und Ihre eigenen Fähigkeiten, Probleme zu lösen.

Egal ob Sie Mutter, Vater oder Großeltern sind: Sie kennen nun die Geheimnisse einer Babyflüsterin. Machen Sie ausgiebig Gebrauch davon, um die Kommunikation und die Beziehung zu Ihrem Kind stetig zu verbessern.

Danksagung

Es war mir ein Vergnügen, Tracy Hogg dabei zu beobachten, wie sie mit ihren Methoden des »Babyflüsterns« Wunder wirkt. Obwohl ich vielen Erziehungsexperten auf den Zahn gefühlt habe und selber Mutter bin, versetzen mich ihre Erkenntnisse und Strategien immer wieder in Erstaunen. Ich danke ihr für die Geduld angesichts meiner endlosen Fragen und dafür, dass ich einen Blick in ihre Welt tun durfte. Danken möchte ich auch Thomas Cook, der »den Laden schmiss«, während Tracy und ich mit der Abfassung des Manuskripts beschäftigt waren, und Sara und Sophie, die mir netterweise ihre Mum ausgeliehen haben.

Danken möchte ich auch Tracys »Müttern«, die mich herzlich aufgenommen und mir erlaubt haben, ihre Kinder kennen zu lernen, um besser zu verstehen, was Tracy für ihre Familien Gutes bewirkt hat. Ich ziehe außerdem meinen Hut vor Dr. Bonnie Strickland, die unermüdlich Kontakte knüpft und die Verbindung zu Dr. Rachel Clifton hergestellt hat; Rachel öffnete mir wiederum das Tor zu einer neuen Welt, der Erforschung der frühkindlichen Entwicklung, und machte mich mit weiteren Fachleuten bekannt, für deren Beitrag ich mich bedanken möchte: Dr. Barry Lester, Dr. Marshall Haith und Dr. Jerome Kagan.

Mein Dank geht außerdem an Eileen Cope von der Lowenstein Literary Agency, für ihr aufmerksames Zuhören, ihren klugen Rat und ihre verlässliche Unterstützung, und an Barbara Lowenstein, die mir mit ihren langjährigen Erfahrungen sehr geholfen hat. Und nicht zuletzt an Dr. Ron Taffel für seine Freundschaft, seinen messerscharfen Verstand und seine – wenn auch zögernde – Bereitschaft, mich mit anderen zu teilen.

Zuletzt möchte ich zwei klugen Mentorinnen meinen Dank aussprechen: meiner achtzigjährigen Brieffreundin Henrietta Leavner und Tante Ruth, die eher eine Freundin als eine Verwandte für mich ist; beide Frauen wissen, was es bedeutet, ein Buch zu schreiben, und haben mich stets angefeuert. Und ich danke Jennifer und Peter, die ihre Hochzeit planten, als dieses Buch entstand, und die mich auch dann noch liebten, als ich sagte: »Tut mir Leid, ich habe im Moment keine Zeit zum Reden.« Ich hoffe, dass die anderen, die meinem Herzen nahe stehen – Mark, Cay, Jeremy und Lorena, – wissen, wie unendlich dankbar ich für unsere »außergewöhnliche« Familie bin. Wenn nicht, möchte ich es ihnen an dieser Stelle sagen.

Die Geschichten in diesem Buch sind mehr als konkrete Fallbeispiele. Sie wurden zu Erfahrungsprofilen zusammengesetzt und die Namen und charakteristischen Merkmale geändert, um die Anonymität der Betroffenen zu gewährleisten.

Die Informationen und Empfehlungen wurden von Medizinern überprüft. Sie sind gleichwohl kein Ersatz für den Besuch des Hausarztes oder eines professionellen Gesundheitsexperten. Bei allen Problemen, die medizinische Aufmerksamkeit, Diagnose oder Behandlung erfordern könnten, sollte vor Beginn der im Buch beschriebenen Maßnahmen ein Arzt zurate gezogen werden.

Register